AF494775

RECUEIL

DE PLUSIEURS

ARRESTS

NOTABLES DU PARLEMENT

DE NORMANDIE.

A ROUEN,

Chez ANTOINE MAURRY. Imprimeur ordinaire du Roy
& de l'Archevêché, au coin de la ruë Neuve S. Lo,
à l'Imprimerie du Louvre.

M. DCC.

AVEC PRIVILEGE DE SA MAJESTE'.

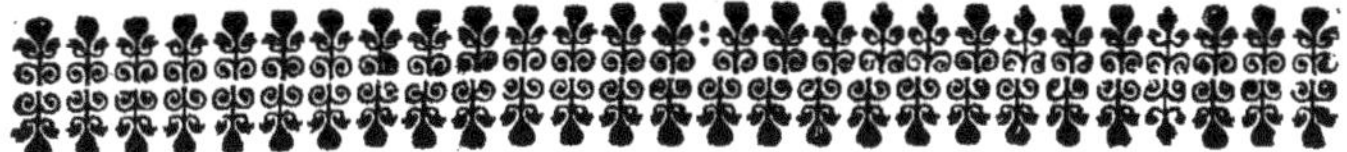

TABLE
DES QUESTIONS
CONTENUES

DANS CE NOUVEAU RECUEIL D'ARRESTS.

PREMIERE QUESTION.

S*CAVOIR si une femme, dont la rente dotale a été rachetée entre les mains du mari sans la participation de la femme, est obligée de prendre du fonds de son mari à la garantie du frere pour payement de sa dot; Ou si le frere est obligé de lui faire valoir sa dot suivant son Traité de Mariage, comme si le rachat n'avoit point été fait,* Page 1.

SECONDE QUESTION.

I. *Sçavoir s'il est dû des intérêts pour non accomplissement de promesses de mariage, par celui qui offre d'épouser en secondes nôces celle qu'il avoit promis d'épouser en premieres nôces, & à laquelle il avoit manqué de parole, pour en épouser une autre morte six semaines aprés son mariage.*

II. *Si le pere ayant signé deux Contrats de Mariage, & promis d'indemniser son fils de toutes dettes, est prenable des inte-*

Table des Queſtions.

DOUZIE'ME QUESTION.

Sçavoir ſi une promeſſe qui de ſoi eſt uſuraire, peut devenir une conſtitution, lorſque pendant un long-tems le debiteur a payé, & le créancier reçu les intérêts comme arrérages de rente, Pag. 152.

TREIZIE'ME QUESTION.

Sçavoir ſi une Sentence de condamnation de mort renduë par contumace, non ſignifiée ni executée par effigie, rend le condamné incapable de ſuccéder dans les vingt ans limitez pour la preſcription du crime, Pag. 154.

QUATORZIEME QUESTION.

I. *Sçavoir ſi les deniers provenans du rachat des rentes fait au mains d'un Tuteur, & qui n'ont point été remplacez, ſont cenſez meubles, à l'effet d'y donner doüaire à la veuve du Mineur qu'elle a épouſé peu de tems aprés qu'il étoit devenu majeur.*

II. *Sçavoir ſi la femme qui trouve ſon mari ſaiſi de rentes düës par des perſonnes inſolvables, doit y avoir doüaire par récompenſe ſur les autres biens de ſon mari, lorſque le tuteur du mari en rendant ſon compte, n'a point juſtifié de diligences, pour ſe faire payer deſdites rentes,* Pag. 170.

QUINZIE'ME QUESTION.

Sçavoir ſi la ſignature du pere au Contrat de Mariage de ſon fils, affecte les biens de la mere, quoique civilement ſeparée, au Doüaire de ſa belle-fille, lorſque la mere même n'y a pas ſigné, Pag. 187.

SEIZIE'ME QUESTION.

*Sçavoir si dans la Coûtume de Normandie la part d'une fille ma-
riée par son pere, & payée de sa dot en argent, dcit accroître à ses sœurs, qui renoncent & s'arrêtent à leur Tiers-
Coûtumier, ou bien aux Créanciers du pere, lorsqu'elle renonce audit Tiers-Coûtumier pour ne pas raporter le don qui
lui a été fait, Pag. 196.*

DIX-SEPTIE'ME QUESTION.

I. *Sçavoir si par l'aquisition que fait un Seigneur d'un fief,
des rotures qui en relévent, & qui étoient sujettes à des rentes Seigneuriales, il se fait une telle extinction desdites rentes,
que le fief passant en la main du fils aîné, & les rotures en
la main des cadets aprés le decés de leur pere, les cadets n'y
puissent être assujettis.*

II. *Si un Seigneur qui clame à droit feodal des rotures tenuës
de son fief, peut demander le treiziéme sur le prix de l'adjudication par decret desdites rotures.*

III. *Si celui qui est subrogé en la place d'un adjudicataire ayant
enchéri à son profit particulier, quoiqu'il n'eût aucunes créances sur le decreté, est obligé de consigner l'enchére particuliere
au profit commun des Créanciers, quoique de son chef il ait
des créances sur le decreté.*

IV. *Si un adjudicataire, sous le nom de son domestique aux
mains duquel les deniers de l'adjudication ont été déposez,*

comme plus ſolvable que le Receveur des Conſignations,
eſt tenu de payer les interêts deſdits deniers, au profit des
Créanciers, qui ont ſçû depuis qu'il étoit le véritable adjudicataire, & que le dépoſt fait par le domeſtique n'é-
toit que ſimulé, Pag. 209.

Fin de la Table des Queſtions.

RECUEIL
DE PLUSIEURS
ARRESTS NOTABLES
du Parlement de Normandie.

PREMIERE QUESTION.

Sçavoir si une femme , dont la rente dotale a été rachetée entre les mains du mari , sans la participation de la femme , est obligée de prendre du fonds de son mari à la garantie du frere pour päiement de sa dot ; ou si le frere est obligé de lui faire valoir sa dot suivant son traité de mariage , comme si le rachat n'avoit point été fait.

Onsieur de Bethencourt Conseiller en la Cour, en donnant sa fille en mariage à Jean de l'Audace Ecuïer , Sieur de Francamp , lui promit dix-sept mille livres pour dot , qu'il constitua sur luy en huit cens cinquante livres de rente au denier seize , avec stipulation de pouvoir racheter la rente en deux fois : & qu'en cas de rachat entre

1686.

A *

les mains du mari , les deniers demeureroient confignez fur fes biens du jour du contrat de mariage.

1686. Depuis il en racheta une partie , & aprés fon décez le fieur de Mauquenchy fon fils racheta le furplus : mais dans les contrats il n'y a que le mari qui parle , & qui reçoit l'argent fans le confentement & participation de la femme.

Ledit fieur de Francamp eft tombé dans le defordre de fes affaires ; & s'en eft allé : ladite Dame fa femme a obtenu & fait enteriner des Lettres de Séparation civile , & s'eft adreffée directement contre le fieur de Mauquenchy fon frere pour les arrérages de fes 850 livres de rente dotale , comme s'il n'y avoit point eu de rachat fait aux mains de fon mari.

Ledit fieur de Mauquenchy a prétendu au contraire, qu'elle devoit prendre des heritages & des rentes de fon mari à dûe eftimation , jufqu'à la concurrence de fa dot, en exemption de toutes dettes , & à la garantie du frere; parce que s'il n'y en avoit pas affez , il païeroit le furplus.

L'Inftance évoquée aux Requêtes du Palais , il y eut Sentence le 4 Mars 1686. fuivant les conclufions du frere , dont apel à la Cour par ladite Dame de Francamp.

Me Laurens Renaut pour l'Apelante difoit , que la Sentence des Requêtes eft contre la difpofition du Droit , contre la Coûtume de cette Province , & contre les Arrêts rendus en explication de ladite Coûtume.

Par la Loi Julia *de fundo dotali* , qui eft de l'Empereur Augufte , un mari ne pouvoit aliener la dot de fa femme, fi elle ne confentoit expreffément à l'alienation , & fi elle ne parloit dans le contrat.

Et quoiqu'il pût l'aliener du confentement de la femme, il ne pouvoit pourtant l'hipotéquer , parce qu'on préfumoit que la femme auroit confenti trop volontiers à l'hipotéque qui ne défaifit pas du fonds : *Lex Julia fundi dotalis Italici alienationem prohibebat fieri à marito non confentiente muliere , hypothecam autem , nec fi mulier confentiebat , l. un. §. 15. C. de rei uxor. act. & inft. quib. alien. lic. vel non.*

Mais l'Empereur Juftinien qui favorifoit les femmes en

toutes occafions , a ajoûté à la Loi Julia, une prohibition au
mari d'aliener la dot, même du confentement de la femme par
la Loi unique au Code , *de rei uxoriæ actione ; hoc tantummodo*
addito ut fundum dotalem non folum hypothecæ titulo dare , nec con- **1686.**
fentiente muliere maritus poffit ,fed nec alienare , ne fragilitate na-
turæ fuæ in repentinam deducatur inopiam.

Quelques Docteurs comme Accurfe & Salicet fur la
l. Conftante. 21. C. de donat. ont enfeigné que l'alienation faite par la femme feule , n'eft nulle qu'à l'égard du mari ; &
que fi le mari meurt le premier, la femme ne peut la révoquer.

Ils fondent leur fentiment fur ce que la Loi Julia *de fun-*
do dotali , & la Conftitution de l'Empereur Juftinien ne parlent que des alienations faites par le mari feul , ou par le
mari & la femme conjointement ; mais non pas des alienations faites par la femme feule , finon entant qu'elles préju-
dicient au mari.

Que c'eft la raifon pour laquelle dans la *l. Conftante C. de*
donat. & dans la *l. Prædium 23. C. de jure dot.* on ne trouve point
d'autre motif de la prohibition à l'égard de la femme feule ,
que l'intereft du mari auquel apartient la joüiffance de la
dot, qui en eft en quelque façon propriétaire ; *cum rei marito*
quæfitæ dominium nolenti aufferre minimè potuerit.

De forte que l'intereft du mari venant à ceffer par fa mort,
l'alienation faite par la femme feule demeure dans fa force, &
ne peut être révoquée.

Qu'enfin il en faut dire la même chofe comme de l'alienation faite par le mari feul de la dot adventice ; laquelle quoique fans effet du vivant de la femme qui y a intereft, ne laiffe
pas de valoir aprés la mort de la femme , au cas que cette
dot tourne au profit du mari ; parce qu'alors il n'y a plus
de l'intereft de la femme qui en empêche l'effet : *fundum*
dotalem maritus tradidit & vendidit , fi in matrimonio mulier de-
cefferit , & dos lucro mariti cedat ,fundus emptori avelli non poteft
l. 16. C. de fundo dot.

Mais les autres en plus grand nombre font d'avis que l'alienation faite par la femme feule , eft nulle auffi-bien à fon égard

comme à l'égard du mari ; parce que les Legiſlateurs n'ont pas eu en vûë l'intereſt du mari , qu'ils ont préſumé avoir aſſez de fermeté pour s'opoſer à tout ce qui luy pouroit être défavantageux : mais la faveur de la dot , *intereſt Reip. mulieres ſalvas dotes habere propter quas nubere poſſint* , *l. 2. D. de jure dot* , & la fragilité du ſexe de la femme , *ne ſexus muliebris fragilitas in perniciem earum ſubſtantiæ vertatur. J. quib. al. lic. vel non.*

Auſſi Monſieur d'Olive en ſes Queſtions de Droit liv. 3. ch. 29. raporte un Arreſt ſolennel du 2. Janvier 1637. rendu au Parlement de Thoulouze , Païs de Droit écrit , qui confirme la derniere opinion comme la plus juſte , & la plus conforme à l'eſprit de la Loi.

La femme avoit donc en droit une action réelle pour revendiquer la poſſeſſion de ſa dot, qui conſiſtoit en fonds, de quelque maniere qu'elle eût été alienée : Il eſt certain même que ſi la fille qui avoit été dotée en deniers par le pere, perdoit ſa dot par l'inſolvabilité du mari , ſon pere étoit obligé de la doter encore une fois , en cas qu'elle paſſât à un ſecond mariage ; ce qui a été jugé de la ſorte par Arreſt du Parlement de Bordeaux du 6. Avril 1604. raporté par Automne ſur la *l. 1. ff. ſolut. matr.*

L'uſage de Normandie ne s'eſt pas fort éloigné de cette Juriſprudence.

Par le texte de l'ancienne Coûtume de Normandie , le conſentement de la femme ne rendoit point valable l'alienation de ſa dot : *L'on doit ſavoir que l'homme encombre le mariage de ſa femme , quand il fait en quelque maniere que ce ſoit qu'elle en eſt deſſaiſie , mêmement ſi elle le vendoit ou forjuroit.*

Ce qui avoit lieu anciennement dans le tems qu'elle fut rédigée par écrit ; parce qu'alors il n'y avoit point de Tabellions Roïaux, devant leſquels le mari & la femme paſſaſſent les contrats de vente, & qu'on paſſoit les actes ſous les ſceaux des vendeurs, ou autres ſceaux inconnus ; & l'on préſumoit que les maris pouvoient contraindre leurs femmes à ſigner les contrats d'alienation de leur dot, ſans qu'on eût connoiſſance de cette violence qui ſe faiſoit ſecretement ; en ſorte que la femme qui avoit ſigné le contrat d'alienation , avoit neanmoins le bref de mariage encombré dans l'an du décez du

mari, & la voye proprietaire aprés l'an expiré, comme si elle
n'avoit point signé.

Mais aprés l'établissement des Tabellions qui recevoient les
conventions des parties, & qui ne passoient aucuns actes, 1 6 8 6.
que ce ne fût de la volonté & consentement libre des contractans, l'intervention de la femme validoit le contrat d'alienation de sa dot, parce qu'elle consentoit sans violence, &
que s'il y avoit eu de la violence, on ne présumoit pas que les
Tabellions eussent voulu recevoir le contrat, comme l'a remarqué l'Auteur anonime qui a commenté ladite Coûtume
ancienne.

Ce changement d'usage donna lieu au Réglement de 1539.
rendu les Chambres assemblées, raporté par Terrien liv. 8. ch.
7 ; & sur lequel les Réformateurs de la Coûtume rédigérent en
1583. les deux premiers articles du titre de Mariage encombré ; par lequel Réglement il fut résolu que la femme n'auroit
le bref de mariage encombré, que quand son mari seul, ou
elle seule sans l'autorité de son mari auroit aliené sa dot ; mais
non pas quand son mari & elle conjointement auroient aliené,
parce qu'alors le contrat est bon & valable, sans neanmoins
la priver du recours sur les aquereurs, en cas qu'elle ne trouve
pas un remplacement sur les biens de son mari.

Il faut donc tenir pour maxime en Normandie, que la dot
ne peut être valablement alienée par le mari sans le consentement de la femme : Que les aquereurs ne sont réputez posseder
que du jour du décez du mari ; c'est-à-dire du jour que la femme a été en état d'agir : Que la femme n'est point dessaisie de
la propriété de sa dot, ni avant ni depuis le décez de son mari ;
& qu'elle ne commence à être troublée en sa possession, que
du même jour du décez du mari.

C'est pourquoi par l'article 537. de ladite Coûtume, elle a
le bref de mariage encombré, qui équipole à une réintégran-
de, ou bref d'une nouvelle dessaisine accordé par l'article 50.
pour recouvrer choses entreprises depuis an & jour ; & si elle laisse
écouler l'an & jour, elle a la clameur de Loi aparente comme tout-autre proprietaire, de la même maniere que si le
mari n'avoit point fait de contrat.

Or on ne peut pas douter que le rachat d'une rente dotale fait entre les mains du mari , ſans le conſentement & la parti-cipation de la femme, & ſans avoir ſtipulé aucun remplace-ment , ne ſoit une alienation faite par le mari ſeul, que par conſequent l'alienation ne ſoit nulle , & que la femme ne ſoit en droit de s'adreſſer à ceux qui ont racheté la dot mal à pro-pos , comme s'ils ne l'avoient jamais rachetée.

1686.

Terrien liv. 8. ch. 7. raporte deux Arrêts des 1. Juillet 1524. & 10. Janvier 1547. avant la réformation de ladite Coûtume, qui l'ont ainſi jugé. Ce qui fait dire à Berault & à Godefroy ſur led. article 537. que *c'eſt une eſpece d'alienation que recevoir par le mari le raquit des rentes hipotéques apartenans à ſa femme , auquel cas les obligez à icelles rentes n'en ſeront pas déchargez ; ains poura la femme prendre brief de mariage encombré , pour faire con-damner ceux qui ont fait le raquit , au principal des rentes , & au payement des arrérages depuis l'introduction du procez , ſauf la ré-compenſe ſur les biens du mari.*

Et Me Henri Baſnage ſur le même article , raporte un Ar-reſt rendu en la Chambre de l'Edit , par lequel il a été jugé que les Srs Barons de la Haye-du-Puits, qui avoient payé la dot de leur ſœur au ſieur de Mouneville , ſans que la ſœur eût ſigné à la quitance , la payeroient comme ſi le rachat n'en avoit point été fait ſans s'arrêter à leur prétention ; que leur ſœur ſe devoit pourvoir ſur les biens de ſon mari qui étoient plus que ſuffiſans : *Par cette raiſon , que c'étoit une alienation de ſon bien qu'elle n'étoit point obligée d'agréer , puiſqu'elle n'avoit point ſigné au contrat.*

Comme on ne peut lui rien imputer , on n'a pas trouvé rai-ſonnable de l'aſſujétir à une diſcution des biens de ſon mari , qui ne ſe peut faire ſans beaucoup de peine & de frais , ny à prendre du fonds ſans decret , parce que ce ſeroit l'expoſer à l'incertitude d'une eſtimation que des experts par caprice , ou par des conſiderations pour une des parties plûtôt que pour l'autre , pouroient faire aller à beaucoup plus que la juſte valeur de l'héritage. A joindre que dans l'eſpece particuliere de la cauſe , la terre qu'on luy veut donner en payement eſt affectée aux dettes de ſon mari , pour leſquelles elle pouroit être dépoſsedée; ce qui l'engageroit dans de nouvelles afaires , & que les bâtimens étoient dans un tres-grand desordre.

Pourquoi il concluoit que l'apellation & ce dont, seroit mise au neant ; en corrigeant & réformant , que ledit sieur de Mauquenchy son frere seroit condamné de luy païer les arrérages de sa rente dotale , & à la luy continuer à l'avenir, avec dépens.

Me Guillaume Baratte pour ledit sieur de Mauquenchy intimé disoit, qu'il n'est point dans le cas des maximes, & des Arrêts dont l'apelant a voulu se prévaloir.

Il a bien été jugé, que quand la femme a signé au contrat d'alienation de sa dot , elle ne peut s'adresser aux aquereurs que subsidiairement, & en cas qu'il n'y ait pas de bien en la succession de son mari , suivant les articles 538. & 539. de lad. Coûtume ; & alors elle a le choix de decreter les biens de son mari , ou de prendre en païement du fonds non aliéné à dûe estimation , si mieux n'aiment les héritiers ou créanciers du mari lui païer le prix de sa dot, par la disposition du Réglement de 1666. article 121.

On a bien jugé encore , que quand elle n'a pas signé au rachat de sa rente dotale fait entre les mains de son mari , son pere ou ses freres ne peuvent pas l'obliger à discuter les biens du mari , & qu'elle peut s'adresser à eux directement pour lui faire valoir sa dot : C'est l'espece de l'Arrest des sieurs Barons de la Haye-du-Puits , raporté par le dernier Commentateur.

Mais on ne trouvera point d'Arrest qui ait privé le pere ou les freres de faire prendre à la femme du fonds non aliéné de la succession du mari à dûe estimation, en exemption de toutes dettes , & à charge de lui garantir la jouissance, & de lui continuer la rente en cas de trouble. Et en éfet la femme ne peut pas refuser ce parti-là , sans plaider contre son propre interest.

Afin donc d'examiner la question dans sa veritable espece, il faut faire ces reflexions.

Premierement , que le mari ne doit pas être consideré comme une personne étrangere à l'égard de la dot de sa femme, parce qu'il en est en quelque façon proprietaire ; *Secundum legum subtilitatem dos ad mariti substantiam pervenisse videtur,* dit la *l. 30. C. de jur. dot. si res in dotem dentur , puto in bonis mariti fieri l. 3. §. 3. D. eod.*

1686.

C'eſt pourquoi tant que le mariage ſubſiſte , il n'y a que luy qui ait la voie proprietaire pour revendiquer la dot de ſa femme ; & toutes les actions qui tendent à la conſervation de la dot, réſident en ſa perſonne. *d. l. in reb. C. de jur. dot. & l conſtante C. eod.*

De ſorte qu'il n'y a pas la même incapacité en luy qu'il y auroit en toute autre perſonne, & que l'alienation qu'il fait d'un bien dont il eſt quaſi proprietaire, eſt infiniment plus favorable que la vente du bien d'autrui.

En ſecond lieu , qu'on ne peut pas imputer au mari d'avoir fait une alienation volontaire , puiſqu'il n'étoit pas en ſon pouvoir de refuſer le rachat de ladite rente dotale , & les alienations qui ſont nulles , parce qu'elles ſont volontaires , deviennent valables par l'impuiſſance d'y réſiſter : *Alienationes interdictæ ſunt duntaxat voluntariæ , non quæ vetuſtiorem cauſam , & originem juris habent neceſſariam. l. 13. D. Famil. exciſc.* Ce qui donnoit encore au mari une plus grande capacité de recevoir le rachat de la rente dotale de ſa femme , & de faire cette alienation , ſi éfectivement c'eſt une alienation.

De plus il faut faire une grande difference entre le payement de la dot entre les mains du mari , & la vente ou tranſport que le mari en auroit fait ſans la participation de ſa femme.

Au ſecond cas comme la dot ſubſiſte au même état où elle étoit dés ſon origine , il n'eſt pas extraordinaire que la femme s'en reſſaiſiſſe , comme s'il n'y avoit pas eu de tranſport, ſauf la récompenſe du tranſportuaire ſur celuy auquel il a payé ſon argent.

Mais au premier c'eſt une extinction de la rente dotale, c'eſt un amortiſſement & une liberation aprés lequel il n'y a plus de corps qui exiſte : Ce qui ſe comprend aiſément par la comparaiſon des rentes dont le mari eſt ſaiſi lors de ſon mariage, & qui ſont afectées au douaire de la femme, & au tiers coûtumier des enfans ; en cas qu'elles ſoient encore dûes lors du décez du mari, elles entreront dans la compoſition du douaire :

doüaire : Mais fi elles font rachetées pendant le mariage entre les mains du mari, la femme y perd fon doüaire , & les
enfans leur tiers coûtumier , il faut qu'ils retournent fur les
autres biens du mari ; ce qui n'eft pas de même quand le 1 6 8 6.
mari tranfporte feulement fes rentes , parce qu'alors elles
exiftent toûjours , & paffent aux mains des tranfportuaires
avec leur charge ; au lieu qu'en cas de rachat , elles ne
fubfiftent plus.

Enfin il faut confiderer que feu Monfieur de Bethencourt
& ledit Sieur de Mauquenchy fon Fils ont déja payé la dot
de ladite Dame de Francamp, & qu'il s'agit de la payer une
feconde fois ; que le pere auroit pû la payer en argent comptant aux mains du mari lors du conttat de mariage fans
en être garand , & qu'il l'auroit fait effectivement s'il avoit
eu de l'argent pour cela : ce qui doit attirer toute la faveur poffible du côté de l'Intimé , & porter les Juges à lui
faciliter tous les moyens poffibles de s'aquiter , pourvû que
la Dame de Francamp ne fouffre point de perte ni de préjudice.

Mais outre toutes ces raifons de faveur & d'équité , il y
en a deux que l'Intimé prétend être de décifion.

La premiere , c'eft qu'il eft au pouvoir du frere de donner à fa fœur du fond de la fucceffion , pour payement de
ce qui lui a été promis par le pere lors de fon contrat de
mariage ; fans qu'elle puiffe dire qu'elle ne veut point s'ex-
pofer au hafard d'une eftimation , ni aux troubles qui peuvent provenir de la part des créanciers du pere.

Or il eft encore plus avantageux à l'Apellant de lui donner du fonds du mari exempt de toutes dettes , à la garantie du frere , que de luy donner du fonds de la fucceffion
du pere ; parce qu'en outre le fonds qu'elle poffedera , elle
aura encore pour affurance la fucceffion entiere du pere , &
tout ce que l'Intimé peut avoir jamais de bien ; au lieu qu'en
lui donnant du fonds de la fucceffion , elle n'aura plus que
le refte pour affurance.

C'eft donc un entêtement de la fœur qui refufe une terre
toute bâtie d'un revenu certain , & qu'on fe fumet de lui

mettre en bon état , pour avoir le plaifir de perfécuter fon frere , qui peut lui donner des terres écartées , & qui lui feront beaucoup moins commodes.

1686. La feconde eft que fi l'Intimé avoit obligé ledit Sieur de Francamp , d'employer les deniers de ladite rente à l'aquifition d'un fonds pour fervir de dot à l'Apelante , elle ne pourroit pas fe difpenfer de le prendre au lieu de fa rente ; & que s'il vouloit payer une feconde fois entre les mains de fa fœur , il faudroit qu'elle trouvât un remplacement.

Or elle ne peut pas fouhaiter un remplacement plus affuré que celui qu'on lui offre , puifque ledit Sieur de Mauquenchy fe fumet de le lui faire valoir exemt de toutes dettes.

Il ne prétend pas l'affujettir à difcuter les biens de fon mari , car en ce cas il plaideroit contre la jurifprudence des Arrêts ; mais il lui indique feulement un fonds dont elle peut joüir paifiblement , & avec plus d'avantage qu'elle n'auroit à toucher les arrérages d'une rente , parce qu'une terre aporte des commoditez , outre fon revenu ordinaire , que des rentes n'aportent pas ; on fait au contraire la peine que l'on a préfentement à fe faire payer des rentes.

C'eft pourquoi il concluoit que l'apellation feroit mife au neant avec dépens.

La Cour par Arreft du 10. Décembre 1686. rendu à la grand'Audience , mit l'apellation & ce dont étoit apellé au neant ; en corrigeant & réformant , condamna ledit Sieur de Mauquenchy à faire valoir ladite rente dotale à ladite Dame de Francamp fa fœur , aux termes de fon contrat de mariage , Monfieur le Premier Préfident de Ris prononçant.

SECONDE QUESTION.

I. S'il est dû des interêts pour non - accomplissement de promesses de Mariage, par celui qui offre d'épouser en secondes nôces celle qu'il avoit promis d'épouser en premieres nôces ; & à laquelle il avoit manqué de parole, pour en épouser une autre morte six semaines aprés son mariage.

II. Si le Pere ayant signé aux deux Contrats de Mariage & promis d'indemniser son Fils de toutes dettes, est prenable des interêts jugez contre son Fils, pour non-accomplissement de promesses de Mariage.

JAcques Carré, fils de Guillaume Carré de la Ville d'Alençon, étant en la Ville de Roüen en l'année 1682. fit un contrat de mariage avec Catherine de la Villade, fille du sieur de la Villade Procureur en la Chambre des Comtes : Ledit Guillaume Carré signa au contrat de mariage , & promit d'indemniser son fils de toutes dettes.

Les trois publications de bancs faites, ledit Jacques Carré s'en retourna à Alençon, où il contracta mariage avec une autre trois ans aprés , sans aucune opposition de ladite de la Villade ni de son pere : Guillaume Carré intervint pareillement à ce second contrat , & promit d'indemniser son fils de toutes dettes.

Aprés l'accomplissement de ce mariage , ladite de la Villade obtint une condamnation de 150 liv. d'interêts contre ledit Jacques Carré, dont Guillaume Carré Pere fut déclaré solidairement prenable , dont neanmoins recours au fils sur le pere.

Ledit Jacques Carré aprés le décez de sa femme arrivé six semaines aprés son mariage , se voyant poursuivi par la-

B * ij

dite de la Villade pour le payement de ladite somme de 150 liv. d'interêts, lui fit signifier par exploit qu'il consentoit de l'épouser ; autrement & au refus par elle d'accepter ses offres, qu'il déclaroit apeller de ladite Sentence.

L'apel porté à l'Audience de la Grand' Chambre le 12. Décembre 1686. & ledit Guillaume Carré pere intervenu partie pour donner ajonction à l'apel.

Me   Duthuit disoit pour ledit Jacques Carré apellant, que dans la question generale il ne manqueroit pas de raisons solides, & d'autoritez pour établir qu'on se peut se départir impunément des promesses de mariage à futur.

On ne sçauroit marquer aucun tems où le droit Romain ait accordé l'action en dommages & interêts contre celle des parties, qui changeoit de volonté sans juste cause : Et la preuve que Duaren aporte sur le titre *soluto matrim. D.* & qu'il tire d'Aul. Gelle *lib.* 4. *cap.* 4. que l'action *ex sponsu* étoit en usage à Rome, est justement ce qui doit persuader le contraire.

Aul. Gelle au raport de *Servius Sulpitius* a remarqué que parmi les Latins, la stipulation qui intervenoit entre le fiancé & la fiancée, produisoit une action en dommages & interêts, qu'ils apelloient, *actio ex sponsu* ; mais qu'ayans été faits Citoïens Romains par la Loi Julia, cette action fut abolie entr'eux : dont on ne peut donner d'autre raison, sinon qu'ils voulurent se conformer à l'usage de Rome autant qu'il leur étoit possible, afin qu'il n'y eût plus aucune difference entr'eux & les Citoïens Romains : Et il seroit contre le bon sens de se persuader qu'ils eussent changé leurs coûtumes, pour se distinguer de ceux avec lesquels ils tenoient à un trés-grand honneur d'être unis & aggregez.

De sorte que la loi 1. *C. de sponf.* qui permet la résolution pure & simple des promesses de mariage à futur, ne contient pas l'établissement d'un droit nouveau ; mais une déclaration & une confirmation du droit qui s'étoit observé de tout tems ; *alii desponsatæ renunciare conditioni, & nubere alii non prohibentur.*

Il n'étoit pas même permis de ſtipuler aucune peine contre celle des parties qui ſe retracteroit ; cette clauſe étoit
nulle & vicieuſe , comme contraire aux bonnes mœurs &
à l'honnêteté publique , *inhoneſtum viſum eſt vinculo pœnæ*
matrimonia obſtringi , ſive futura , ſive jam contracta , l. 134. *D. de*
verb. oblig.

1 6 8 6.

Il eſt vrai que le droit a diſtingué la réſolution des fiançailles ſans juſte cauſe , ou avec juſte cauſe ; mais c'eſt par
raport aux arrhes dont l'uſage étoit frequent à R o m e , qu ils
apelloient une peine légale , c'eſt-à-dire , autoriſée par la loy ;
& que celuy qui ſe retractoit ſans cauſe legitime , n'étoit pas
en état de faire rendre ; étant même obligé de rendre le quadruple ou le double s'il les avoit reçûës , *l.* 5. *C. de ſponſ.* mais
non pas à l'effet de permettre une ſtipulation de peine , ni de
donner une action en dommages & interêts.

Et la raiſon pour laquelle on autoriſoit la perte des arrhes,
en réprouvant la ſtipulation de peine , & l'action en dommages & interêts ; c'eſt qu'on ne préſumoit pas que la crainte de
perdre ce que l'on avoit déja payé & dont on s'étoit deſſaiſi,
fît aſſez de violence ſur la volonté pour empêcher la liberté
du mariage ; au lieu qu'on préſumoit que la crainte ou l'impuiſſance de ſatisfaire à la peine ſtipulée , ou à une condamnation d'interêts pourroit porter à l'accompliſſement du
mariage , contre l'inclination d'une des parties qui ſe feroit
retractée , ſi elle avoit été dans une pleine liberté. Ce qui
eſt ſi vrai que ſi l'on ſe contentoit de ſtipuler des arrhes,
ſans que la ſtipulation fût ſuivie d'une tradition actuelle , la
clauſe étoit nulle & vicieuſe , & paſſoit pour une ſtipulation
de peine.

Mais quand il n'y avoit point d'arrhes données , il n'y
avoit ni peine légale , ni peine conventionnelle , ni action en
dommages & interêts : C'eſt ce que Barthole explique fort
nettement ſur ladite *l.* 134. *de verb. oblig. Quandoque ſunt con-*
tracta ſola ſponſalia verbo , & tunc nulla eſt pœna legalis ut l. 1. *C.*
de ſponſ. eàdem ratione nec aliqua conventionalis ut hic cum ſi. Quan-
doque fuerunt contracta ſponſalia non ſimplici verbo , ſed proceſſum

fuit ultra ad realem traditionem arrarum , & tunc habet locum
pœna legalis secundum formam legis fi. C. de sponf.

 Et il ajoûte , que si en outre la peine légale , les parties
avoient stipulé une peine quelque legere qu'elle fût , la clause seroit nulle , & ne pourroit être executée sous prétexte
de dédommagement , contre l'opinion de quelques Docteurs
qui distinguent , *aut volo petere intereffe quod consistit in damno ,*
& poffum quia non eft pœna ; aut intereffe quod consistit in lucro ,
& tunc secus ; parce , dit-il , que la clause étant vicieuse &
contre les bonnes mœurs , elle est nulle de plein droit , &
ne peut produire aucune action sous prétexte de dédommagement ; *lex indistincte vetat , & dicit quod ideo non valet sti-*
pulatio pœnæ quia eft contra bonos mores , ergo nulla , & ex ea
nullo modo poteft agi.

C'est à quoi se raporte ce que dit Pomponius dans la *l. 19.*
D. de verb. oblig. contenti effe debemus pœnis legum comprehen-
fis : Et les Empereurs en la *l. ult. C. de sponf. Extra definitio-*
nem hujus legis si cautio pœnam stipulationis continens fuerit in-
terposita , ex utraque parte nullas vires habebit , cum in contra-
hendis nuptiis libera potestas effe debeat.

C'est encore ce qui a fait remarquer par Panorme sur le
ch. *cum locum* aux Decr. *de sponf.* & par Jason sur ladite loi 134.
de verb. oblig. qu'encore que régulierement la crainte ne soit
pas absolument sans volonté , & n'annulle pas l'acte de plein
droit ; cependant il faut tenir le contraire dans les traitez
de mariage , dont l'essence consiste sur tout en un consentement libre , qui parte du cœur & des affections : Ils enseignent qu'un mariage accompli par la crainte de la peine est
nul , & notent d'ifamie celui qui l'accomplit contre sa volonté , semblable à ces Censeurs Romains, qui déclarerent in-
fame un jeune homme qui leur avoüa qu'il venoit de pro-
mettre mariage , plûtôt pour obéir à la volonté de son pere ,
que par inclination.

La Novelle 18. de l'Empereur Leon n'a point eu de suite ;
& pour sçavoir qu'elle est la disposition des Canons sur cette
matiere , il ne faut que lire le ch. *cum locum x. de sponf. cum lo-*
cum non habeat consensus ubi metus vel coactio intercedit , neceffe

est, ut ubi assensus cujusque requiritur, coactionis materia repella-
tur : matrimonium autem solo consensu contrahitur, & ubi de ipso
quæritur, plenâ debet securitate ille gaudere, cujus est animus in-
dagandus, ne per timorem dicat sibi placere quod odit, & sequa-
tur exitus, qui de invitis nuptiis solet provenire : Et ajoûter à cela ce que dit Monsieur le Preftre Centur. 5. ch. 68. que *les*
Canons ont retenu la regle du droit civil, encore que le serment des
parties intervint au contrat ; Que *suivant cette jurisprudence nous*
avons rejetté toute stipulation de peine en nos promesses de ma-
riage, & refusé toute action de dommages & interêts à l'encontre
de ceux qui ne les voudroient accomplir.

1686.

En effet comme le mariage est l'acte le plus important
de la vie ; c'est aussi l'acte où la volonté doit agir avec plus
de liberté & d'indépendance : aussi les fiançailles se font introduites par l'usage, non pas comme un contrat indissolu-
ble, mais seulement comme un préparatif qui dispose les
parties, & les porte à refléchir serieusement sur un engagement qui peut les rendre heureuses ou malheureuses le reste
de leurs jours ; ce que le contrat de mariage a de particulier parmi tous les autres.

Cela doit faire plus d'impression, si l'on considere l'état
d'un homme fiancé, auquel il est survenu du dégoût pour
celle qu'il avoit promis d'épouser, sans en pouvoir donner
d'autre raison que son propre dégoût, & qui est à peu prés
dans la même situation que la personne à qui Martial fait
dire *Epig. lib.* 1.

Non amo te Sabidi, nec possum dicere quare,
 Hoc tantum dicere possum, non amo te.

Ou comme Thieftes dans Seneque ;

Causam timoris, ipse quam ignoro, exigis :
 Nihil timendum video, timeo tamen.

Il faut convenir que dans cette disposition il est obligé
d'en demeurer là, parce que s'il s'engage dans ce mariage

contre fa propre inclination ; non feulement il fe précipite dans la condition du monde la plus trifte & la plus lamentable , mais il commet encore une action profane & criminelle.

Puis donc qu'il feroit mal de paffer outre , il fait bien de fe réfilier ; & s'il fait bien , fur quel prétexte pourroit-on fonder une condamnation de dommages & interêts ? Ne feroit-ce pas même le forcer indirectement à faire une mauvaife action , puifque fouvent l'impuiffance de païer des dommages & interêts , & la crainte de la prifon feroient contracter des mariages forcez dont les fuites font toûjours funeftes. *Cum coactiones difficiles foleant exitus frequenter habere , c. requifivit x. de fponfalib.*

Qu'on ne dife point que la confequence en feroit périlleufe , & que ce feroit faire dépendre l'execution des promeffes de mariage du caprice des parties contractantes ; car fi les parties fe haïffent , il leur eft infiniment plus avantageux de les feparer que de les unir : de deux maux il faut éviter le plus grand : Et fi elles s'aiment réciproquement, on ne doit rien aprehender , il n'y a point de contrat paffé devant Notaires , qui les engage & qui les lie fi étroitement que leur propre paffion.

Mais l'apellant n'eft pas dans cette efpece ; il demande l'accompliffement des promeffes de mariage ; & jamais on n'a prétendu des dommages & interêts que contre celle des deux parties qui fe retracte.

Il eft vrai que trois ans aprés avoir promis à l'intimée de l'époufer , il a contracté mariage avec une autre ; Mais un filence de trois années de la part du pere & de la fille , & un mariage accompli fans qu'ils y aïent formé aucune opofition , perfuadent affez que la chofe leur étoit fort indifferente.

Le refus de l'intimée ne laiffe plus lieu de douter ; car fi elle l'avoit fouhaité depuis 1682. jufqu'en 1685. elle le fouhaiteroit encore prefentement , n'en étant pas des hommes comme des filles , & fix femaines de mariage n'aïant fait qu'augmenter la fortune de l'apellant , fans aporter aucun changement à fa perfonne.

Elle

Elle n'a penſé à ſe plaindre que quand elle a vû qu'il n'y avoit point de remede ; elle a fait juger des interêts dans un tems où il étoit impoſſible à l'apellant d'executer ſes promeſ-ſes de mariage : Aujourd'hui que le remede eſt facile, & que l'apellant ne demande pas mieux que de l'épouſer ; elle le re-fuſe, & prétend encore faire ſubſiſter la condamnation d'in-terêts : Il eſpere que la Cour ne trouvera point cela raiſon-nable.

Il a contrevenu à ſes promeſſes : Il y a, ſi l'on veut, de l'in-conſtance & de la legereté dans ſa conduite ; mais enfin il vient reconnoître ſa faute.

——Sera nunquam eſt ad bonos mores via :

Quem pœnitet peccaſſe pœne eſt innocens.

Ce n'eſt point la force des exortations, ni la crainte des Cenſures de l'Egliſe, dont les Canons veulent qu'on ſe ſer-ve en ces occaſions ; ce n'eſt point une condamnation de 150 livres d'intereſt qui le fait revenir à lui-même : ſon retour eſt ſincere, il ſouhaite avec paſſion l'accompliſſement de ce mariage, il ſuplie l'intimée d'y donner les mains encore une fois ; mais ſi elle ne veut pas écouter favorablement cette propoſition, il ne ſeroit pas juſte de lui accorder des interêts : Et en ce cas l'apellant conclud que l'apellation & ce dont eſt apellé ſeront mis au neant, & qu'en réformant il ſera déchar-gé des 150 livres d'intereſt avec dépens.

Me Jean le Queſne pour Guillaume Carré pere, diſoit qu'il y avoit deux points en la cauſe ; l'un, de ſçavoir ſi le fils devoit être condamné en des interêts envers l'intimée ; & l'autre, ſi le pere en devoit être déclaré ſolidairement prenable.

Et comme la décharge prononcée en faveur du fils, termi-neroit la difficulté qui ſe preſente à l'égard du pere, il étoit obligé d'ajoûter une conſideration importante & déciſive à ce qui a été plaidé par le premier Avocat, pour établir qu'il n'eſt point dû d'intereſt.

C'eſt qu'entre le premier & le ſecond contrat de mariage, il y a trois années d'intervale, qui eſt un tems plus que ſuffi-

C *

1 6 8 6.

Senec. in Agamemn. Act. 2. Se. 2.

fant pour donner aux parties la liberté de fe pourvoir ailleurs.

1686. Suetone en la vie d'Augufte raporte que cet Empereur avoit
limité le tems des fiançailles par la Loi *Julia & Papia*, fans dire
jufqu'à quel tems ; & il femble que le délay le plus court fut
d'un an, aprés lequel il étoit permis de fe réfilier impunément ; car par la *l. pen. D. de fponf.* tirée du Commentaire de
Gaius fur la Loi *Julia & Papia*, il eft dit que la célébration du
mariage peut être differée pour des caufes juftes non feulement un an ou deux ans, mais trois ou quatre ans, & plus encore aprés les fiançailles ; *fæpè jufte ac neceffariæ caufæ non
folum annum vel biennium, fed etiam triennium & quadriennium
& ulterius trahunt fponfalia.*

Cependant Mr Cujas *lib.* 16. *obf. cap.* 35. veut que le tems
le plus court entre prefens, foit de deux ans par la Loi *Julia &
Papia*, & que l'on retranche ces termes (*annum vel*) en forte
qu'on life, *fæpè jufte ac neceffariæ caufæ, non folum biennium fed
etiam triennium, &c.* On peut voir les raifons qu'il en aporte,
dont il feroit inutile de faire ici le détail, puifqu'en l'efpece de
cette caufe, il n'y a pas feulement un, ni deux ans, mais trois
années entiéres d'intervale ; & qu'entre prefens, c'eft-à-dire,
qui ont toûjours été dans la même Province, il fuffit qu'il fe
foit écoulé deux ans tout au plus, pour faire préfumer la
réfolution des promeffes de mariage à futur.

C'eft la difpofition précife de la *l.* 2. *C. de fponf. Si is qui puel-
lam fuis nuptiis pactus eft, intra biennium exequi nuptias in eâdem
Provincia regens fuperfederit, ejufque fpatii fine decurfo in alterius
poftea conjunctionem puella pervenerit, nihil fraudis ei fit, quæ
nuptias maturando vota fua diutius eludi non paffa eft.*

Il eft vrai que cette Loi ne parle que de la fiancée ; mais il
faut confidérer que les Empereurs répondoient fur la difficulté
qui fe prefentoit en une efpece particuliere, & qu'ils auroient
fans doute répondu de la même maniere en faveur du fiancé
fi la queftion leur en avoit été propofée : Auffi la Loi *Julia &
Papia*, eft générale ; la Loi *pen. D. de fponf.* ne fait point de diftinction, & la marge de l'adite *l.* 2. *C. de fponf.* ajoûte qu'elle
doit être entenduë pareillement du fiancé ; *Quia conjugatorum*

& relatorum eadem est ratio & disciplina , suivant la *l. Si cum dies §. pen. D. de recept. qui arb.* où Mc Denys Godefroy dit que *relatorum in uno quod juris est , idem juris esse debet in altero* ; & cite à cet effet la *l. 41. D. de reg. jur.* dont les termes sont décisifs , *Non debet actori licere , quod reo non permittitur.* Aussi les Docteurs enseignent qu'un si long-tems fait présumer la résolution des promesses de mariage , ce qui doit être réciproque , & les raisons de cette Jurisprudence sont communes à l'un & l'autre sexe , *ne oportunum nubendi tempus amittatur , & ad vitandam libidinem.*

Sans se départir de ce premier moyen , il faut venir aux défenses particulieres de Guillaume Carré pere.

Si l'intimée avoit droit de prétendre des interêts contre le fils , il ne s'ensuivroit pas que la condamnation dût être prononcée contre le pere , sous prétexte qu'il a signé aux deux contrats de mariage de son fils , & qu'il lui a promis de l'aquiter de toutes dettes.

Pour ce qui est de la signature du pere au contrat de mariage de son fils , c'est une jurisprudence certaine établie par les Arrêts , qu'elle ne l'oblige à rien , à moins qu'il n'ait fait les promesses de mariage pour son fils , en son absence & sans sa participation , ou que sans cause legitime il empêche l'execution des promesses faites par son fils.

Chenu cent. 2. q. 45. raporte un Arrest du Parlement de Paris du 14. Janvier 1603. qui a condamné un pere en des dommages & interêts , pour le refus de sa fille d'executer les promesses de mariage qu'il avoit faites pour elle ; parce qu'en ce cas lui seul avoit contracté , & qu'il devoit s'imputer de n'avoir pas bien pris ses mesures , & de ne s'être pas assuré de la volonté de sa fille.

Dans le troisiéme tome du Journal des Audiences liv. 4. ch. 8. on trouve un Arrest du même Parlement , rendu le 10. de Décembre 1670. sur les conclusions de Monsieur l'Avocat Général Talon , qui confirme une Sentence du Châtelet du 18. Juillet au précédent ; par laquelle Me Henry Bourjot Procureur audit Parlement , qui avoit empêché le mariage de son fils , fut condamné en 6000 liv. pour dommages & inte-

rêts, & ordonné que les chofes que la fille avoit reçûës comme prefent de nôces lui demeureroient ; parce qu'en ce cas
c'eft le pere qui empêche l'execution des promeſſes de fon fils,
& que les dommages & interêts s'il en eft dû, ne peuvent être
que contre celui qui cauſe la rupture.

Mais lorfque le fils a contraĉté, que le pere y a feulement
confenti, & que la réfiftance à l'execution des promeſſes de
mariage, vient de la part du fils qui les a faites, les dommages & interêts ne peuvent être jugez contre le pere qui confent : comme il a été jugé par un autre Arreſt dudit Parlement
du 9. Aouſt 1603. raporté par Chenu au même lieu.

Le Parlement de Normandie a jugé la queſtion en des termes bien plus forts ; car s'étant formé une conteſtation entre
Pierre Ruel & Marguerite Lucas, tous deux de la Ville d'Alençon, pour des interêts prétendus par ledit Ruel contre ladite
Lucas mineure, qui avoit d'abord confenti fous l'autorité de
fon tuteur & de fes parens, fans neanmoins avoir figné les
promeſſes de Mariage, & qui avoit changé de volonté aprés
une aſſemblée de parens qui avoient agréé le parti, & aprés
que ledit Ruel avoit traité d'une Charge de Procureur au Pre-
fidial d'Alençon dans l'efperance de ce mariage, & dont il étoit
obligé de fe demettre par la faute de ladite Lucas : il y eut
Sentence devant le Juge des lieux, qui condamna ladite Lucas & ledit Bunel tuteur folidairement en 500 liv. d'intereſt,
& à fe charger de l'Office ; dont l'apel ayant été porté à l'Audience de la Grand'Chambre le 13. Février 1681. la Cour mit l'a-
pellation & ce dont étoit apellé au neant ; en réformant, condamna ledit Bunel, *comme tuteur*, en 200 livres pour tous interêts & dépens, *& lui permit de les employer pour fon comte.*

D'où il faut conclure que quand le confentement des pere
& mere, ou du tuteur & des parens, ne fait qu'accompaguer
& autorifer celui des parties contraĉtantes, il ne les rend
point fujets à des dommages & interêts quand une partie fe
réfilie de fes promeſſes de fon propre mouvement : ce qui dépend de cette feule raifon, que le dédommagement, s'il en eft
dû, ne peut être qu'à cauſe du changement de volonté, &
contre celle des parties qui fe retraĉte fans cauſe légitime ; de

forte que ne contrevenant point aux promesses de mariage
de son fils, ni au consentement qu'il y a donné, les dommages & interêts ne le regardent point.

Guillaume Carré pere a signé au second contrat de mariage 1686.
de son fils, mais on ne peut pas en inférer qu'il est cause de la
rupture du premier, car comme en consentant au premier il
ne promettoit, & ne s'engageoit à rien en ce qui concerne l'e-
xecution & l'accomplissement du mariage, on ne peut pas dire
aussi qu'en consentant au second il se résilie de ses promesses à
l'effet d'en conclure un dédommagement contre lui.

Il a bien voulu que son fils épousât l'intimée, il a bien voulu qu'il épousât celle qu'il a épousée effectivement ; mais il n'a
pas empêché l'execution du premier contrat ; il n'a pas obligé
son fils de s'engager avec la premiere, il n'a pas obligé d'épouser la seconde ni de changer de volonté : il a eu seulement
pour but de consentir le mariage de son fils, & d'autoriser un
acte légitime, sans examiner les raisons qui portoient son fils
à prendre un parti plûtôt que l'autre.

A l'égard des promesses faites par le pere d'aquiter son fils
de toutes dettes lors du second contrat de mariage, elles se
doivent entendre des dettes qui existoient lors dudit contrat
de mariage, & non pas à celles qui devoient naître à l'a-
venir.

Or les interêts n'étoient pas dûs à l'intimé lors du second
contrat de mariage, puisqu'ils n'étoient ni jugez ni demandez : & par consequent la promesse d'aquiter les dettes dudit
Carré fils ne pouvoit s'étendre ausdits interêts.

C'est pourquoi il concluoit, qu'en réformant il seroit déchargé desdits interêts avec dépens.

Me Henri Basnage le jeune pour l'intimé disoit, que les
apellans avoient agité fort inutilement la question de sçavoir, si par le droit Romain la stipulation qui intervenoit aux
fiançailles produisoit une action en dommages & interêts,
puisqu'en fait de mariage nous ne suivons pas la disposition du
droit civil, mais la disposition Canonique.

Duaren au lieu que l'on a cité ci-devant, aprés avoir ex-
pliqué ce qui s'observe à Rome, ajoûte, *Et hæc omnia juri ci-*

vili , quod Juſtinianus ſcriptum nobis reliquit conſentanea ſunt: At jus Pontificium quo , in dirimendis hujuſmodi controverſis ſerè utimur , repudium non permittit , ſed eo jure tam ſponſus quam ſponſa coguntur matrimonium contrahere.

1686.

L'on ne ſera pas ſurpris que nôtre droit François différe en cela du droit Romain , ſi l'on fait reflexion que les loix Romaines avoient fixé & limité la peine de l'inexecution des promeſſes de mariage , outre laquelle il n'étoit pas permis aux parties de rien ſtipuler , pour ne pas ôter la liberté du mariage par une peine exceſſive.

Le fiancé donnoit preſque toûjours des arrhes , pour gage d'une eſpece de vente & d'achat qui ſe faiſoit de part & d'autre ; & les Legiſlateurs en prirent occaſion d'ordonner que ſi l'inexecution provenoit de la part du fiancé , ſans cauſe légitime , il perdroit ſes arrhes & le profit qu'il en auroit pû tirer ; & que ſi elle provenoit de la part de la fiancée , elle reſtitueroit le quadruple par les loix anciennes *l. 6. C. Th. de ſpo ſ. l. un. C. Th. ſi prov. rect. & l. un. C. Th. ſi nupt. ex reſcrip.* & le double par la l. derniere au Code *de ſponſ.* à moins que le quadruple ne fût ſtipulé lors des fiançailles.

Ils ont eſtimé que cette peine étoit ſuffiſante , puiſque les parties n'avoient pas exigé d'autre ſureté de l'execution de leurs promeſſes ; c'eſt ce qu'on apelloit peine légale , à laquelle il n'étoit point permis d'ajoûter aucune peine conventionnelle.

Et s'il n'y avoit point d'arrhes , ce qui arrivoit fort rarement , il eſt vrai qu'alors les loix n'impoſoient aucunes peines , & qu'elles permettoient aux parties de ſe réſilier , ſans en donner d'autre raiſon que leur volonté ; parce que les parties n'ayans donné ni exigé des arrhes de part ni d'autre contre l'uſage ordinaire , elles s'étoient fait la loi à elles-mêmes , & l'on préſumoit que leur intention avoit été de ſe conſerver la liberté de ſe rétracter impunément.

Mais parmi nous , les parties ne ſe vendent & ne s'achetent point l'une l'autre , les arrhes ne ſont point en uſage , nous n'avons point de loix qui fixent la peine de l'inexecution des promeſſes de mariage , & rien ne fait préſumer que les parties en se promettant de s'épouser réciproquement, se retiennent une pleine liberté de se rétracter.

Il est donc juste que les dommages & interêts succédent à la peine légale, & que le Juge par sa prudence les régle suivant la qualité & la fortune des parties, à moins qu'il n'y ait des causes légitimes qui obligent une des parties à ne pas executer ses promesses.

Le chapitre *ex litteris* 10. *x. de sponf.* y est expré; *mandamus quatenus, si hoc tibi constiterit, eum moneas etsi non acquieverit monitis, ecclesiasticis censuris compellas, ut ipsam (nisi rationabilis causa obstiterit) in uxorem recipiat, & maritali affectione pertractet;* ce qui est directement oposé à la liberté de se résilier impunément, à moins qu'il n'y en ait des causes légitimes.

Aussi le Juge d'Eglise qui met les parties hors de cour & de procez, sur la demande en accomplissement de promesses de mariage, lorsqu'une des parties se rétracte, ajoûte toûjours, sauf à la partie qui poursuit à se pourvoir pour ses dommages & interêts pardevant le Juge ordinaire, & tous nos Livres sont pleins d'Arrêts qui ont jugé des dommages & interêts contre celui ou celle qui se résilie; ce qu'il seroit inutile de raporter.

En effet, ces sortes de ruptures ne se font jamais sans que le refus de l'une des parties fasse tort à l'honneur ou à la fortune de l'autre, & souvent à l'honneur & à la fortune tout ensemble, mais sur tout quand le refus vient de la part du fiancé; parce que l'on est prévenu que les promesses de mariage ne se font pas sans quelques privautez, & que l'honneur d'une fille est une fleur si délicate qu'elle se ternit par le moindre attouchement.

Ce que l'on a jugé à la partie qui demande l'accomplissement des promesses de mariage, n'est donc pas pour lui donner aucun profit, mais pour la tirer de perte; ce n'est pas proprement pour interêts, mais pour dédommagement : de sorte que si en droit même on pouvoit demander un dédommagement, comme l'enseigne Dynus sur la *l. Titia D. de verb. oblig.* & aprés lui Faber sur la *l. 1. C. de sponf.* à bien plus forte raison parmi nous où il n'y a point de peine légale qui puisse supléer.

Il faut donc voir si dans le fait il y a quelque circonstance particuliere qui doive exempter ledit Jacques Carré de la condamnation des dommages & interêts contre lui jugée.

1 6 8 6. Il n'a dit autre chose , sinon que c'est lui qui demande l'accomplissement du mariage , & que c'est l'intimée qui le refuse : D'où il infere qu'il ne peut être condamné en des interêts.

Mais il s'y est pris d'une maniere qui fait assez comprendre qu'il ne demande pas ce mariage par inclination, mais seulement pour s'exempter des 150 livres d'interêts jugez contre lui.

S'il n'a pas été capable d'une veritable tendresse, dans un tems où l'on ne lui promettoit que douceur & que paix ; il n'est pas à croire qu'une poursuite rigoureuse pour le payement des interêts lui ait fait naître une si forte passion qu'il feint de ressentir aujourd'hui ; & il est sans exemple que l'on ait fait une déclaration d'amour par un exploit & par le ministere d'un Sergent ; Si l'intimée avoit conservé quelque reste d'affection pour l'apellant aprés son infidelité , une maniere d'agir si extraordinaire auroit été capable de l'étouffer entierement.

Quoiqu'il en soit , elle déclare qu'elle n'écoute plus les propositions d'un homme qui a été capable de la trahir, & po r lequel elle n'aura jamais que des sentimens d'aversion. Il ne s'agit plus de l'execution des promesses de mariage, puisque il n'y a plus de promesses qui sont résoluës par le mariage de l'apellant, il s'est réfilié le premier, & l'intimée est devenuë libre comme auparavant, en forte qu'il ne s'agit plus que de venger l'affront qui lui a été fait ; & si l'on considere que par la Sentence on ne lui ajuge que 150 livres d'interest, on trouvera que la réparation est bien légere en comparaison de l'injure.

Ledit Carré pere a proposé une autre défense dont le fils auroit eu honte de se servir, c'est qu'il y a trois ans d'intervale entre les deux contrats de mariage ; & que par la loy 2. au C. *de sponsalibus* , il est dit qu'une fiancée n'est pas obligée d'attendre plus de deux ans l'accomplissement des promesses de

mariage ,

mariage, & qu'aprés ce tems elle peut impunément se pourvoir ailleurs.

C'est à dire qu'il faloit que l'Intimée courût aprés led. Jaques
Carré ; qu'elle allât le chercher à trente lieuës de chez elle le
prier de lui tenir sa parole, ou pour le poursuivre en justice :
Voila sans doute une prétention toute nouvelle.

Si l'apelant avoit pressé l'Intimée pendant deux ou trois années d'executer les promesses de mariage, & que lassé de tant
de delais & de refuites, il eût contracté mariage avec une autre, on pouroit peut-être alors lui apliquer la disposition de
la *l. 2. C. de spons.* & les textes que l'on a citez : Mais de vouloir que ce soit à la fiancée qui n'est obligée que d'attendre pa-
tiemment, à poursuivre son fiancé pendant un si long-tems, &
à faire des démarches contraires à la pudeur de son sexe ; c'est
une absurdité qui ne doit pas être proposée.

A l'égard du pere, on le doit considerer comme complice
de la même infidelité ; il savoit les promesses de mariage faites par son fils à l'intimée ; il y avoit consenti ; il les avoit au-
torisées par sa presence, par sa signature, & par les avances
qu'il faisoit à son fils : Il n'a donc pas pû consentir ni autoriser
le second contrat de mariage, sans se rendre prenable des interêts dûs pour l'inexecution du premier.

On peut dire même qu'il a engagé son fils à ce second mariage ; car tant que le fils a été en la ville de Roüen, il a per-
severé dans ses premiers sentimens ; mais il n'est pas plûtôt
retourné en la ville d'Alençon & rentré en la maison de son pere, qu'on lui a donné de nouvelles impressions pour le détour-
ner de son premier dessein.

C'est pourquoi il concluoit à ce que l'apellation fût mise
au néant avec dépens.

La Cour par Arrest du 12. Décembre 1686. sur les conclusions de Monsieur l'Avocat General de Ménilbus, qui donna
les premieres marques publiques de son éloquence & de son
savoir en qualité d'Avocat General, & qui complimenta
Monsieur le Premier President de Ris, sur le juste choix que
nôtre Grand Monarque a fait de sa Personne pour être le Chef
de ce Parlement, mit l'apellation & ce dont étoit apelé au

D *

néant ; en corrigeant & réformant , déchargea Carré pere de la condamnation des interêts , le surplus de la Sentence fortiffant fon plein & entier éfet , avec dépens contre Carré fils.

TROISIE'ME QUESTION.

CONTRAT PIGNORATIF.

1687. PAr contrat pafté devant Notaires le 13 Juin 1654. Me Guillaume Lambert Ecuïer , Sieur de Vengeons , Vicomte de Vire , fit engagement à Mre Gabriel d'Amfernet , Seigneur du Quefney d'un heritage nommé des Acres , par le prix de 1400 liv. païées comptant par ledit Sr du Quefney ; condition retenuë par ledit Sr de Vengeons de retirer ledit engagement toutefois & quantes dans quatre ans , en rendant ladite fomme de 1400 liv. avec tous loïaux coûts ; à faute de quoi & ledit tems pafté , ledit Sr du Quefney demeurera proprietaire dudit heritage : durant lequel tems pour la joüiflance dudit heritage , ledit Sr Vicomte s'obligea de païer & faire païer par le fermier du même fonds la fomme de 100 liv. par chacun an audit Sr du Quefney : A ce prefent Robert Sonnet Ecuïer , Sr du Valangot , lequel de tout le contenu ci-deffus a plegé & cautionné ledit Sr Vicomte , & s'en eft obligé folidairement un feul pour le tout , fans divifion ni ordre de difcuffion : ce font les termes du contrat.

Par un billet fous fait privé en date du 7 Juin 1658. fix jours avant l'expiration des quatre années de condition , reconnu devant Notaires le 7 Avril 1662. ledit Sr du Quefney prolongea pour douze années ladite condition ou faculté de rachat , en faveur dudit Sr de Vengeons , fans y apeler les heritiers dudit Sieur du Valangot intervenu plege au contrat du 13 Juin 1654.

Et le 2 Mai 1670. il y eut un autre acte pafté devant Notaire entre lefdits Srs du Quefney & de Vengeons en l'abfence des heritiers du plége, par lequel ledit Sr du Quefney prolonge encore ladite faculté de rachat pour cinq ans qui devoient expirer le 13. Juin 1675. & aprés compte fait, ledit Sr de Vengeons fe trouve redevable d’une fomme de 700 livres pour les joüiffances du paffé.

1 6 8 7.

Depuis la Charge dudit Sr de Vengeons a été venduë fans opofition au fceau de la part dudit Sr du Quefney, fes meubles ont été difcutez ; & ledit Sr du Quefney s’étant prefenté à l’état, il a été révalidé par acte du 13. Février 1677. enfin fes immeubles ont été faifis réellement à la requête de Me Nicolas Marie en l’année 1678. Ledit *Sieur du Quefney* a formé fon opofition pour faire juger qu’il auroit diftraction dudit lieu des Acres, fans préjudice de l’obligation folidaire des coobligez par ledit contrat : & en même tems il a fait donner affignation à la veuve & heritiers dudit Sieur du Valangot, pour faire dire qu’ils le feroient mettre en poffeffion dudit lieu des Actes, & lui païeroient dix années d’intereft du prix dudit engagement.

La diftraction n’a pû être jugée, parce que ledit Sr Marie decretoit pour une creance anterieure audit engagement : Et d’un autre côté la veuve & les heritiers dudit Sr du Valangot fe font défendus de la garantie prétenduë contr’eux par ledit Sr du Quefney, par un écrit du 22. Mai 1678.

Ils font convenus par cet écrit, que ledit Sr du Valangot avoit cautionné ledit Sr de Vengeons pour 100 livres de rente, aufquels il avoit engagé ledit lieu des Acres : Mais ils ont foûtenu que ledit Sr du Quefney ne leur en pouvoit rien demander.

1° Parce qu’il n’avoit point formé fon opofition au fceau & expedition des provifions de la Charge de Vicomte, dont ledit Sieur de Vengeons avoit difpofé.

2° Parce que les biens dudit Sr Vicomte n’étoient pas difcutez, & que les pléges ne pouvoient être inquiétez que fubfidiairement ; & qu’en tout cas s’agiffant d’une rente hipotéque, il ne pouvoit en demander que cinq années.

Sur cette conteftation il y eut Sentence du Vicomte de Vire l’11. Juillet 1681. par laquelle il fut ordonné que ledit Sr du

Quefney fe prefenteroit à l'état dudit decret ; parce qu'en cas de révalidation, ladite veuve & heritiers lui païeroient les 1400 livres de capital, avec les interêts depuis la faifie réelle.

1687. Ladite veuve & heritiers aïans apellé le Bailly par fa Sentence du 15. de Mai 1683. a caffé celle du Vicomte ; & en réformant, a déchargé lefdits heritiers des interêts du paffé de ladite fomme de 1400 livres, & les a condamnez de païer 'e capital, parce qu'autrement ils en païeroient l'intereft au denier dix-huit.

Apel de cette Sentence par ladite veuve & heritiers du Sieur du Valangot & par ledit Sieur du Quefney ; les uns prétendans être déchargez du capital auffi-bien que des interêts ; & l'autre prétendant une condamnation de tous les arrérages du paffé, cinq années avant la faifie, & la continuation à l'avenir de 100 livres de rente au denier quatorze.

Pour cet effet ladite veuve & heritiers ont pris des lettres de reftitution contre la déclaration portée par leur écrit du 22. Mai 1678. que le contrat de 1654. étoit une conftitution de 100 livres de rente, dont ledit feu Sieur du Valangot étoit intervenu caution, & qu'ils étoient prenables aprés la difcuffion des biens du principal obligé.

Et ledit Sieur du Quefney a interjetté apel de la Sentence du Vicomte du 11. Juillet 1681. en ce qu'elle ne lui ajugeoit les interêts defdits 1400 livres que depuis la faifie, & non pas cinq années avant la faifie.

La caufe apointée au Confeil, & diftribuée à Monfieur de Tourville Dandane, en la feconde Chambre des Enquêtes.

On difoit pour ladite veuve & heritiers du Sieur du Valangot, qu'il y avoit trois chofes à confiderer dans le fait de la caufe ; la nature du contrat du 13. Juin 1654. la qualité de plége en la perfonne dudit Sieur du Valangot, & les actes de prolongation paffez devant Notaires, les 7. Avril 1662. & 2. Mai 1670. en l'abfence & fans la participation du plége.

De la nature du contrat, il ne réfulte autre chofe qu'un preft de la fomme de 1400 livres fans alienation du fort principal, & fans conftitution ; parce qu'en cas que les 1400 livres ne fuffent pas rembourfez dans les quatre ans, l'heritage en-

gagé demeureroit vendu , & le creancier en feroit proprietaire
& poffeffeur ; ce qui équipole à une vente conditionnelle , ou à
faculté de remere , fuivant la difpofition formelle de la *l. fi fun-*
dus 16. §. *ult. D. de pignorib. & hyp. poteft ita fieri pignoris da-*
tio , hypothecæve , ut fi intra certum tempus non fit foluta pecunia
jure emptoris poffideat rem jufto pretio , tunc æftimandum : Hoc
enim cafu videtur quodammodo conditionalis effe venditio.

Ce que les loix ont permis , comme enfeignent la Gl. &
Barthole fur cette loi , pour faciliter les moïens de trouver de
l'argent dans le befoin ; *quia debitores vix aliter invenirent pe-*
cuniam.

Cette même paction eft autorifée par la *l. Titius* 34. *D. de pi-*
gnor. Act. & par la l. derniere *D. de contrah. empt.* dans une
efpece femblable à peu prés à celle dont il s'agit.

Et il ne faut point dire que cette claufe permife à l'égard du
p'ége , ne l'eft pas à l'égard du creancier , comme il femble que
Barthole l'enfeigne en ces termes ; *Factum fimile legi commiffo-*
riæ reprobatur inter creditorem & debitorem , non inter debitorem
& tertium : car cette diftinction eft vaine & contraire au bon
fens. Si la loi commiffoire étoit vicieufe à l'égard du premier
creancier qui a prêté fon argent , elle le feroit auffi à l'égard du
plége qui a païé & qui devient creancier fubrogé ; *hic fiae juffor*
non eft alius quam verus creditor indemnitatis , comme dit
Me Charles du Moulin , *tract. contr. ufur. quæft.* 52. *n.* 358.

Si ces fortes de pactions font permifes , *ex intervallo* , c'eft-à-
dire , lorfque le tems du païement eft expiré ; comme on n'en
peut pas douter par plufieurs textes de Droit , & notamment
par la *l.* 24 *& la l.* 34. *D. de pignor. Act.* par la *l.* 44. *D. de folut.*
par la *l.* 4 *C. de evict.* & par l'*Auth. hoc nifi debitor , C. de folut.*
rien n'empêche qu'elles ne foient permifes dans le contrat de
preft ; & fi ce n'eft pas une vente parfaite & confommée ,
c'eft du moins une promeffe de vendre qui s'accomplit par l'expiration du tems porté par le contrat. Donner un fonds en
païement , c'eft le vendre , *Si quis pignus pro debito vendiderit*
creditori , evenit ut & ex vendito tollatur obligatio , & debiti
d. l. 44. *D. de folutionibus* , & par confequent c'eft faire un
contrat légitime.

Il eſt vrai que le fonds engagé par ledit Sieur de Vengeons eſt de plus grand revenu que l'intereſt des 1400 livres prêtez par ledit Sieur du Queſney ; mais cette circonſtance ne rend pas la clauſe nulle, & ne diſpenſoit pas le creancier, ſoit de ſe mettre en poſſeſſion de l'heritage aprés les quatre années, auquel cas l'on auroit imputé l'excedent des joüiſſances ſur le capital ; ce qui auroit liberé le principal obligé auſſi-bien que le plege, ſoit d'agir contre le débiteur pour faire ordonner, que faute de païement des 1400 livres, il ſeroit envoïé en poſſeſſion du fonds à dûë eſtimation, juſqu'à la concurrence de ladite ſomme ; car comme l'enſeignent les Docteurs ſur la *l. Quamvis 45. D. de ſolut.* & ſur la *l. Si fundus §. fin. D. de pignor.* lorſqu'il eſt ſtipulé que le fonds demeure vendu faute de païement dans le tems limité ; cela s'entend non pas pour la ſomme prêtée, mais à dûë eſtimation & à juſte prix : *Quoties enim dicitur ſimpliciter quod res ſit empta, niſi ſolutum ſit in termino, non intelligitur pro debito, ſed pro juſto pretio à judice, vel bonis viris æſtimando :* & en ce cas-là, le débiteur & le plége auroient encore été liberez des 1400 liv. & des intereſts ; & ſeroient demeurez ſeulement garans de l'éviction du fonds : Soit enfin en faiſant juger aprés l'expiration des quatre années, qu'il lui ſeroit permis de decreter le fonds faute de païement, comme il a été jugé par les derniers Arrêts raportez par Monſieur Loüet & par Brodeau ſon Commentateur, lettre P. n. 10. auquel cas ledit Sieur du Queſney auroit été païé dés 1658. ſans laiſſer échoir un grand nombre d'années d'intereſts, qu'il prétend aujourd'hui faire païer par les heritiers d'un plége qui ſe ſont repoſez ſur la clauſe du contrat.

De la qualité de plége, il réſulte que ledit feu Sieur du Valangot n'a cautionné ledit Sieur de Vengeons que ſuivant les termes du contrat & non autrement ; c'eſt-à-dire, de faire païer audit Sr du Queſney quatre années d'intereſts de ſes 1400 livres, & de lui garantir la poſſeſſion du fonds qu'il devoit prendre aprés les quatre années.

Et comme le revenu du fonds excedoit l'intereſt des 1400 livres, l'obligation du plége n'alloit qu'à garantir la poſſeſſion du fonds, juſqu'à ce que le creancier fût rempli du capital des 1400 livres par l'excedent des jouiffances.

Voila précifément quelle eft l'obligation du plege , qu'il
ne faut point étendre au de-là des termes du contrat , & lui
donner une interpretation contraire à l'intention du plege, 1687.
qui n'a point été de cautionner ledit Sieur de Vengeons d'une
partie de 100 livres de rente.

Des deux prolongations de la faculté de remere , faites en
l'abfence du plege , il en refulte un changement d'obligation
entre le creancier & le principal debiteur , qui libere abfolument la caution pour deux raifons.

La premiere , c'eft que le creancier aïant contracté avec le
debiteur , & prolongé le tems de grace fans y apeler les heritiers du plege , il s'eft arrêté à fa folvabilité & à fon obligation : Il y a dans ces prolongations des ftipulations nouvelles qui
détruifent l'obligation du plege. Car par le contrat de 1654. le
plege eft obligé feulement de faire païer l'intereft des 1400 liv.
jufqu'en 1658. en cas que le debiteur ne rembourfât pas le capital ; parce qu'au moïen de la poffeffion de l'heritage que
devoit prendre le creancier aprés les quatre ans , le plege
devoit être exempt de faire païer , ou de païer lui-même
les interêts.

Et cependant par les prolongations , le creancier ftipule
une continuation d'interêts au delà des quatre années , &
laiffe au debiteur la poffeffion de l'heritage engagé , ce qui
n'eft point compris dans l'obligation du plege qui n'y auroit
pas confenti s'il y avoit été apelé ; enforte qu'on peut dire que
ex præcedenti causâ ita nova conftituitur , ut prior perimatur l. 1.
de novat.

La feconde , c'eft que quand la premiere prolongation a
été faite , il y avoit long-tems que les quatre ans de remere
portez par le contrat de 1654. étoient expirez : Le fait privé
daté du 7 Juin 1658. n'étant pas confiderable , mais feulement la reconnoiffance du 7 Avril 1662. lors de laquelle le
creancier & le debiteur ont donné telle date qu'ils ont voulu
au billet fous fignature privée , ce qui emporte une novation
en termes de droit.

Car par la *l.* 5. *D. de precario* , il eft porté que fi le precaire eſt prorogé dans le tems qu'il ſubſiſte encore, il ne ſe fait point de novation ; mais que ſi la prorogation eſt faite aprés l'expiration du tems du precaire, il ſe fait une obligation nouvelle :

1687. *Si manente adhuc precario, tu in ulterius tempus rogaſti, prorogatur precarium ; nam nec mutatur cauſa poſſeſſionis, & non conſtituitur eo modo precarium ; ſed in longius tempus profertur. Si vero præteritâ die rogas, propius eſt ut ſoluta jam cauſa precarii, non rediategretur ſed nova conſtituatur.*

Et ſi par cette maxime il y avoit novation à l'égard du debiteur même, qui contracte, à bien plus forte raiſon à l'égard du plege, ſans la participation duquel la prolongation a été faite.

Il faut ajoûter à cela le fait particulier, que ledit Sieur du Queſney n'a jamais rien demandé aux heritiers du plege depuis 1658. juſques en 1678. ce qui marque aſſez que ſon intention avoit été de liberer le plege par leſdites prolongations, & de s'arrêter à la ſolvabilité dudit Sr de Vengeons.

Enfin on peut reprocher audit Sr du Queſney d'avoir ſoufert, que ledit Sr de Vengeons diſpoſât de ſa Charge de Vicomte ſans aucune opoſition au Seau, pour la converſation de ſon hipotéque.

Pourquoi leſdits heritiers concluoient qu'en reformant, ils ſeroient déchargez du capital & des interêts de ladite ſomme de 1400 liv. avec dépens.

On diſoit au contraire pour ledit Sr du Queſney, qu'il avoit premierement à répondre à l'apel deſdits heritiers, de ce que la Sentence du 15 Mai 1683. les avoit condamnez au payement de ladite ſomme de 1400 liv. ou à payer les interêts à l'avenir : & à ſoûtenir l'apel qu'il a interjetté deſdites Sentences du 11 Juillet 1681. & du 15 Mai 1683. en ce qu'elles n'avoient pas condamné leſdits heritiers aux arrerages du paſſé cinq années avant la ſaiſie réelle, & à la continuation à l'avenir de 100 liv. de rente au denier quatorze.

Pour ce qui eſt de l'apel deſdits heritiers, il faut ſupoſer d'abord, ce qui eſt inconteſtable que ledit Sr du Queſney, ne pouvoit être contraint de ſe mettre en poſſeſſion du fonds pour le payement de ſa creance, aprés l'expiration des quatre années. Car

Car quoi qu'on trouve un Arreſt du Parlement de Paris du 5 Aouſt 1595. raporté par Monſieur Louet l. P. n. 12. & par Mornac ſur la *l. 19. D. de pignor.* qui a jugé, *multis contradicen-tibus*, & aprés un partage en la cinquiéme des Enquêtes, que le creancier eſt forcé de prendre en payement le fonds qui lui a été engagé, aprés l'expiration du tems porté par le contrat d'engagement, ce qui ſemble être contre la diſpoſition de la *l. 16. C. de jure deliberandi*, qui dit que perſonne ne peut être forcé d'acheter ; c'eſt ſeulement lorſque le fonds eſt de moindre valeur que l'argent prêté ; parce que la faculté de remerer n'eſt ſtipulée qu'en faveur du debiteur, que le creancier s'eſt bien voulu contenter à cette aſſurance, que les marques d'impignoration ſont contre lui & en haine de l'uſure, & qu'en ce cas la loi 2. *C. de reſc. vend.* n'auroit pas de lieu, ne s'agiſſant que d'une ſomme mobiliaire à l'égard du creancier.

Mais il ne ſe trouvera pas qu'en matiere de contrats pignoratifs, où le debiteur ne ſe deſſaiſit point, l'on ait jamais condamné le creancier à prendre poſſeſſion d'un fonds qui vaut plus que ſon argent, comme en cette ocaſion où le fonds étoit afermé 250 liv. par chacun an ; ce ſeroit autoriſer une uſure exceſſive, & forcer le creancier de la commettre contre ſa propre volonté.

Une autre raiſon eſt, que c'eſt-là le veritable cas de la loi commiſſoire, qui eſt nulle & reprouvée dans les contrats pignoratifs.

Les Docteurs qui ont traité de ces matieres, ſe trouvans embaraſſez à concilier les textes du droit, dont les uns ſemblent aprouver, & les autres reprouver cette paction dans les contrats pignoratifs, ont fait pluſieurs diſtinctions qui leur ont paru plus propres pour ſe tirer d'afaire.

Les uns ont voulu que la loi commiſſoire dans les contrats pignoratifs, ſoit nulle entre le creancier & le debiteur, mais qu'elle ſoit valable entre le debiteur & le plege, fondez ſur la loi derniere, *D. de contrat. empt.*

D'autres qu'elle eſt nulle lorſque le creancier ſtipule, qu'il ſera proprietaire du fonds pour ce qui lui eſt dû, faute de payement dans le tems de la faculté de remerer, mais qu'el-

E *

1 6 8 7.

le est valable lorſqu'il ajoûte que ce ſera à juſte prix , &
à dûë eſtimation, fondez ſur la loi *ſi fundus* §. *ult. D. de Pignor.*

D'autres , qu'elle eſt nulle lorſqu'elle eſt ſtipulée *ab initio* ,
dans le contrat pignoratif ſuivant la l. derniere *C. de pact. pi_
gnor.* & le ch. *ſignificante* 10. *de pignor.* mais qu'elle eſt valabl_e
ex intervallo ſinon pour agir , du moins pour retenir la poſ_
ſeſſion du fonds quand le debiteur s'eſt deſſaiſi, ſuivant la *l. lu_
cius de Pign. act.*

Les autres enfin, que la loi commiſſoire proprement dicte ,
& qui a les trois marques eſſentielles que lui donne du Moulin , *tract. contr. uſur. quæſt.* 52. *n.* 364. eſt abſolument nulle &
vicieuſe indiſtinctement , & que les premiers ont fort mal entendu les Loix , ſur leſquelles ils ont fondé leurs diſtinctions ,
ne s'y agiſſant pas de la loi commiſſoire , mais de ventes efe-
ctives.

Ces derniers , du nombre deſquels eſt Maître Charles du
Moulin , ſe fondent ſur la *l. quamvis D. de ſolut.* & ſur la *l.* 3.
C. de pactis pign. dont la derniere merite eſtre referée tout au
long. *Quoniam inter alias captiones præcipuè commiſſoriæ pigno-*
rum legis creſcit aſperitas placet infirmari eam , & in poſterum om-
nem ejus memoriam aboleri. Si quis igitur tali contractu laborat , hac
ſanctione reſpiret , quæ cum præteritis præſentia quoque repellit , &
futura prohibet. Creditores enim re amiſſa jubemus recuperare quod
dederunt.

Le motif de cette Juriſprudence eſt de prevenir l'avarice
des creanciers , qui ne voudroient jamais prêter leur argent
qu'on ne leur engageât un fonds de plus grande valeur , &
qu'on n'y ajoûtât la clauſe de la loi commiſſoire. Et pour ſou-
lager les debiteurs , qui dans la neceſſité preſſante d'emprunter de l'argent pour ſuvenir à leurs afaires , & dans l'eſperance d'en reccuvrer avant que le tems de remerer ſoit expiré
conſentent à tout , & ſe trouvent enfin dépoüillez de leur
fonds à faute de rembourſement.

Quoi qu'il en ſoit les plus relâchez ſur cette matiere , comme Grimaudet, *des Contrats pignoratifs liv.* 2. *ch.* 9. conviennent
que quand l'heritage engagé vaut plus que l'argent , & que la
clauſe cemmiſſoire eſt pure & ſimple , ſans ajoûter que c'eſt

à jufte prix & à dûë eftimation, la ftipulation eft abfolument
nulle & vicieufe, & que le débiteur eft toûjours en état de dé-
gager fon fonds, en rembourfant le prix du contrat.

Mais ils ajoûtent en même tems qu'encore qu'elle foit vicieufe, elle ne vicie pas le contrat pignoratif, qui demeure
en fa force & vertu; parce que ces fortes de claufes font ac-
cefloires à l'obligation principale, & ftipulées pour plus grande feureté : De forte que l'offre de rembourfer le prix du contrat en quelque tems que ce foit, faifant ceffer l'obligation
principale, fait auffi ceffer la loi commiffoire.

Il y a deux conventions dans le contrat, dit Grimaudet,
loco citato, la creation de la rente & la loi commiffoire : La
premiere peut fubfifter fans la feconde, & la feconde n'annulle point la premiere qui eft bonne par la régle de droit, que
la paction utile n'eft point viciée par l'inutile; *& id certè vi-*
deo placuiffe multis noftræ galliæ, adeoque ejus fenatus primoribus
Advocatis, ut tantum vitietur datio in folutum non etiam annuum
vectigal quafi fint diverfa membra, nec unum aliud vitiet, Tiraq.
de retractu convent. ad fin. Tit. quæft. 25.

Les Canoniftes qui ont pareillement improuvé la loi commiffoire dans les contrats pignoratifs, fuivent le ch. *Signifi-*
cante de pignor. aux Decretales, enfeignent que le ferment du
débiteur de n'y pas contrevenir, ne l'oblige pas même, *in fo-*
ro interiori; quia juramentum non eft vinculum iniquitatis. Covarr.
var. refolut. lib. 3. c. 2. Molin. ibid. & ad Alexand. conf. 27.
conf. 59. lib. 1.

Cela étant, l'apel defdits heritiers fe détruit par leur propre raifonnement : Car quand ledit Sieur du Quefney auroit
agi contre le débiteur après l'expiration des quatre années,
pour faire juger qu'à faute du rembourfement de ladite fomme de 1400 livres & des interêts, il feroit envoïé en poffeffion du fonds, jufqu'à la concurrence de ladite fomme de
1400 livres ou du total, en fupleant la valeur à dûë eftimation,
ou qu'il lui feroit permis de decreter, ledit Sieur du Valangot
ou fes heritiers feroient toûjours demeurez garans du fonds,
comme ils en conviennent; de forte que ledit Sieur du Quefney
étant dépoffedé par la faifie réelle, il auroit fa garantie de

droit contre lefdits heritiers pour ladite fomme de 1400 livres avec les interêts du jour de la faifie réelle, aux termes de la Sentence du Vicomte du 11. Juillet 1681.

Car de dire que ledit Sieur du Quefney doit s'imputer d'avoir laiffé vendre la Charge dudit Sieur de Vengeons, fans opofition au Sceau pour la confervation de fon hipotéque, c'eft une foible objection.

Premierement, cette vente a été faite fecrettement & à l'infçu dudit Sieur du Quefney. Et en fecond lieu, il faut confiderer que ledit Sieur du Valangot & fes heritiers, ne font pas de fimples tranfportans garans de leur tranfport, mais qu'ils font folidairement obligez par ledit contrat de 1654. fans divifion, ni ordre de difcuffion : C'étoit aufdits heritiers à veiller, & non pas audit Sieur du Quefney, & l'on n'a jamais oüi parler qu'un creancier perde fon obligation fur un de fes cooobligez, pour avoir laiffé decreter les biens de l'autre.

Mais ledit Sieur du Quefney ne s'arrête pas là, car il foûtient qu'il a été mal jugé par les deux Sentences, & qu'il doit avoir condamnation de tous les arrérages non prefcrits de 100 livres de rente, & de la continuation à l'avenir au denier quatorze.

Dans ces fortes de contrats, il faut toûjours confiderer quelle a été l'intention des parties contractantes, qui ne peut avoir été autre que de faire un contrat pignoratif, ou une conftitution de 100 livres de rente, pour l'affurace de laquelle ledit Sieur de Vengeons a engagé un fonds, & donné une caution.

Toutes les marques s'y rencontrent ; la vilité du prix, puifque la fomme prêtée n'eft que de 1400 livres, & que l'heritage vaut 5000 livres au denier vingt; la faculté de remerer, puifque le débiteur pouvoit rembourfer dans quatre ans, & retirer l'heritage ; la retention de poffeffion de la part du débiteur qui eft beaucoup plus forte que la reconduction, parce que le bail à ferme dénote une proprieté du côté du creancier, au lieu qu'en cette occafion le creancier fe contente à une fimple délégation fur le fermage, pour l'intereft légitime de fon argent.

Il y a une quatriéme marque de l'intention des parties, ce

font les prolongations de la faculté de remerer en 1658. & en
1670. *L'on tient*, dit Brodeau fur Monfieur Loüet, lett. P. n. 11.
que la faculté de remerer ayant été prorogée , reiterée & renou-
vellée par plufieurs fois du confentement des parties , eft une for-
te & violente préfomption d'impignoration quand bien elle feroit
feule , les autres marques ne fe rencontrant au contrat ; aparoif-
fant clairement par telles prorogations , que l'intention de l'aque-
reur , ab initio , n'a point été d'acheter , ni celle du débiteur de
vendre , mais feulement d'engager.

1 6 8 7.

Si l'on joint à cela que depuis 1658. ledit Sieur du Quefney
n'a pas fait la moindre démarche pour prendre poffeffion du
fonds, & qu'il s'eft contenté au païement de 100 livres par chacun an, on fera pleinement perfuadé qu'il n'a jamais eu l'intention d'acheter, ni ledit Sieur de Vengeons l'intention de
vendre : Et en effet, il n'y avoit pas de proportion entre le prix
& l'heritage.

Si ç'a été la penfée du creancier & du débiteur de faire une
conftitution de rente , comme il n'en faut pas douter , il eft
inconteftable que c'étoit l'intention dudit Sieur du Valangot,
de pleger & de fe rendre folidairement prenable de 100 livres de
rente ; car on ne peut pas dire que toutes les parties aïant
contracté par un même acte, elles aïent eu des intentions dif-
ferentes : Et tout de même que fi le creancier aprés les quatre ans, avoit voulu fe prévaloir de la loi commiffoire contre
les offres du débiteur de le rembourfer, il auroit inutilement
opofé les termes du contrat, & la rigueur de la ftipulation ;
parce qu'en ces fortes de contrats il faut tenir pour maxime,
plus valere quod agitur , quam quod fimulatè concipitur : Auffi paroiffant que l'intention du débiteur a été de fe conftituer en
rente , nonobftant les termes du contrat , & que l'intention
dudit Sieur du Valangot a été de cautionner ledit Sieur de
Vengeons, de ce à quoi il fe fumettoit quoi-que ce pût être ;
il eft d'une confequence neceffaire qu'il intervenoit plége de
100 livres de rente.

Ledit Sr du Valangot voïoit bien que le fonds valoit quatre
fois plus que l'argent, que ledit Sr de Vengeons ne s'en deffai-
fiffoit pas ; il voïoit bien par confequent que l'intention des

parties n'étoit ni d'acheter ni de vendre , *neque ab initio* , *neque ex intervallo ;* il voïoit bien que cet engagement n'étoit qu'un accessoire de l'obligation principale , stipulé pour plus grande seureté , mais qui ne donnoit ni l'être ni la force à l'obligation principale qui étoit la constitution de rente. Ses heritiers ont toûjours vû ledit Sieur de Vengeons en la possession du même fonds ; & lors de l'introduction de l'instance , ils sont convenus de bonne foi que c'étoit une constitution de rente , & se sont arrêtez à dire qu'ils n'étoient prenables que subsidiairement.

Il est vrai que la Jurisprudence des Arrêts a été fort diverse dans la suite des tems , principalement pour les Provinces du Maine , de Touraine & d'Anjou , où les constitutions de rente ne sont presque point en usage à cause de la prescription de cinq ans introduites dans ces Provinces en faveur du tiers détenteur , & où les contrats pignoratifs sont fort fréquens.

Il est vrai encore que les derniers ont jugé que le débiteur rembourseroit dans un tems ; faute de quoi , permis au creancier de mettre l'heritage en criées , & de se presenter à l'état pour être colloqué en son ordre d'hipotéque ; ce qui a fait conclurre par Brodeau , que c'est aujourd'hui la maxime du Parlement de Paris.

Mais il faut prendre garde que c'est en cas de contestation , & que tous les Arrêts ont perpetuellement condamné aux arrérages du passé , & ont par conséquent autorisé les constitutions : Car la permission de decreter n'est pas particuliere aux contrats pignoratifs , elle est commune à tous contrats obligatoires ; & en l'accordant , les Arrêts desaprouvent seulement la loi commissoire , & autorisent les constitutions de rente.

Or en l'espece dont il s'agit il n'y a pas eu de contestation qu'en 1678. lorsque le fonds a été saisi en decret. Le creancier n'a pas besoin d'une permission de saisir , puisqu'un autre l'a prévenu ; il s'est presenté , il ne peut être colloqué : Il est donc juste qu'il s'adresse au plége solidairement obligé ; à l'égard duquel n'y aïant point de fonds engagé , il faut qu'il paie les arrérages du passé , & qu'il continuë la rente jusqu'au rachat qu'il en peut faire toutes fois & quantes.

Les prolongations de la faculté de remere , ne font d'aucune confideration en la caufe, finon en faveur dudit Sieur du
Quefney, pour en inferer que fon intention n'a jamais été autre que de faire une conftitution de rente ; mais nullement en
faveur defdits heritiers , pour en inferer une liberation du
cautionnement : Car ledit Sr du Quefney acordoit audit Sr
de Vengeons ce qu'il ne pouvoit lui refufer, & il laiffoit la poffeffion d'un fonds qu'il ne pouvoit pas prendre legitimement.

1687.

Parmi tous les Arrêts , on en trouve un rendu au Parlement
de Paris le 4 Juin 1579. en la caufe de la Dame de la Bourdai-
fiere , & qui eft raporté par Mr Louet, lettre P. n. 10. & par le
Veft. Arreft 162. par lequel il fut jugé que l'heritage qui étoit
de beaucoup plus grande valeur que le prix du contrat feroit
baillé à ferme , & que le fermier feroit chargé de païer au
creancier l'intereft de fon argent tous les ans.

Le contrat dont il s'agit a commencé , & a été continué
de la maniere aprouvée par ledit Arreft , & par confequent il
n'y a rien que de legitime de quelque côté qu'on le confidere :
Mais il n'y a plus de fonds engagé, plus de fermage delegué,
& il ne refte plus que le coobligé pour fureté , fur lequel ledit
Sr du Quefney fe puiffe adreffer.

La *l. Sed fi manente D. de precario* , ne peut pas être apliquée
à cette caufe , parce qu'elle eft pour le precaire, dont le tems
étant expiré , il ne refte plus de caufe de poffeffion , le precaire étant l'obligation principale ; au lieu qu'en un contrat pignoratif, le tems de remerer étant expiré , il n'arrive aucun
changement à l'obligation principale qui fubfifte toûjours en
fa force ; de forte qu'en prolongeant la faculté de remerer , on
ne touche point à la conftitution de rente qui eft l'obligation
principale , commune au debiteur & au plege , mais feulement à la faculté de remerer , qui regarde feulement le proprietaire du fonds engagé.

La Cour par Arreft du   Juillet 1687. mit les apellations &
ce dont eft apelé au neant ; en corrigeant & réformant , condamna lefdits heritiers au rembourfement de ladite fomme de
1400 liv. dans fix mois du jour de la fignification de l'Arreft,
autrement à en païer l'intereft au prix du Roi qui eft le denier

dix-huit, & les condamna en outre au raport & coût de l'Arreſt.

❖❖❖❖❖❖❖❖❖❖❖❖❖❖❖❖❖❖ ❖❖❖❖❖❖❖❖❖❖❖❖❖❖❖❖❖❖
❖❖❖❖❖❖❖❖❖❖❖❖❖❖❖❖❖❖ ❖❖❖❖❖❖❖❖❖❖❖❖❖❖❖❖❖❖

QUATRIE'ME QUESTION.

I. *Si le recours qu'un pere s'eſt réſervé ſur la ſucceſſion de
la mere, de la moirié de ce qu'il a promis & païé à
ſa fille par ſon traité de mariage, pour ce qu'elle pouvoit
eſperer aux ſucceſſions de pere & de mere, eſt un éfet mobilier ou immobilier en la ſucceſſion du pere, lorſque le
frere a ſigné au contrat de mariage.*

I I. *Si une ſomme d'argent promiſe par un pere à ſa fille par
ſon contrat de mariage, qui n'eſt point conſtituée, & qui
eſt encore dûe lors du décez, eſt une dette mobiliaire ou
immobiliaire en ſa ſucceſſion.*

1687.
PAr le traité de mariage de Damoiſelle Marie-Madeleine
le Vicomte, avec M Loüis Morin Chevalier, Seigneur
Comte de Villars, en date ſous fait privé du premier de Décembre 1678. & reconnu devant Notaires le dix-neuf du même mois, Mre Antoine le Vicomte Chevalier, Seigneur
d'Hermanville ſon pere, *lui a donné, & promis pour toute &
telle part qu'elle pouvoit prétendre à ſa ſucceſſion & à celle de la
feuë Dame ſa mere, la ſomme de 60000 liv. dont en ſera païé comptant 40000 liv. à ſavoir 20000 liv. en argent découvert, & 20000 liv.
en parties de rentes, & les autres 20000 liv. deſtinez pour partie de la
dot, païables ſur les biens de la ſucceſſion dudit Sieur d'Hermanville
aprés ſon décez : & dautant que ladite ſomme de 60000 liv. il y en
a 32000 liv. pour la part de ladite Damoiſelle ſur la ſucceſſion de la
Dame ſa mere, qui conſiſte en la terre de Blangy, laquelle ſomme eſt
païée par les moiens ſuſdits ; ledit Seigneur d'Hermanville pere, s'eſt
réſervé aux droits de ladite Damoiſelle ſa fille, à en avoir & pren-*
dre

dre sa recompense privilegiée sur ladite terre de Blangy, sans préju-
dice de ces autres droits. Ce sont les termes du Contrat.

Et après qu'il est dit que les Parties promettent entretenir le contenu audit traité de mariage, il est ajoûté, *ce fut fait en* 1687. *la presence & du consentement de Messire Pierre le Vicomte Che-valier, Seigneur, Baron de Blangy,* frere de ladite Damoiselle, *Messire Arnaud le Vicomte Chevalier, Seigneur d'Hermanville,* & autres parens y dénommez.

Ce contrat est reconnu le 19. Décembre 1678. par ledit sieur d'Hermanville, & par lesdits sieurs & Dame de Villars seuls, sans y apeller ledit sieur Baron de Blangy, & sans qu'il y soit parlé de luy en aucune maniere : Et par un endos du même jour de la reconnoissance, il paroît que *ledit sieur d'Her-manville demeure quitte des* 40000 *liv. promis payer argent comp-tant, tant au moyen du payement de la somme de* 16030 *livres, que du trarsport de plusieurs parties de rente pour le surplus.*

Peu de tems après, ledit sieur d'Hermanville a épousé en secondes nôces Dame Françoise de Costard, à laquelle il a li-mité un doüaire de 2000 livres par chacun an ; il est mort en 1685. & a laissé ledit sieur Baron de Blangy son heritier aux propres & aux deux tiers des meubles, & ladite Dame sa veuve à l'autre tiers des meubles.

Cela a donné lieu à une interpellation judiciaire faite par ladite Dame de Costard audit sieur Baron de Blangy, s'il consentoit qu'elle fût païée de son doüaire prefix de 2000 liv. ou s'il entendoit luy donner doüaire coûtumier, & à une action intentée par ledit sieur de Villars contre ladite Dame d'Hermanville, & ledit sieur Baron de Blangy, pour les faire condamner au payement de ladite somme de 20000 livres restant des 60000 livres donnez par ledit traité de Mariage.

Sur la premiere instance il y a eu Sentence qui a jugé doüaire coûtumier à la veuve, faute par ledit sieur de Blangy de ré-pondre sur ladite interpellation, dans le tems qui lui avoit été limité ; & sur la seconde, il y a eu Sentence le 15. Février 1686. qui apointe les parties au Conseil.

Apel à la Cour de la premiere Sentence par ledit sieur de Blangy, & de la seconde par ledit sieur de Villars. La cause

portée à l'Audience de la Grand'Chambre , les parties confen-
tirent l'évocation du principal : Et fur ce que les Avocats ci-
terent des Arrêts contraires rendus en la premiere & en la feconde Chambre des Enquêtes fur la queftion de fçavoir , fi les
20000 livres étoient une dette mobiliaire ou immobiliaire de
la fucceffion dudit fieur d'Hermanville , & fi la veuve y contri-
buëroit comme heritiere aux meubles , ou comme doüairiere
feulement , la Cour appointa les parties au Confeil fur le
tout , pour le procez communiqué à Monfieur le Procureur
General , être fait droit aux parties en la Grand'Chambre , vû
la contrarieté d'Arrêts , & pour fervir de reglement , parce que
ladite Dame joüiroit de fon doüaire prefix par provifion , fans
repetition.

La premiere queftion au principal , étoit de favoir fi la recompenfe de 30000 liv. que ledit feu Sr d'Hermanville a ftipulée , comme fubrogé aux droits de ladite Dame de Villars
fa fille , fur la fucceffion de la feuë Dame d'Hermanville fa
premiere femme , confiftant en la terre de Blangy , eft un
éfet mobilier ou immobilier en la fucceffion dudit Sr d'Hermanville.

Ladite Dame veuve foûtenoit que c'eft un éfet mobilier ,
& qu'en fa qualité d'heritiere aux meubles elle en devoit
avoir le tiers en proprieté ; Et ledit Sr de Blangy foûtenoit au
contraire que c'eft un éfet immobilier , fur lequel ladite Dame ne peut avoir qu'un tiers en ufufruit.

La feconde queftion étoit de favoir fi les 20000 liv. promis
à ladite Dame de Villars par ledit Sr d'Hermanville fon pere
fans conftitution , & païables aprés le decez du pere , font
une dette immobiliaire , ou mobiliaire de ladite fucceffion.

Ladite Dame prétendoit que c'eft une dette immobiliaire ,
à laquelle elle ne doit contribuer que comme ufufruitiere , en
cas qu'elle ait un doüaire coûtumier : Et ledit Sr de Blangy
foûtenoit au contraire que c'eft une dette mobiliaire , à laquelle ladite Dame doit contribuer d'un tiers en proprieté ,
comme heritiere en fa tierce partie des meubles.

Sur la premiere , on difoit pour ladite veuve que la legitime de ladite Dame de Villars fur la fucceffion de la feuë Dame

fa mere ne devoit pas être confiderée en elle-même , & inde-
pendemment des circonftances du fait , pour favoir fi c'eft
un droit mobilier ou immobilier : mais jointe avec l'intervention & le confentement dudit fieur Baron de Blangy au traité
de Mariage de ladite Dame fa fœur, & à fa qualité d'heritier
de pere & de mere.

1687.

S'il s'agiffoit de liquider & de payer la legitime d'une fœur
fur la fucceffion de fa mere , on convient que ce feroit un
droit immobilier qu'il feroit au pouvoir du frere de payer en
heritages ou en meubles, aux termes de l'Art. 251. de la Coûtume de Normandie : Mais il s'agit ici de la recompenfe
d'une legitime reglée à une fomme mobiliaire fur la fucceffion
de la mere , en la prefence & du confentement du frere heritier de la mere ; il s'agit d'un droit confommé à l'égard de la
fœur , & du recours d'une fomme payée par le pere , de l'agre-
ment du frere qui en devient debiteur envers fon pere : Et
quand une fois le frere a confenti le payement en deniers de la
legitime de fa fœur, & a confommé fon option, il n'eft plus
en fon pouvoir de fe refilier.

Il eft vray que le confentement des freres aux Contrats de
mariage de leurs fœurs du vivant de pere & de mere, ne les
prive pas de la faculté qui leur eft accordée par la Coûtume
de payer en heritages ou en meubles les fommes promifes à
leurs fœurs : Mais cette maxime ne peut être appliquée à cette caufe , parce qu'il s'agit de la fucceffion maternelle , & que
lors du Contrat de mariage de la Dame de Villars , la mere
étoit morte , & fa fucceffion échuë audit fieur de Blangy,
qui par confequent en avoit une libre difpofition.

C'eft donc comme fi ledit fieur de Blangy avoit emprunté
dudit fieur fon pere , une fomme de 30000 liv. pour payer la
legitime de fa fœur, pour le payement de laquelle il n'étoit pas
en fon pouvoir de donner du fonds audit Sieur fon pere ; ainfi l'action qu'avoit le pere pour demander à fon fils la récompenfe de ladite fomme de 30000 liv. étoit purement mobiliaire.

On difoit pour ledit fieur de Blangy , que la queftion de
droit lui étant acordée, il n'a plus qu'à répondre à fa fignature,

au contrat de mariage , & à sa qualité d'heritier de pere & de mere ; & à faire voir que ces deux circonstances ne font point changer de nature la legitime de ladite Dame de Villars , qui de soi est un droit réel & immobilier.

1687.

Pour la signature , on a vû dans le fait que ledit sieur de Blangy n'a pas signé au contrat de mariage de sa sœur comme partie contractante, mais seulement comme témoin avec tous les autres parens , & par un principe de civilité.

Ledit sieur d'Hermanville seul a promis, a païé, & s'est fait subroger aux droits de sa fille sur la succession maternelle. Lesdits sieur & Dame de Villars ont accepté ; & après toutes les pactions & conventions arrêtées entre les parties, sans qu'il y soit parlé du sieur de Blangy en aucune maniere ; après que les parties se sont sumises d'entretenir toutes les clauses sur l'obligation de tous leurs biens presens & à venir, termes qui finissent tout ce qu'il y a d'obligatoire dans les contrats, les Notaires ajoûtent, *ce fait en la presence & du consentement dudit sieur de Blangy, dudit sieur de S. Hylaire* & des autres parens ; & ils mettent ledit sieur de Blangy à la tête des autres parens, parce qu'il est le plus proche.

Aussi lors de la reconnoissance dudit contrat on n'y apella pas ledit sieur de Blangy ; preuve infaillible qu'il n'étoit pas partie contractante. On ne peut donc inferer de sa signature, autre chose, sinon qu'il a consenti le mariage de sa sœur comme tous les autres parens , & si on veut encore, qu'il a consenti la subrogation stipulée par le pere sur la succession maternelle : mais non pas qu'il ait consommé son option, ni renoncé à la faculté qui lui est donnée de récompenser ledit sieur son pere en heritage ou en meubles, comme il auroit pû païer la legitime de sa sœur, le pere n'aïant pas plus de droit que la sœur au moïen de la subrogation ; de sorte que ledit sieur de Blangy faisant presentement son option de récompenser en fonds la succession paternelle pour ladite somme de 30000 liv. c'est un effet immobilier , auquel la veuve ne peut avoir part qu'en usufruit.

S'il étoit vrai que ledit sieur de Blangy eût renoncé à son option en signant au contrat de mariage , ce seroit une question

de fçavoir fi cette renonciation feroit valable du vivant du pere
en faveur duquel elle auroit été faite. Car on peut dire, que
comme un frere qui promet conjointement avec fon pere de
païer une fomme en deniers pour la legitime de fa fœur, ne
fe prive pas de païer la même legitime en fonds étant devenu
heritier de fon pere, parce qu'on préfume qu'il n'a pas agi li-
brement du vivant du pere, encore que la promeffe ne foit pas
faite au pere, mais à la fœur, & qu'il femble que le pere n'a
pas fait de violence à la volonté de fon fils, dans une chofe
qui lui doit être indifferente : A bien plus forte raifon il ne fe
prive pas de récompenfer fon pere en heritage ou en argent
de ce que le pere a païé pour la légitime de fa fœur ; tout de
même qu'il auroit pû païer fa fœur en heritage ou en argent,
quoiqu'il eût renoncé à cette faculté en fignant au contrat de
mariage de fa fœur, puifqu'il a figné du vivant & par le com-
mandement du pere, avec d'autant moins de liberté que la
renonciation feroit faite en faveur du pere, & non pas en faveur de la fœur qui eft païée : Mais il eft inutile d'entrer plus
avant dans cette queftion, quelqu'avantageufe qu'elle foit,
puifqu'éfectivement ledit fieur de Blangy n'a point renoncé à
fon droit, ni confommé fon option, & n'a figné que comme témoin audit contrat de mariage.

La qualité d'heritier n'eft d'aucune confideration en la caufe ; la mere n'a rien promis, puifqu'elle n'étoit plus vivante
lors dudit traité de mariage ; & quand elle auroit promis, cette obligation ne pafferoit point contre la perfonne de l'heritier, auquel la Coûtume donne un option de païer en fonds
on en argent, nonobftant la qualité d'heritier : Le pere a promis & païé ; mais il ne s'agit pas de fçavoir s'il a promis au-de-là
de ce que la fœur pouvoit prétendre, il n'y a pas de conteftation fur ce fujet ; il s'agit feulement de récompenfer la fucceffion paternelle, foit en fonds, foit en argent pour ladite fomme de 30000 liv. afin de régler les droits de la veuve, & ledit
fieur de Blangy déclare qu'il entend païer en fonds de la fucceffion maternelle ladite fomme de 30000 livres.

Sur la feconde queftion qui porta la Cour à ordonner que le
procez feroit communiqué à Monfieur le Procureur Général,

1687.

pour être donné Arreſt qui ſerve de réglement dans la Province : On diſoit pour ladite Dame d'Hermanville , que les
20000 livres promis à ladite Dame de Villars étans deſtinez
pour dot, étoient un immeuble aux termes de l'article 511. de
la Coûtume de Normandie , qui porte que *deniers donnez pour*
mariage des filles par pere , mere , ayeul , ou autre aſcendant , ou par
les freres , & deſtinez pour être leur dot , ſont réputez immeubles &
propres à la fille , encore qu'ils ne ſoient employez ni conſignez.

Il n'eſt pas beſoin d'examiner ſi en termes generaux , la ſimple deſtination d'une ſomme de deniers , pour employer en
aquiſition d'heritages en change la nature , & la fait réputer
immeuble : l'un & l'autre parti peut être ſoûtenu , & ſi Boerius
deciſ. 209. a compté juſqu'à vingt-cinq Auteurs qui ont tenu la
negative, il en a compté juſqu'à quatorze qui ont pris l'afirma-
tive fondez ſur des textes de droit qui ſemble être formels.

Quoiqu'il en ſoit la commune opinion eſt , que la ſeule deſtination produit cet éfet en deux cas ; l'un quand les deniers
ſont deſtinez pour la dot d'une femme ; & l'autre lorſque les
deniers deſtinez pour aquiſition d'heritages ſont échus à des
mineurs : Et bien qu'il ne s'agiſſe que du premier cas en l'eſpece de cette cauſe , l'autre ne laiſſe pas de ſervir pour en inferer
qu'une femme en puiſſance de mari étant en perpetuelle minorité , les deniers deſtinez pour ſa dot , doivent être par une
double raiſon conſiderez comme un immeuble : & que ſi des
deniers apartenans à un mineur , & dépoſez pour être employez en aquiſition d'heritage , eſt reputé immeuble , *ar-*
gum. l. 4. §. quid ergo D. de contr. tut. act. & l. à Divo Pio. §. vet. D.
de re judicatâ ; à bien plus forte raiſon des deniers deſtinez
pour être la dot d'une femme, qui lui tiennent lieu de partage & de portion hereditaire , & qui pour cet éfet demeurent en dépôt entre les mains de celui qui les a promis , doivent être conſiderez comme s'ils étoient payez aux mains du
mari , & employez en aquiſition d'heritages.

Pluſieurs Coûtumes du Royaume ſont conformes en ce
point à celle de Normandie , notamment celle de Paris art.
93. d'Orleans art. 350. de Reims art. 27. de Bourgogne art.
32. de Nivernois ch. 23. art. 17. de Vermandois art. 109. &

la nôtre donne un tel éfet à cette deſtination , qu'elle répute
les deniers dotaux non ſeulement immeubles , mais propres ,
comme étans un avancement de ſucceſſion , lorſque la promeſſe en eſt faite par les pere , mere , ou autres aſcendans ,
& comme un partage , lorſque la promeſſe en eſt faite par
les freres.

1 6 8 7.

Et comme les deniers dotaux ne ſont pas moins un avancement de ſucceſſion , ou un partage par la ſeule promeſſe &
par la deſtination , quoiqu'ils ne ſoient pas encore païez ni
remplacez ; il eſt certain auſſi qu'ils ne ſont pas moins immeubles avant le païement ou remplacement , qu'ils le ſont
aprés.

La diference que l'on prétend faire entre *deniers donnez &*
païez , *& deniers donnez & non païez* ; comme ſi l'art. 511. de
la Coûtume , devoit être entendu des deniers donnez *& païez* ,
eſt inventée contre les termes dudit article & contre le bon
ſens.

Contre les termes de la Coûtume , puiſque deniers ſimple-
ment promis ſont donnez auſſi bien que les deniers actuellement païez ; & comme la Coûtume ſe ſert du mot general ,
deniers donnez , qui ſe peuvent apliquer également aux deniers
païez & aux deniers promis ; c'eſt en tronquer & en alterer le
ſens , que de les apliquer ſeulement aux deniers donnez , *&*
païez. *Ubi lex non diſtinguit , nec nos diſtinguere debemus.*

Contre le bon ſens , parce que ce ſeroit feindre qu'une
ſomme ſeroit immeuble , & propre à l'égard de la fille & de
ſes heritiers , & meuble à l'égard du pere ou du frere , ce qui
eſt incompatible ; car ſi c'eſt un immeuble à l'égard de la femme & de ſes heritiers , elle ne peut être preſcrite que par quarante ans , ſuivant l'article 521. de la même Coûtume ; c'eſt-
à-dire , qu'il faut un ſilence de quarante années de la part de
la femme & de ſes heritiers ; Et ſi c'eſt un meuble à l'égard du
debiteur , il ſufit de trente années de ſilence pour lui aquerir
la preſcription par l'article 522. c'eſt-à-dire que la femme &
ſes heritiers pouroient agir dans dix ans , aprés la preſcription aquiſe au pere ou au frere , ce qui eſt une abſurdité manifeſte.

Auſſi lors de la plaidoïerie l'on cita un Arreſt rendu en la ſeconde Chambre des Enquêtes le 16. Mai 1686. au Raport de Monſieur de S. Gervais, par lequel il a été jugé qu'une ſomme de 2000 livres reſtant de 4000 livres promis par François Nicole à Marie Nicole ſa fille, en la donnant en mariage à Olivier Gondoüin, par contrat du 24. Juin 1685. étoit un immeuble, & que Marguerite Herier veuve dudit François Nicole n'y contribueroit point, quoi qu'heritiere aux meubles, en caſſant une Sentence renduë en Baillage à Orbec le 13. Avril 1685.

Mais on n'en cita pas un autre rendu à l'Audience de la Grand' Chambre l'11. de Février 1672. plaidans M^{es} Baſnage & le Normand, qui juge la queſtion en termes formels, aprés quoi l'on ne devoit plus former une pareille difficulté.

Le nommé Langlois laiſſa un fils & une fille, & ſa veuve contraɗa un ſecond mariage, duquel elle eut un fils.

Le fils du premier lit promit à ſa ſœur par ſon contrat de mariage une ſomme de deniers païable en pluſieurs termes aprés le mariage accompli.

Ce frere étant mort avant la célébration du mariage de ſa ſœur, il y eut queſtion de ſçavoir ſi le frere uterin, comme heritier aux meubles de ſon frere, étoit obligé d'aquiter cette dot, ou ſi la promeſſe qui en avoit été faite par le défunt, étoit confonduë & éteinte en la perſonne de ſa ſœur, heritiere aux propres venus de Langlois.

Cette conteſtation aïant été portée devant les Juges des lieux, il y eut Sentence, qui condamna le frere uterin de païer leſdites promeſſes de mariage comme une dette mobiliaire; & ſur l'apel la Cour caſſa la Sentence, & en réformant, déchargea le frere uterin, & jugea que ces promeſſes étoient confonduës en la perſonne de la ſœur comme heritiere aux propres : Arreſt d'autant plus déciſif en cette matiere, que par la Coûtume de Caux, qui devoit ſervir de régle aux parties, *les filles ſont mariées ſur les meubles délaiſſez par les pere, mere & autres aſcendans s'ils le peuvent porter.*

Cet Arreſt eſt raporté dans le premier tome du Journal du Palais, aprés lequel il n'y avoit qu'à conclurre, que ladite
ſomme

fomme de 20000 liv. promife à ladite Dame de Villars par
ledit feu Sr d'Hermanville fera déclarée immobiliaire, & que
ladite Dame d'Hermanville n'y contribuera qu'en ufufruit.

Pour ledit Sr Baron de Blangy l'on difoit au contraire, que
fi les chofes jugées devoient décider la queftion, on fe ferviroit d'un Arreft rendu en la premiere Chambre des Enquêtes,
au Raport de Mr de Catilly le 27 Aouft 1683. par lequel il fut
jugé qu'une fomme de 600 liv. promife pour dot par le Sr Domonville à la Damoifelle fa fœur, étoit une dette mobiliaire
de la fucceffion dudit Sr Domonville, & la veuve comme do-
nataire univerfelle des meubles fut condamnée de les payer.

Mais comme la caufe a été apointée au Confeil, pour être
donné réglement vû la contrarieté des Arrêts, il faut examiner la queftion comme fi jamais elle n'avoit été décidée de part
ni d'autre.

Pour cela il faut favoir précifément quel a été l'efprit de la
Coûtume, lorfqu'elle a voulu que *deniers donnez pour mariage
des filles par pere, mere, aycul, ou autre afcendant, ou par les
freres, & deftinez pour être leur dot, foient reputez immeubles &
propres à la fille, encore qu'ils ne foient employez ni confignez.*

Il eft clair que cette difpofition eft relative au mari & à la
femme, & non pas à ceux qui ont donné. Car quand la Coûtume a fait une fiction, elle a eu pour but d'éviter un inconvenient qui arriveroit fi elle ne la faifoit pas ; n'ayant pas fait
cette violence à la verité fans aucun prétexte : deforte qu'il
ne faut que voir où feroit l'inconvenient, fi les deniers dotaux demeuroient éfectivement meubles.

Ce ne feroit pas à l'égard de celui qui les doit, auquel il
doit être fort indiferent de quelle nature foit la fomme qu'il
paye, pourvû qu'il paye, ni à l'égard de fes heritiers ; puifqu'il eft de l'ordre que ceux qui font heritiers aux meubles
payent les dettes mobiles.

Il y a bien plus, car comme il feroit contre tout ordre de
juftice, que les heritiers aux propres fuffent chargez des dettes mobiles, pendant que les heritiers aux meubles profite-
roient des éfets mobiliers ; on ne peut pas fupofer que la Coûtume ait fait une fiction pour produire ce renverfement con-

G *

tre fa propre intention, qui eft de conferver les propres comme le bien le plus précieux dans les familles , & de méprifer
les meubles , *quorum vilis & abjecta poffeffio.*

1687. Mais il n'en eft pas de même à l'égard du mari & de la femme ; car comme la Coûtume de Normandie a eu pour but ,
dans la plûpart de fes difpofitions , de conferver la dot des
femmes comme un bien facré ; il a falu neceffairement qu'elle ait réputé immeuble les deniers dotaux donnez aux femmes , parce qu'autrement la dot des femmes pafferoit aux
mains des maris , comme meubles à l'exclufion des femmes
& de leurs heritiers.

Dans cette Province il n'y a point de communauté entre
le mari & la femme , & du vivant du mari la femme n'a rien
aux meubles ; enforte que la femme mourant la premiere
tous les meubles apartiennent au mari, à l'exclufion des heritiers de la femme ; & que le mari mourant le premier , fes
heritiers partagent les meubles avec la femme fi elle eft heritiere , & fi elle renonce les heritiers du mari ont tout , & par
ce moïen la femme & fes heritiers demeureront privez de la
dot de la femme , qui fera confonduë avec les autres meubles , & c'eft-là l'inconvenient que la Coûtume a voulu prevenir : De même que la Coûtume de Paris article 93. a eu
pour but d'empêcher que les deniers dotaux n'entrent dans
la communauté , & ne foient fujets au partage des meubles,
comme l'ont remarqué Me René Chopin fur la Coûtume de
Paris Liv. 1. tit. 1. n. 26. Brodeau fur l'article 93. & les autres Commentateurs de ladite Coûtume.

On peut raifonner jufte fur l'interprétation de l'article 511.
de la Coûtume de Normandie, par les Arrêts intervenus fur
l'interprétation de l'article 93. de la Coûtume de Paris : Et
ce d'autant plus qu'on ne peut rien trouver de décifif fur cette matiere dans le droit Romain, qui n'admet point de difference d'heritiers aux meubles & aux propres, & que la Coûtume de Paris eft la plus voifine , & à laquelle on a recours
dans les queftions qui ne font pas décidées dans les autres
Provinces , comme il a été jugé folennellement à l'égard de
la Coûtume de Valois par un Arreft du 5. Avril 1672. raporté

par Ricard, Traité des Donations partie 1. ch. 3. à la fin, &
dans le 1. Tom. du Journal du Palais Arreſt 1.

Or voici comme s'en explique Mr Loüet lett. D. n. 66. *Il a,*
dit-il, été jugé que tant que les deniers deſtinez ſont entre les mains
de celui qui les a promis, ils ſont meubles quelque deſtination qu'il
y ait, & n'opere telle deſtination & convention, que inter maritum & uxorem & ejus hæredes. *A été de cet avis Mr Charles*
du Moulin ſur la Coûtume de Nivernois article 17. *au titre des*
droits apartenans à gens mariez, hoc eſt indiſtinctè verum contra maritum, ſed non reſpectu aliorum, niſi eſſet aſſigna-
tio annua, & ſic habens vim immobilis. *L'Arreſt du* 21. *Aouſt*
1607. *prononcé le* 23. *enſuivant au Raport de Mr Midorge en la*
Grand'Chambre, a jugé la queſtion generale & paſſé par ſus toutes les
particularitez, & interprété la Coûtume de Paris article 93. *Deniers*
donnez par pere & mere, faut ajoûter, & païez; & ſuivant l'opi-
nion de Ferronius, il faut que les deniers ne ſoient plus entre les mains
de celui qui les a promis, ce n'eſt lors que meuble, ce qu'il doit n'eſt
que meuble, l'action pour en avoir le païement n'eſt que mobiliaire.

Surquoi Brodeau ajoûte, qu'*il faut donner pareille interpre-*
tation à l'article 27. *de la Coûtume de Reims, & au* 511. *de celle de*
Normandie, & que la deſtination n'opere rien dautant qu'il n'étoit
pas au pouvoir du mari qui en eſt chargé, de l'éfectuer & d'em-
ploïer les deniers ne les aïant en ſa puiſſance, pour être toûjours
demeurez par devers le pere qui les a promis, &c.

Le même Auteur dans ſon Commentaire ſur ledit article
93. de la Coûtume de Paris, s'explique encore à ne laiſſer aucun ſcrupule ſur ce ſujet.

Il dit que la Juriſprudence françoiſe, & la doctrine du Palais établie par les Arrêts, ſur le fait de la deſtination & ſtipulation d'emploi des deniers dotaux, eſt que *la deſtination n'o-*
pere rien & ne produit aucun effet, ſinon lorſque les deniers ont été
actuellement païez au mari par le pere, ou autre qui les avoit pro-
mis, ou qu'il y ait été autrement ſatisfait, auparavant laquelle tradi-
tion & le païement, il n'étoit pas à ſon pouvoir de faire l'emploi, &
conſommer la ſtipulation & la deſtination faite par le pere en faveur
de ſa fille, à quoi eſt ſinguliere la déciſion de la loi 8. ff. de pecul.
non ſtatim quod dominus voluit in re ſua peculii eſſe, pecu-

lium fecit , fed fi tradidit aut cum apud eum effet pro tradi-
to habuit , defiderat enim res naturalem dationem. *De forte*
qu'aprés la tradition actuelle des deniers , ou que le mari en a été fa-
tisfait d'ailleurs & en a baillé fa quittance , la deftination demeure
confommée à fon égard , & produit fon éfet quoi qu'il n'ait point fait
l'emploi , ce que le prefent article décide par ces mots , encore qu'elle n'ait été employée, *en quoi nôtre droit françois a encheri fur la*
difpofition du droit Romain...... Mais à l'égard du mari & de fes he-
ritiers & autres ayans droit de lui , la deftination ou la fimple ftipu-
lation , fans parler d'emploi ni de côté & ligne opere & produit fon
éfet , foit qu'il ait touché les deniers ou non pour dire qu'en quelque
cas que ce foit , il ne peut pas prétendre que tels deniers deftinez s'ils
font payez , où l'action s'ils ne l'ont point été , foit entrée en fa com-
munauté , & qu'il y puiffe prendre part au préjudice de fa femme ou
de fes heritiers , qui eft la vraye décifion de l'apoftille de du Moulin
au ch. 23. de la Coûtume de Nivernois art. 17. Hoc eft indiftinctè
verum contra maritum , &c. *& fon Comment. fur nôtre Coûtu-*
me. §. 1. gl. 5. n. 110 & 113. ad commodum ipfius mulieris ad
exclufionem mariti.

On raporte ces termes tout au long, parce qu'ils font précis pour la queftion dont il s'agit , & qu'on ne voit pas de raifon qui doive déterminer à juger autrement en Normandie ,
qu'on le juge au Parlement de Paris. Il femble même qu'il
doit y avoir encore moins de dificulté ; parce que dans la
Coûtume de Normandie il y a des difpofitions qui demandent neceffairement cette interprétation, & qui ne fe trouvent
pas dans la Coûtume de Paris.

L'article 251. porte que *les freres peuvent comme leurs pere &*
mere , marier leurs fœurs de meubles fans heritages ou d'heritages
fans meubles ; ce qui ne feroit pas veritable fi les promeffes faites par les pere & mere à leurs filles , & par les freres à leurs
fœurs, étoient toûjours immeubles tant à l'égard de ceux qui
ont promis , qu'à l'égard des filles.

C'eft pourquoi lorfque la Coûtume parle de ces fortes de
promeffes en argent , par relation à ceux qui les ont faites,
elle les qualifie de fommes mobiliaires , comme en l'article
255. qui dit que *fi les pere & mere ont promis au mariage de leurs*

filles , or , argent ou autres meubles qui foient encore dûs lors de leur decez , les enfans ne feront tenus les payer aprés la mort defdits pere & mere , finon jufques à la concurrence du tiers de la fucceffion tant en meubles qu'heritage.

Il faut ajoûter à cela l'intention du pere , que l'on doit préfumer avoir été d'afecter principalement fes meubles , lorfqu'il a promis une fomme non conftituée , fachant bien qu'il auroit des meubles fufifamment lors de fon décez pour payer ladite fomme de 20000 liv.

Les deux objections que l'on a faites , que la légitime des filles leur tient lieu de partage ou de portion hereditaire ; & qu'il s'en fuivroit que la prefcription d'une même fomme feroit de quarante ans à l'égard des filles, & de trente ans à l'égard des debiteurs, ne font pas fort confiderables.

A la premiere, on répond que les filles ne font pas heritieres en Normandie , mais fimples creancieres de leur mariage avenant ; que par ledit article 252. de la Coûtume elles peuvent être payées de meubles fans heritages , ou d'heritages fans meubles ; & qu'encore que les filles foient heritieres à Paris , les deniers qui leur ont été promis en dot , ne laiffent pas d'être un pur meuble tant qu'ils font en la main de celui qui les doit.

A la feconde, Mr Loüet répond lui-même que l'action pour avoir payement des deniers dotaux , qui font encore en la main de celui qui les a promis eft mobiliaire : d'où il faut conclure qu'elle fe prefcrit par trente ans en Normandie ; ce que la Cour a jugé à peu prés dans une pareille efpece, par un Arreft rendu à l'Audience de la grand'Chambre le 13. Aouft 1683. en la caufe du nommé le Vacher qui fut déclaré non recevable aprés les trente ans, à demander le payement d'une fomme de 600 liv. qui avoit été promife pour la dot de fa femme : Il eft vrai que fa femme étoit une fille naturelle , mais la promeffe qu'on lui avoit faite ne rendoit pas moins ladite fomme de 600 liv. un immeuble & un propre , *inter maritum & uxorem* , & neanmoins elle fut jugée mobiliaire & prefcriptible par trente années à l'égard de celui qui la devoit , *inter creditorem & debitorem.*

Partant ledit Sieur Baron de Blangy concluoit que ladite
fomme de 20000 livres feroit déclarée une dette mobiliaire
de la fucceffion dudit Sieur d'Hermanville , & que ladite
Dame feroit condamnée à y contribuer du tiers en proprieté,
comme heritiere aux meubles.

1687. La Cour par Arreft du 2. Juillet 1687. déclara mobiliaire
la récompenfe des 30000 livres fur la fucceffion maternelle,
& immobiliaire la promeffe des 20000 livres reftans à païer
de la dot de ladite Dame de Villars ; en quoi faifant elle ordonna que ladite Dame veuve auroit le tiers en proprieté de
ladite fomme de 30000 livres , comme heritiere aux meubles,
& qu'elle contribueroit feulement comme ufufruitiere à ladite fomme de 20000 livres.

CINQUIE'ME QUESTION.

I. *Savoir fi une femme a douaire fur une fomme de deniers,
à laquelle a été évaluée la moitié d'un Office , dont le frere de fon mari avoit été pourvû fur la Procuration* ad refignandum *du pere.*

II. *Savoir fi la même femme doit avoir douaire fur une fomme d'argent jugée au profit de fon mari depuis fon mariage pour dommages & interêts d'éviction , contre la caution d'un contrat de fieffe faite au pere du mari , dont le
pere étoit faifi lors de fon decez , & qui a depuis été
annullé.*

1688. M^E Robert le Brethon Lieutenant Criminel en l'Election de Baïeux, avoit pour enfans Philipes & Gabriel
le Brethon.

En 1638. le Sieur de Pienne encore mineur à la caution
du Sieur Dagon, fieffa la terre de Mouceaux audit Robert le

Brethon par 700 livres de rente fonciere.

Mais peu de tems aprés ledit Sieur de Pienne devenu majeur, vendit la même terre au Sieur le Patou par 24800 liv. & prit ——— des lettres de reſtitution dudit contrat de fieffe : ce qui pro‐ 1688. duiſit un procez au Grand Conſeil entre leſdits Srs de Pienne, le Brethon & le Patou, dont l’évenement ſembloit infaillible pour ledit Sieur de Pienne, puiſqu’il n’avoit fieffé ſa terre que ſur le pied de 14000 livres pendant ſa minorité, & qu’il l’avoit depuis venduë 24800 livres audit Sieur le Patou.

Ledit Me Robert le Brethon reſigna ſa Charge de Lieute‐nant Criminel en Election audit Philipes le Brethon ſon fils aîné le 25. Novembre 1647. & ledit Philipes le Brethon aïant obtenu des proviſions le 2. Janvier 1648. fut reçû immédia‐tement aprés. Et comme un avancement fait à l’un eſt cenſé fait à l’autre, ledit Gabriel le Brethon frere de Philipes avoit une récompenſe ſur Philipes, de la moitié de la valeur dudit Office.

Robert le Brethon étant mort, Gabriel le Brethon ſon fils puîné a épouſé Damoiſelle Madeleine Lecaley en 1649. & par conſequent ladite Damoiſelle a trouvé ſon mari ſaiſi de la moitié de la fieffe faite à Robert le Brethon, à charge de païer la moitié des 700 livres de rente fonciere, & de ſouffrir l’évenement du procez pendant au Grand Conſeil, ſur les lettres de reſtitution dudit Sieur de Pienne.

Elle l’a trouvé pareillement ſaiſi lors de ſon mariage, d’u‐ne récompenſe ſur ledit Philipes le Brethon de la moitié du prix dudit Office de Lieutenant Criminel en l’Election de Baïeux.

Le 21. Novembre 1651. leſdits Philipes & Gabriel le Bre‐thon freres firent un accord entr’eux, par lequel la moitié dudit Office fut évaluée à 4200 liv. dont Philipes promit de païer 1400 livres audit Gabriel ſon frere, & ſe conſtitua en 200 livres de rente envers lui pour les 2800 livres reſtans.

Aprés de longues procedures au Grand Conſeil, il y eut Arreſt le 6. de Septembre 1661. par lequel en enterinant les lettres de reſtitution dudit Sieur de Pienne, ledit Sieur le Patou aquereur fut envoïé en poſſeſſion de ladite terre de Mouceaux.

avec dépens, dont récompenfe aufdits le Brethon avec dépens de leur chef fur ledit fieur Dagon.

Lefdits le Brethon fe voyans dépoffedez formerent leur demande en dommages & interêts contre ledit fieur Dagon qui étoit intervenu caution de la fieffe pour ledit fieur de Pienne, & par un fecond Arreft du Grand Confeil du 30 Juin 1662. ledit fieur Dagon fut condamné à leurs dommages & interefts liquidez à la fomme de 10800 livres qui joints aux 14000 liv. faifans le capital de la rente .de fieffe , compofoient ladite fomme de 24800 livres ; prix de la vente faite audit fieur le Patou.

Enfin aprés la mort dudit Gabriel , il a fallu liquider les droits de ladite Damoifelle Lecaley fur les biens de fon mari : Elle a fait des lots à doüaire dans lefquels elle a compris la moitié des 4200 livres à quoy avoit été fixée la récompenfe qu'avoit fon mari fur ledit Philipes , à caufe de l'office de Lieutenant Criminel en l'Election de Bayeux ; & la moitié des 10800 livres ajugez aux deux freres, pour dommages & interêts d'eviction par ledit Arreft du 30 Juin 1662.

Les lots ont été blâmez par Me Etienne Huë prêtre, Prieur de Berrolles , creancier dudit Gabriel le Brethon , qui a prétendu que lefdites deux fommes de 4200 livres , & de 5400 l. étoient purement mobiliaires en la perfonne dudit Gabriel le Brethon , que par confequent elles n'étoient point fujettes au doüaire de ladite Damoifelle Lecaley , & qu'elles devoient être diftraites defdits lots.

Neanmoins par fentence renduë en Bailliage à Bayeux le 8 Février 1684. il fut dit à tort les blâmes dont ledit fieur Huë ayant interjetté apel à la Cour.

On difoit pour l'apellant que la caufe fe réduifoit à ces deux queftions, l'une de favoir fi la recompenfe que Gabriel le Brethon avoit à pretendre fur ledit Philipes fon frere à caufe dudit Office, étoit un immeuble en fa perfonne en 1649. lorfqu'il a époufé ladite Damoifelle de Lecaley , auquel cas ladite Damoifelle y doit avoir doüaire.

L'autre , fi ce qui eft provenu audit Gabriel le Brethon depuis fon mariage pour dommages & interêts en confequence

d'un

d'un procez commencé au Grand Conſeil lors de ſon mariage, eſt pareillement un immeuble à l'éfet d'y donner douaire à ladite Damoiſelle de Lecaley.

Et il faut neceſſairement faire cette diviſion, parce que les raiſons ſont diferentes pour chacune des deux ſommes en particulier.

Sur la premiere queſtion, quoique les Ofices ſoient réputez immeubles par fiction ; il y a pourtant cette diference entre un fonds ou une rente & un Ofice, que pluſieurs peuvent être proprietaires, & poſſeſſeurs d'un fonds ou d'une rente en même tems ; enſorte que ſi un pere avance un de ſes enfans d'un fonds ou d'une rente, l'avancement eſt cenſé fait aux autres, à l'éfet de les rendre tous proprietaires par indivis du fonds ou de la rente, ou d'en faire des partages entr'eux.

Au lieu que le titre d'un Ofice eſt indiviſible, & que le titulaire ſeul en peut être proprietaire & poſſeſſeur, enſorte que l'avancement fait d'un Ofice à l'un de ſes enfans, ſe termine à la perſonne ſeule de celui qui eſt avancé par raport à l'Ofice, & que les autres enfans ne peuvent prétendre qu'une recompenſe en deniers ſur le prix de l'Ofice ; & c'eſt une maxime certaine que celui des enfans qui en eſt pourvu, ne peut être forcé de raporter l'Ofice même à la maſſe de la ſucceſſion, mais ſeulement la valeur de l'Ofice, ce qui n'eſt pas de même à l'égard d'un fonds ou d'une rente qui doit être raportée en eſſence.

Pour être encore plus fortement perſuadé que la proprieté d'un Ofice, dont le pere a donné ſa procuration *ad reſignandum*, ne peut jamais être commune aux autres enfans : Il faut faire reflexion que ce n'eſt pas le pere qui confere la ſeigneurie ou le titre de l'Ofice, mais qu'il ne donne par ſa procuration *ad reſignandum*, qu'une ſimple eſperance de parvenir au titre de l'Ofice, qui ſe confere par le moyen des proviſions du Roy.

Me Charles Loyſeau, Traité des Ofices Liv. 1. ch. 2. fait une diſtinction du droit à l'Office & du droit en l'Office, *inter jus ad rem, & jus in re*, tirée de la *l.* 19. *D. de damno inf.*

H *

Le Refignataire avant les provifions a bien un droit à l'Office qui eft hors de l'Office même, & qui lui donne une jufte efperance pour obtenir le droit en l'Office, c'eft-à-dire le titre & la feigneurie de l'Office, mais il n'a pas encore le droit en l'Office, c'eft-à-dire la feigneurie de l'Office : *parce*, dit-il, *que la refignation n'eft pas une tradition de l'office qui en puiffe transferer la proprieté, attendu que les Offices ne font pas en la libre difpofition des pourvûs, pour les pouvoir directement & immediatement transferer à autrui, mais faut qu'ils paffent auparavant par les mains du Collateur, duquel leur difpofition dépend principalement.*

Mais, ajoûte-t'il, *ce qui attribuë droit en l'Office, c'eft la provifion pure & fimple du Collateur, en vertu de laquelle l'impetrant en devient feigneur, en tant que feigneurie peut échoir aux Offices.*

Et comme la provifion produit entierement cette Seigneurie imparfaite, ou le titre de l'Office, *nul autre que le pourvû ne s'en peut dire Seigneur*, la provifion ne s'accordant qu'à lui feul.

Ainfi quand le pere donne à l'un de fes enfans une procuration *ad refignandum*, il l'avance feulement d'un droit à l'Office, c'eft-à-dire, d'une fimple efperance de parvenir à la Seigneurie de l'Office, & l'on ne peut pas dire que cette efperance foit commune à tous les enfans ; car comme il n'y a que celui auquel le pere a paffé fa procuration *ad refignandum*, qui puiffe parvenir au titre de l'Office, il n'y a que lui auffi qui en puiffe avoir l'efperance.

Et puifque c'eft le Roy qui par le moïen des provifions confere la Seigneurie, ou le titre de l'Office au Refignataire, on ne peut pas dire non plus que le titre accordé uniquement à celui qui obtient les provifions, devienne commun à tous les autres enfans.

Il eft donc vrai de dire que l'intimée n'a trouvé fon mari faifi lors de fon mariage, que d'une fimple récompenfe en deniers fur ledit Office, dont Philipes le Brethon étoit feul titulaire, laquelle récompenfe étoit un effet purement mobilier, & non fujet au doüaire aux termes de l'article 367 de nôtre Coûtume qui ne donne un doüaire à la veuve que fur les immeubles.

L'accord fait entre les deux freres le 21. Novembre 1651. ne

1688.

change rien à la queſtion, parce qu'il eſt fait depuis le mariage de Gabriel le Brethon avec l'intimée ; & qu'une conſtitution faite par le mari d'un éfet mobilier qui lui apartient , eſt ———— un aqueſt auquel l'intimée ne peut rien prétendre n'étant pas heritiere de ſon mari.

1 6 8 8.

Mais il ſert au contraire pour prouver qu'éfectivement Gabriel le Brethon , n'avoit lors de ſon mariage qu'une recompenſe en deniers , liquidée depuis à 4200 liv. dont 1400 liv. furent payez , & 2800 liv. conſtituez en rente.

Sur la ſeconde queſtion, il eſt vrai que ledit Gabriel le Brethon étoit ſaiſi lors de ſon mariage avec ladite Damoiſelle de Lecaley , de la moitié de la fieffe de ladite terre de Monceaux ; mais ſous deux conditions : l'une de payer ſa moitié des 700 liv. de fieffe ; & l'autre de ſouffrir l'évenement du procez pendant au grand Conſeil, ſur les lettres de reſtitution priſes par ledit Sr de Pienne.

Par l'Arreſt du Conſeil du 6 de Septembre 1661. ledit contrat de fieffe fut déclaré nul comme fait par un mineur. Il y a plus ; car comme toutes les alienations faites par un mineur ſans les formalitez de juſtice ſont nulles de droit , il eſt certain que ledit contrat étoit nul indépendemment de l'Arreſt du Conſeil, qui n'a fait que le déclarer tel qu'il étoit ; & que par conſequent ledit Gabriel le Brethon n'a jamais été ſaiſi de la proprieté du fonds , mais ſeulement d'une action en dommages & interêts , non pas contre ledit Sr de Pienne qui étoit mineur ; mais contre ledit Sr Dagon qui étoit intervenu plege dudit contrat de fieffe , & qui n'a jamais été proprietaire de ladite terre de Mouceaux.

Or en ce cas l'action en dommages & interêts dont leſdits le Brethon étoient ſaiſis , étoit purement mobiliaire, & par conſequent point ſujette au doüaire de ladite Damoiſelle Lecaley.

Pour ſavoir ſi des interêts d'éviction ſont meubles ou immeubles, il n'y a point de diſtinction à faire à l'égard du vendeur, c'eſt toûjours une dette mobiliaire qui doit être payée par les heritiers aux meubles, comme il a été jugé par l'Arreſt de Rouſſel du 17 Mars 1654. raporté par Me Henri Baſnage fur l'article 504. de la Coûtume de Normandie.

Mais à l'égard de l'aquereur, la nature de l'action fe con-noît par fon objet.

1688.

Quand elle a le fonds pour objet, on convient qu'elle eft immobiliaire, encore qu'elle fe refolve en interêts.

Mais quand elle n'a pour but qu'un fimple intereft pecuniaire, elle eft purement mobiliaire.

C'eft la diftinction des Docteurs, & notamment de Barthole fur le commencement de la Nov. 7. *actio judicatur mobilis vel immobilis fecundum qualitatem rei quæ in actione deducitur:* A quoi s'eft conformé l'article 504. de la Coûtume de Normandie.

La raifon en eft tirée de la *l.* 49. *D. de verb. fignif.* qui dit que *qui habet actionem rem ipfam habere videtur.*

Or l'action dont ledit Gabriel le Brethon étoit faifi lors de fon mariage avec l'intimée n'avoit & ne pouvoit jamais avoir pour but que des dommages & interêts, & non pas la confervation du fonds, parce qu'elle ne pouvoit être intentée que contre le fieur Dagon caution de la fieffe, & qui n'avoit jamais été proprietaire du fonds, & non pas contre ledit fieur de Pienne qui avoit contracté en minorité.

Ce qui fouffre d'autant moins de difficulté que cette action n'a été intentée qu'aprés la réfolution dudit contrat de fieffe, & dans un tems où il n'y avoit aucune efperance qu'il fubfiftât, & que les dommages & interêts ont été jugez par un arreft pofterieur & feparé de celui qui annulle ledit contrat.

C'eft le raifonnement de Monfieur d'Argentré fur l'art. 219. de l'ancienne Coûtume de Bretagne gl. 5. n. 6. *de intereffe debito ob evictionem, fi fortè maritus rem quam vendiderit evinci paffus eft, & ex eo condamnatio intereffe fecuta eft, quæri poteft, an fit mobile debitum, quia & fi fecundaria obligatio in intereffe pecuniarium refolvitur, primaria tamen quæ rei tradendæ eft, aut frui licere, non eft pecuniæ, & immobile continet, cujus natura primùm fpectanda eft.*

Encore que l'action qui tend à fe conferver la poffeffion du fonds fe refolve par l'évenement en dommages & intérêts, neanmoins comme elle eft determinée par fon premier objet qui eft le fonds , elle eft immobiliaire.

Ainfi par la même raifon l'action n'étant point intentée pour le fonds , mais originairement pour les dommages & interêts comme en cette occafion , & les dommages & inte- rêts qui la déterminent , étans de leur nature purement mobiliers , il s'enfuit neceffairement que l'action en ce cas eft mobiliaire.

1 6 8 8.

Et afin que l'on ne puiffe pas en douter , c'eft que le même Auteur le décide nettement par un exemple qu'il en raporte immediatement aprés : *De eo qui promifit ratum facere per uxorem cum non feciffet , atque ideo damnatus effet pecuniæ , puto judicandum ab hæredem mobilium pertinere , quia ob factum promiffum eft , quod non factum in pecuniam refolvitur.*

Ledit fieur Dagon avoit promis audit le Brethon de le faire joüir du fonds comme caution dudit fieur de Pienne , *factum promiferat* , il n'a pas pu executer fa promeffe , cela fe refout en dommages & interêts , *non factum in pecuniam refolvitur.* On ne lui a pas demandé autre chofe , l'action originairement tendoit à des dommages & interêts , & par confequent , c'étoit une action mobiliaire non fujette au doüaire de l'intimée.

C'eft pourquoi l'apellant concluoit qu'en réformant il feroit dit à bonne caufe les blâmes , & que lefdites fommes de 4200 livres & de 5400 livres feroient diftraites defdits lots à doüaire , comme purement mobiliaires avec dépens.

On difoit pour l'intimée fur la premiere queftion , qu'il ne s'agit point de favoir fi deux ou plufieurs peuvent être en même tems proprietaires d'un même office , parce que lors du mariage de l'intimée avec Gabriel le Brethon , la fucceffion de Robert le Brethon pere étoit échuë en integrité aufdits Philipes & Gabriel le Brethon, qui en étoient faifis de droit chacun pour une moitié.

Et comme ledit Philipes le Brethon aîné , étoit proprietaire dudit Ofice dés le vivant du pere , qu'il n'étoit pas obligé de raporter à la maffe de la fucceffion , mais moins prendre jufques à la concurence de fa part audit Ofice ; il s'enfuit que led. Gabriel le Brethon devenoit faifi lors du décez du pere, non pas de la moitié de l'Ofice qui n'étoit point raporté , & qui ne

fe pouvoit divifer ; mais du furplus de ladite fucceffion jufques à la concurence de ce qui lui en faloit , pour le remplir
de fa moitié y compris la valeur dudit Ofice.

1688.   Supofé par exemple que la fucceffion dudit Robert le Brethon fût compofée dudit Ofice évalué à 4800 liv. & de
25200 liv. en heritages , le tout faifant 30000 liv.

Lefdits Philipes & Gabriel le Brethon au moment du decez arivé avant le mariage de l'intimée , étoient faifis de
droit , chacun de la valeur de 15000 liv.

Et comme Philipes étoit déja faifi de l'Ofice fur le pied de
4800 liv. qui ne fe raportoit point ; il n'avoit plus que pour
102000 liv. d'heritages ; ainfi ledit Gabriel mari de l'intimée
étoit faifi du furplus defdits heritages pour ladite, fomme de
15000 liv. naturellement fujets au douaire de l'intimée.

Le raifonnement de l'Apelant eft fondé fur un faux principe , à favoir que ledit Gabriel le Brethon ne pouvant être faifi
de la moitié de l'Ofice , dont fon frere étoit pourvû dés le vivant du pere , il faloit neceffairement qu'il fe contentât à
une recompenfe en deniers.

Cela pouroit avoir quelque aparence s'il n'y avoit eu que
la Charge feule dans la fucceffion , car alors on pouroit dire
que l'aîné n'étant pas en obligation de la raporter en effence ,
la part du puîné n'auroit confifté qu'en une recompenfe en
argent.

Mais il y avoit d'autres immeubles fur lefquels le puîné devoit avoir une plus grande part , à proportion de la valeur
de l'Ofice , en prenant moins par l'aîné.

On convient avec l'Apelant que l'acord du 21 Novembre
1651. ne change rien à la queftion , parce qu'il eft fait depuis
le mariage de l'intimée , dont le douaire étant aquis au moment dudit mariage , quelques traitez que le mari eût pû faire pofterieurement , ne font aucun préjudice à la femme ; &
quand au lieu de prendre fa part en fonds , il fe feroit contenté à une fomme d'argent par ledit acord , cela n'auroit pas
empêché l'intimée de retourner fur la fucceffion pour fon
douaire & pour fes remplacemens.

Sur la feconde queftion , l'Apelant s'eft encore étendu fort

inutilement à prouver qu'une action intentée pour dommages & interêts d'éviction , & non pour la confervation du
fonds eft purement mobiliaire ; on feroit bien voir le contraire s'il en étoit befoin, mais ce n'eft pas dequoi il s'agit.

La veritable queftion , eft de fçavoir fi la fieffe dont ledit
le Brethon pere étoit faifi lors de fon décez, doit être confideré comme un effet mobilier en fa fucceffion, l'Arreft du
Confeil du 6. Septembre 1661. qui caffe ledit contrat de fieffe,
étant pofterieur audit décez & au mariage de l'intimée , &
l'action en dommages & interêts n'aïant été intentée & jugée
que depuis ledit Arreft de 1661.

La feule propofition fuffit pour faire confirmer la Sentence dont eft apel , car il n'y a perfonne de bon fens qui ne
convienne que fi ledit Robert le Brethon pere, avoit fait un
legs univerfel de tous fes meubles, ledit contrat de fieffe n'y
auroit pas été compris, fous prétexte qu'il y avoit une inftance pendante au Confeil , fur les lettres de reftitution contre
ledit contrat.

L'évenement du procez étoit encore incertain, & l'Arreft
de 1661. qui annulle ledit contrat de fieffe à l'égard dudit
Sieur de Pienne, n'avoit pas un effet retroactif jufqu'au jour
du contrat même , la feule caffation du contrat par l'Arreft
de 1661. aïant donné ouverture à l'action en dommages &
interêts.

C'eft pourquoi l'intimée concluoit à l'apellation au neant,
avec dépens.

Arreft en Grand' Chambre au Raport de Monfieur d'Her-
queville le 10. Mars 1688. qui a mis l'apellation au neant,
avec dépens.

SIXIE´ME QUESTION.

Savoir si un heritage aquis en bourgage par un mari , sous le nom de son fils âgé de trois ans seulement , & dont le pere a fourni les deniers , est censé conquest à l'éfet d'en donner la moitié en proprieté à la femme.

1689.

Arguerite Chalot avoit épousé en premieres nôces André Bedel , & de ce mariage est sorti Guillaume Bedel. Ledit André Bedel detenu au lit depuis long-tems , & environ un an ou deux avant que de mourir, aquit sous le nom de Guillaume Bedel son fils âgé de trois ans seulement, un heritage situé en bourgeoisie en la Paroisse du Mesnil , par contrat de l'année 1659. moyennant 1200 liv. & 60 liv. de vin, dont le vin & 400 liv. du capital furent payez comptant , & à charge de payer encore 60 liv. de rente ausquels le fonds étoit afecté.

En 1661. ledit André Bedel est decedé, & a laissé ladite Chalot sa veuve & ledit Guillaume Bedel son fils mineur , qui fut mis en la tutelle du sieur Curé du Mesnil son oncle paternel.

Ladite Chalot contracta un second mariage avec Jaques le Roy sept mois aprés la mort de son premier mari , & il se trouva même qu'elle avoit soustrait quelques meubles & quelque argent qu'on lui fit raporter en vertu d'une Sentence de 1672. renduë à la diligence du tuteur , sans les autres éfets dont on n'avoit pû faire la preuve , & dont il y avoit des présomptions au procez, non seulement parce qu'elle avoit promis 1200 liv. audit le Roy quoiqu'on n'eût point trouvé d'argent aprés le décez dudit Bedel ; mais encore parce que l'on prétendoit avoir justifié que peu avant ledit décez, Bedel , qui étoit Tonnelier & Marchand de vin à Roüen , avoit fait entrer pour sept ou huit mille livres de vin , & en avoit vendu pour une somme considerable dont l'argent avoit disparu.

Au

Au mois d'Avril 1689. vingt-huit ans aprés la mort du premier mari, ladite Chalot féparée de biens d'avec ledit le Roy a mis en aétion devant le Lieutenant General de Roüen — ledit Guillaume Bedel Prêtre fon fils devenu majeur, pour le 1 6 8 9. faire condamner à lui mettre aux mains les papiers de la fuc-ceffion, pour faire des lots à doüaire, & pour faire dire qu'el-le auroit en proprieté la moitié dudit heritage aquis en 1659. fous le nom de fon fils, obéiffant comme heritiere contribuer d'un tiers aux 800 liv. reftant du prix, qui avoient été payez par le tuteur depuis le decez du pere, & de payer la moitié des 60 liv. de rente dûs fur le fonds.

Sentence en Bailliage, qui ordonne que ledit Guillaume Bedel mettra de fon confentement aux mains de ladite Cha-lot les papiers concernans les autres heritages, & qui la de-boute de la moitié en proprieté audit heritage du Mefnil aquis en 1659. fous le nom du fils, dont apel à la Cour, & la cau-fe portée à la grande Audience.

Me Charles Theroude pour ladite Chalot apelante dit, que veritablement l'intereft qui faifoit plaider les parties n'é-toit pas fort confiderable : mais cependant que la caufe étoit toute publique, & que l'Arreft qui interviendroit ferviroit de réglement pour la Province.

Que la queftion étoit de favoir s'il avoit été au pouvoir du-dit André Bedel, en faifant une aquifition en bourgage de fe fervir du nom de fon fils, par une efpece de fraude pour pri-ver fa femme de la moitié en proprieté que la Coûtume lui donne, n'y ayant rien dans le fait particulier qui change la thefe generale, fi ce n'eft à l'avantage de la femme.

Il n'eft plus faifon de parler de fouftraétions, c'eft une afai-re terminée, la chofe étoit de fi peu de confequence qu'elle ne merite pas le nom de fouftraétion, & fi elle raporta en 1672. ce ne fut que fur l'aveu qu'elle fit de bonne foi.

Elle étoit en état de contraéter un fecond mariage, fept mois aprés la mort du premier mari, fur tout fi l'on fait re-flexion que ledit Bedel n'eft mort qu'aprés trois années de maladie.

Le long tems ne lui pouvoit être objeété, parce qu'elle

I *

avoit quarante ans pour demander un fonds qui lui apartient ; à joindre que dés 1670. elle avoit intenté son action, mais qu'elle n'avoit pû avoir raison du tuteur, & qu'elle avoit mieux aimé attendre que son fils fût devenu majeur , dans l'esperance qu'il ne voudroit pas lui former cette contestation.

Mais au contraire ce qui faisoit présumer la fraude & la mauvaise intention dudit défunt André Bedel , c'est qu'il avoit fait ladite aquisition lorsqu'il étoit malade & prêt à mourir , afin de priver sa femme de sa part à l'argent qu'il auroit laissé , & de sa part au conquest , ce qui étoit une afectation toute visible , plûtôt en haine de sa femme , que par tendresse qu'il eût pour son fils.

Au fonds que l'Apelante avoit pour elle le texte de la Coûtume , l'autorité des Arrêts & le sentiment des Commentateurs.

Dans l'ancienne Coûtume il y a deux dispositions formelles , qui donnent à la femme la moitié en proprieté des conquêts en bourgage faits par le mari ; l'une dans le titre de *tenure par bourgage* , & l'autre dans le titre *de brief de mariage encombré* ; & l'article 329. de la Coûtume reformée qui en est tiré , lui fait la même justice ; ensorte que la femme n'a point de droit plus certain & plus favorable que celui-là par l'ancien usage de la Province.

Et il est considérable qu'encore que lesdites Coûtumes ancienne tit. *du brief de douaire à femme* , & nouvelle art. 367. reglent le douaire à l'usufruit du tiers des immeubles , dont le mari étoit saisi lors de leurs épousailles , & de ce qui lui est depuis échu en ligne directe , constant le mariage ; neanmoins elles donnent le pouvoir de le fixer à moins que le tiers par le contrat de mariage , comme on le peut voir dans le même titre de l'ancienne , & dans l'article 374. de la nouvelle.

Mais il n'en est pas de même à l'égard des conquêts , on ne trouve point de disposition qui permette au mari de stipuler par son traité de mariage , que la femme aura moins que la moitié en proprieté des conquêts qu'il pourra faire en bourgage , ou hors bourgage dans le Bailliage de Gisors ,

moins que la moitié en ufufruit au Bailliage de Caux , &
moins que le tiers en ufufruit aux autres Bailliages & Vicom-
tez ; les contractans ne pouvans déroger à la Coûtume en
cet égard par l'article 330.

La raifon en eft évidente ; c'eft que le doüaire eft une liberalité que le mari fait à la femme , qu'il ne peut pas porter plus loin , mais qu'il peut diminuer par le contrat de mariage fans faire préjudice à fa femme , le prétexte que l'on a
pris de récompenfer la femme de ce qui le plus fouvent lui
eft à charge , & qu'elle ne demande pas mieux que de donner , étant une pure chimere.

Au lieu que les conquêts provenans du travail & du bon
ménage de la femme auffi-bien que du mari , fon droit de
conqueft lui apartient de fon chef & indépendemment du
mari ; ce qui eft d'autant plus important en l'efpece de cette caufe , que ledit André Bedel étoit un homme infirme &
détenu au lit plufieurs années avant fon décez , & que la
femme étoit chargée de tous les foins de leur ménage & de
leur trafic.

Quand on dit ordinairement que le mari eft le maître de
la communauté , & que de fon vivant la femme n'a rien aux
conquêts ; cela va bien à dire que la femme ne peut difpofer
d'aucune chofe pendant le mariage , mais elle ne laiffe pas
d'avoir un droit aquis dont le mari eft le dépofitaire , & dont
il ne peut la priver que par des voïes legitimes & éloignées
de tout foupçon de fraude.

Cela eft nettement décidé par les articles 331. & 332. de la
Coûtume , dont le premier porte que le mari doit joüir par
ufufruit fa vie durante de la part que fa femme *a euë* en proprieté aux conquêts par lui faits , conftant leur mariage , encore qu'il fe remarie ; & le fecond que le mari & fes heritiers peuvent retirer la part des conquêts , *aïant apartenu* en
proprieté à fa femme en rendant le prix de ce qu'elle a coûté , enfemble des augmentations dans trois ans du jour du
décez de ladite femme.

Ces deux articles font dans le cas où la femme eft morte la
premiere ; cependant la Coûtume dit , que la femme aprés

ſon décez a eu ſa part en proprieté aux conquêts faits pendant ſon mariage, d'où il eſt infaillible de conclure que ſon
droit lui eſt aquis, & qu'elle eſt proprietaire dés le vivant de
ſon mari.

Cela s'infere encore neceſſairement de l'article 333. qui
porte que quand le mari confiſque, la femme ne laiſſe d'a-
voir ſa part aux meubles & aquêts telle que la Coûtume lui
donne, comme ſi le mari n'avoit point confiſqué ; ce qui ne
ſeroit pas ſi tous les conquêts apartenoient au mari de ſon
vivant, ſans que la femme y eût ſa part en proprieté ; parce
qu'il confiſque tout ce qui lui apartient, & que par conſequent il confiſqueroit la totalité des conquêts.

C'eſt pourquoi ſi la femme meurt la premiere, ſes heritiers ne ſont pas obligez d'attendre la mort du mari, pour
être proprietaires de leur part des conquêts de la proprieté
deſquels ils peuvent diſpoſer ; parce qu'ils n'ont pas la même incapacité que la femme, qui ne provient que de la ſoû-
miſſion & de la dépendance où elle s'eſt engagée par le mariage : Le pouvoir d'aliener n'étant pas inſéparable de la proprieté, dont le tiers coûtumier fournit un exemple aſſez fa-
milier, la Coûtume en donne la proprieté aux enfans dés le
tems du mariage de leur pere, & cependant ils n'en ſçau-
roient diſpoſer tant que leur pere eſt vivant.

C'eſt encore pour cette raiſon que par Arreſt rendu en la
Chambre des Enquêtes le 20. de Juillet 1606. raporté par le
dernier Commentateur ſur l'article 441. de la Coûtume, il
a été jugé qu'une donation de 400 livres de rente, faite par
Nicolas Talus Sr d'Amertot à ſes deux nieces à prendre ſur
tous ſes biens en general, ne pouvoit diminuer le droit de
conquêt de la veuve, & devoit être portée ſur le partage de
l'heritier : Ce qui a encore été jugé au Parlement de Paris
par Arreſt que Terrien a remarqué liv. 7. ch. 7. en datte du
14. Avril 1556. porte, dit-il, que de telles donations ſont faites pour frauder les droits de la femme, & que par la Coûtume qui permet au mari de vendre & hipotéquer ſes aquêts,
*on n'a pas entendu donner moïen au mari de decevoir ſa femme ; mais
ſeulement lui permettre de vendre & aliener ſes conquêts, particulie-*

rement selon que les occasions de necessité, ou de volonté se pre-
senteroient sans dol & fraude.

C'est-à-dire que le mari peut vendre ou hipotéquer ses
conquêts, parce qu'il en tire de l'argent qui augmentent les
meubles, aufquels la femme a part aprés la mort du mari,
ou parce qu'ils fervent à liberer le fonds fur lequel elle a
fon doüaire & fes remplacemens, mais qu'il ne peut pas donner lefdits conquêts en haine de fa femme ; & que la donation doit être portée fur la part du mari, parce qu'une donation eft en pure perte, & qu'il n'en revient quoi que ce
foit, ni pour l'augmentation des meubles, ni pour aquiter
les dettes du mari.

Il eft fans contredit que l'heritage retiré ou aquis par un
pere au nom de l'un de fes enfans, qui n'a pas dequoi païer
le prix de l'aquifition doit être mis en partage, comme fi l'a-
quifition étoit faite au nom du pere ; c'eft la difpofition de
l'article 482. de la Coûtume, & de l'article 101. du Reglement de 1666. parce que l'on regarde ces actes comme des
actes de fraude, dont le pere a voulu fe fervir pour avanta-
ger un de fes enfans au préjudice des autres.

La même chofe a été jugée à l'égard des creanciers du
pere qui a retiré ou aquis des heritages au nom de fes enfans, qui n'avoient point de bien d'ailleurs.

Au cas du retrait, il a été jugé par un Arreft du 10. de Décembre 1621. au Raport de Monfieur de Galentine ; & au cas
de l'aquifition, il a été jugé en l'Audience de la Grand' Chambre par Arreft du 25. Mai 1674. la Cour n'aïant pas trouvé
raifonnable qu'un débiteur dont les biens meubles & immeubles font affectez à fes creanciers, pût les priver de leur hipotéque par des voïes de collufion & de fraude.

Or on ne dira pas que le droit de la femme lui foit moins
aquis du vivant de fon mari, que celui des enfans du vivant
de leur pere, & que celui des creanciers fur les biens de leur
débiteur : Si donc on a déclaré frauduleux ces fortes de contrats à l'égard des enfans & des creanciers, à bien plus forte raifon ils doivent être jugez frauduleux à l'égard de la femme.

Auffi la Cour l'a jugé au profit de la femme par un Arreft

raporté par le dernier Commentateur fur les articles 329. &
482. dans une efpece beaucoup moins favorable pour elle,
que n'eft celle dont il s'agit.

 Un Pere avoit fait plufieurs aquifitions au nom de fes enfans des deniers qui lui étoient venus d'une donation, dont
il avoit fait une déclaration expreffe dans le Contrat.

Aprés fon décez le tuteur de fes enfans prétendit que la
veuve n'avoit point de part à ces aquifitions, & il avoit des
raifons trés-folides pour s'en défendre : Car outre la maxime
ordinaire que le mari eft maître de la communauté, & qu'il
peut difpofer de fes meubles & aquêts jufqu'au dernier foupir
de fa vie, outre que les meubles n'ont point de fuite par hipotéque, & que l'on devoit regarder ces Contrats comme des
avancemens de fucceffion tout-à-fait favorables, c'eft que la
femme n'a point de part ni en proprieté ni en ufufruit aux
heritages donnez à fon mari, conftant le mariage, & qu'il
fembloit par confequent qu'elle ne devoit rien avoir aux
aquifitions faites de deniers donnez au mari.

Neanmoins par l'Arreft du 2. Juin 1603. la Cour ajugea la
moitié en proprieté defd. aquifitions à la femme comme faites
en bourgage, parce qu'encore que les deniers euffent été donnez au mari, la femme n'auroit pas laiffé d'y avoir part, s'ils
s'étoient trouvez en effence, & que ces Contrats d'aquifition furent envifagez comme des actes de fraude pratiquez
plûtôt pour priver la femme d'un droit que la Coûtume lui
donne, que pour faire du bien aux enfans.

Si donc un mari peut difpofer de fes meubles & aquêts au
préjudice de fa femme, cela s'entend dans les occafions necef-
faires ou avantageufes, mais non pas pour en faire un mauvais ufage, & pour les faire paffer en d'autres mains exprés
pour priver fa femme de fes droits. La Coûtume n'a pas prétendu autorifer la fraude & l'artifice, mais feulement donner
au mari une liberté de difpofer de fon bien par des voïes legitimes & de bonne foi : Et fi jamais il y eut préfomption de fraude, c'eft en cette occafion, puifqu'on ne fe perfuadera pas
que ledit défunt André Bedel fe voïant attaqué de la maladie
dont il eft mort, eût autre deffein, en faifant une aquifition au

nom de son fils âgé seulement de trois ans , que de priver sa femme du tiers des 400 livres d'argent comptant qu'elle auroit trouvez dans la succession.

Quand aux sentimens des Commentateurs , on a déja 1 6 8 9. raporté celui de Terrien qui est entierement favorable à l'apellante.

Me Jacques Godefroy sur l'article 330. se détermine à dire suivant la distinction de Balde *in l. filia cujus de inoff. Test.* qu'il aimeroit mieux considerer *si le fils a d'ailleurs des biens par le moyen desquels on puisse présumer qu'il a pû faire des aquisitions ; que s'il n'en a point d'autre que de la liberalité de son pere , il sembleroit que l'interposition de son nom seroit ajoûtée en fraude de la femme , & pour la priver de ce qu'elle peut prétendre ausdits conquêts , & partant il resout en faveur de la femme qu'elle peut y prendre part.* Or en cette occasion on ne peut pas dire que ledit Guillaume Bedel eût de l'argent pour faire des aquisitions , puisqu'il n'étoit âgé que de trois ans, & qu'il étoit en puissance de pere & de mere.

Me Henry Basnage sur l'article 329. aprés avoir dit qu'il est permis au mari de donner entre vifs des éfets de la communauté , ajoûte que *ces donations doivent être faites sans fraude , les donations frauduleuses étans toûjours exceptées , quelque faculté que l'on puisse avoir de donner , le mari ne devant pas abuser du pouvoir qui lui est donné par la loi.*

Il est vrai que Berault sur le même article paroît d'un sentiment contraire , & desaprouve celui de Godefroy ; mais il se fonde sur deux Arrêts qui n'y viennent en façon quelconque.

Par le premier rendu en la Chambre des Enquêtes le 18 Decembre 1597. il fut jugé qu'un heritage aquis par Me Robert Mesnage Curé de Boisnay , au nom des enfans naturels de Jaquette le Roy , avec déclaration que Jaquette le Roy lui en avoit fourni les deniers , apartenoit ausdits enfans naturels , & non aux heritiers de ladite Jaquette le Roy. *Sed quid inde ?*

Par le second rendu à l'Audience le 5 Juin 1587. entre Martin Belard & de la Mare , un fils est maintenu en la proprieté d'un heritage aquis en son nom par son pere, au préjudice d'un creancier du pere qui avoit fait saisir le fonds. Mais cela ne conclud rien pour la question dont il s'agit ; car outre que cette Jurisprudence a changé , comme l'a remarqué le dernier Commentateur sur l'article 482. en raportant les Arrêts posterieurs qui ont jugé le contraire , n'étant pas juste qu'un pere trompe ses creanciers en aquerant au nom de ses enfans ; c'est que dans l'espece de l'Arrest on ne voit point qu'il y eût de fraude , comme en l'espece dont il s'agit.

Partant concluoit que l'apellation , & ce dont est apellé seroient mis au neant , en corrigeant & réformant que l'intimé seroit condamné de lui mettre aux mains les lettres & écritures de la succession ; nommément celles qui concernent l'aquisition faite sous le nom dudit Guillaume Bedel ; aux fins d'être fait des lots , & qu'elle auroit la moitié en proprieté en ladite aquisition , ofrant rembourser le tiers des 800 liv. payez depuis le decez d'André Bedel , & demande dépens.

Me Loüis le Page pour l'intimé , disoit au contraire que dans le fait particulier , la demande formée par l'Apellante étoit tout à fait odieuse, & dans la question generale , il n'y avoit que l'intimé qui pût avec justice reclamer la disposition de la Coûtume , l'autorité des Arrêts & le sentiment des Commentateurs.

Dans le fait particulier, cette femme lors du decez dudit André Bedel son premier mari , s'étoit emparée de ce qu'elle avoit pû des meubles & de l'argent de la succession au préjudice de son fils ; six à sept mois aprés elle avoit épousé ledit le Roy en seconde nôces , & lui avoit porté son butin , quoi qu'elle n'eût rien de son chef, & qu'elle ne dût point avoir d'argent comme heritiere de son premier mari , puisque l'on n'en trouva point ; cependant elle avoit donné 1200 liv. audit ledit Roy , comme il paroît par son traité de mariage ; elle avoit été convaincuë des souftractions par elle commises , & condamnée de raporter, non pas sur un aveu ingenu qu'elle en auroit fait , comme elle l'a fait plaider , mais aprés une information dans toutes les formes , & elle privée de la part qu'elle y auroit pû prétendre comme heritiere, ce qui ne se juge

juge qu'au cas de la méconnoiffance ; elle n'eft pas contente d'avoir privé fon fils de fa part aux effets mobiliers par des moïens honteux, elle veut encore le priver de la moitié d'une aquifition, dont fon pere de fon vivant avoit bien voulu l'avancer ; à quoi elle fe reconnoît fi mal fondée, qu'elle a laiffé paffer vingt-huit ans entiers fans former aucune demande.

1 6 8 9.

Dans la queftion generale , on ne contefte point que le droit de conqueft apartenant à la femme , ne foit fort ancien & fort bien établi ; mais c'eft une erreur de dire qu'à la difference du doüaire, il ne foit pas permis de ftipuler dans le contrat de mariage , que la femme aura moindre part aux conquêts que celle qui lui eft accordée par l'article 329.

Me Jacques Godefroy fur l'article 330. dit que c'eft fon avis, *qu'on doit regler lefdites conventions par ce qui eft dit du doüaire en l'article 375. à fçavoir que les paƈtions font bonnes & valables , par lefquelles il eft attribué aux femmes moins que la moitié & le tiers* des conquêts : Et Me Henry Bafnage raporte un Arreft de l'année 1612. rendu au Rapott de Mr de Brevedent, qui l'a ainfi jugé ; ces termes ajoûtez à la fin de l'article 330. *à laquelle les contraƈtans ne peuvent déroger ,* fe raportans à la prohibition dudit article d'en donner plus à la femme, que ce qui lui eft accordé par l'article précedent, & non pas à aucune prohibition d'en donner moins.

Et c'eft une autre maxime inconteftable en cette Province, que *les perfonnes conjointes par mariage ne font communs en biens , foient meubles ou conquêts immeubles, & que les femmes n'y ont rien qu'aprés la mort du mari ,* ce font les termes de l'article 389.

Auffi l'article 329. dit que la femme a la moitié en proprieté aux conquêts faits en bourgage *aprés la mort du mari.* Et quand la Coûtume parle des meubles , elle dit en l'article 392. que la femme a le tiers aux meubles *aprés la mort du mari.*

Le mari étant donc le maître & le feul proprietaire des meubles & des conquêts , tant que le mariage fubfifte , la confequence eft infaillible qu'il en peut difpofer à fa volonté, fans que la femme ait fujet de s'en plaindre, puifqu'il n'y a que la diffolution du mariage , ou mort civile du mari qui

K *

donne ouverture aux droits de la femme fur les meubles &
aquêts.

1689. Ce qui eft conforme à l'ancienne Coûtume dont on a prétendu fe prévaloir ; dans le titre de tenure par bourgage, on
trouve ces termes : *Savoir devons que les femmes doivent avoir
aprés la mort de leurs maris , la moitié des achats qui font faits
en leur tems.*

Et la glofe fur ces mots (*aprés la mort de leurs maris*) ajoûte , *par ces mots , peut-on noter que les femmes ne peuvent rien
demander du vivant de leurs maris. Mais les peuvent leurs maris
vendre & aliener fans le confentement d'elles , & fans qu'elles les
puiffent rapeller en l'an & jour de la mort de leurs maris ; ainfi
qu'elles feroient leurs heritages s'ils les avoient vendus & alienez
en leur vivant fans leur confentement. Et peut-on dire que telles
venditions ne font réputées fors auffi comme chofes mobiliaires.*

Les articles 331. & 332. font tout-à-fait mal apliquez , car
toutes les difpofitions qui portent que la femme n'a rien aux
meubles & conquêts qu'aprés la mort du mari , fupofent que
le mari eft mort le premier , & que la femme eft encore vivante , & non pas que fi la femme meurt la premiere , fes heritiers foient privez de la moitié des conquêts en bourgage ,
au contraire lefdits articles 331. & 332. leur en donnent expreffément la proprieté : La mort de la femme comme la
mort du mari réfout le mariage , & donne également ouverture aux heritiers de la femme à exercer leurs droits.

Ces deux articles ne veulent pas dire non plus , que la femme ait été effectivement proprietaire de fon vivant ; mais
que fes heritiers qui font devenus proprietaires , font obligez
de fouffrir que le mari joüiffe par ufufruit de cette moitié
de conqueft ; & l'on ne fe perfuadera pas que la même Coûtume qui établit fi pofitivement dans les articles 329. & 389.
que les femmes n'ont rien aux conquêts du vivant de leurs
maris , portât une difpofition toute contraire dans lefdits articles 331. & 332.

C'eft pour cela que Godefroy fur ledit article 331. dit , que
*du vivant de la femme il n'eft point revoqué en doute , que le
mari n'en puiffe faire à fa volonté , parce que l'article 329. n'ajuge*

rien à la femme qu'aprés la mort du mari.

Et aprés avoir proposé la queſtion de ſavoir, ſi une donation faite par le mari de tout le droit qu'il a en ſes conquêts,
comprend la part de la femme, il reſout que n'y aïant point
en Normandie de communauté de biens entre l'homme &
la femme, laquelle ne peut rien quereller aux conquêts de
ſon mari, la donation comprend tous les conquêts faits par
le mari.

1 6 8 9.

A quoi l'Arreſt du Sr d'Amertot du 20 Juillet 1606. n'eſt
point contraire, parce qu'il s'agiſſoit d'une donation teſta-
mentaire, qui n'aïant éfet qu'aprés le decez du Teſtateur,
ne peut s'étendre ſur la part de la femme qui lui eſt aquiſe au
moment du decez, comme l'a remarqué le dernier Commentateur qui raporte cet Arreſt, au lieu qu'une donation entre vifs
aïant éfet dés le vivant du mari donateur, c'eſt-à-dire dans un
tems où la femme n'a point encore de droit aquis ſur les conquêts, il eſt certain que la donation s'étend ſur tous les conquêts
indiféremment.

L'article 333. ne peut encore être tiré à conſequence, parce que par une condamnation qui emporte confiſcation le
mari eſt mort civilement, & il faut de neceſſité que la femme ait alors ce qui lui apartient; ce qui eſt ſi vrai qu'une ſimple condamnation qui emporte la commiſe, fait perdre à la
femme le droit de conquêt ſur l'heritage réuni, ſuivant la
doctrine de Me Charles du Moulin ſur la Coûtume de Paris
§. 43. n. 88. parce que le mari n'eſt pas mort civilement, &
demeure proprietaire & poſſeſſeur de tous ſes autres biens.

Ce principe nettement établi, comment peut-on dire
avec quelque aparence de raiſon, que le mari peut commettre une fraude en diſpoſant d'une choſe, dont la Coûtume le
fait abſolument le maître?

Il eſt ſans doute qu'un debiteur peut vendre, ou donner
ſes meubles au préjudice de ſes créanciers, qui ne ſont point
en état de les reclamer ſous prétexte de fraude, quoi qu'ils
euſſent une hipotéque ſur ces meubles, comme ſur les immeubles.

Il peut encore en diſpoſer en faveur même d'une perſonne

étrangere, fans qu'aprés fon decez la femme ait fujet de s'en plaindre fous le même prétexte de fraude, cela n'eft pas contefté & ne le peut être.

1689.

Mais on prétend que quand ce meuble a été employé en aquifition d'immeuble par le debiteur ou par le mari fous le nom de fes enfans, cet immeuble étant en effence doit être cenfé apartenir au pere, à l'égard des creanciers & de la femme, & avoir é é aquis fous le nom des enfans dans le deffein de faire une fraude.

Cela pourroit être vrai à l'égard des creanciers, qu'il ne le feroit pas à l'égard de la femme pour deux raifons.

L'une, que les creanciers ont une hipotéque fur les meubles de leur debiteur, & qu'il femble que c'eft de leur bien que l'aquifition a été faite, au lieu que la femme n'a quoi que ce foit aux meubles du vivant de fon mari, & ne peut par quelque moyen que ce foit l'empêcher d'en difpofer à fa volonté.

La feconde, c'eft que les creanciers font favorables, ils courent aprés leur bien, *certant de damno vitando* ; on peut croire aifément que le debiteur a eu pour but de les tromper, & de faire paffer le bien de fes creanciers entre les mains de fes enfans, pour en continuer la joüiffance fous leur nom ; au lieu que la femme *certat de lucro captando.*

Cependant on n'a pas laiffé de le juger contre les creanciers.

Premier Arreft rendu à l'Audience de la Cour le 5. Juin 1587. au profit de Martin Belard contre les creanciers de fon pere, au cas d'une aquifition faite par le pere au nom de fon fils, qui étoit encore mineur.

Second Arreft du 14. Février 1619. au profit des enfans mineurs de Guillaume Câtel, au nom defquels le pere avoit retiré des heritages qu'il avoit lui-même vendus peu de jours auparavant, quoi qu'il eût lui-même fourni les deniers du retrait, qu'il fût demeuré en poffeffion du fonds, & qu'il en eût revendu 24. vergées, dont lefdits enfans furent renvoyez en poffeffion fans rembourfer l'aquereur de ce qu'il avoit payé au pere pour le prix de fon aquifition.

Autre Arreft en la Chambre des Enquêtes au mois de Dé-

cembre 1633. par lequel il fut jugé qu'un fils aïant renoncé à
la fucceffion de fon pere, & fous le nom duquel le pere avoit
aquis un heritage, pouvoit revendiquer cet heritage fans que
les creanciers en puffent arrêter les fruits.

1689.

Autre Arreft rendu au Raport de Monfieur de la Place le
10. de Décembre 1644. par lequel François le Percher fut
maintenu en la proprieté & poffeffion d'un heritage, dont
fon pere s'étoit rendu adjudicataire fous fon nom, & en avoit
fourni les deniers.

Autre Arreft du 17. Mars 1666. au profit des nommées
Laiguillon, lors duquel on en cita un rendu au Raport de
Monfieur Deshommets le 28. Février 1665.

Il eft vrai que le dernier Commentateur en raporte un du
25. Mai 1674. qui femble avoir jugé le contraire contre les
enfans du nommé Brafdefer, au profit de Jean Simon Creancier du pere :

Mais premierement il faut confiderer que Jean Simon étoit
un creancier anterieur de l'aquifition faite fous le nom des enfans, & le Commentateur dit que la faveur des enfans doit
prévaloir, lorfque les creanciers font pofterieurs, ainfi l'on
n'en pourroit pas tirer avantage pour la femme, puifque lors
des aquifitions faites par le mari au nom de fes enfans, elle
n'a aucun droit aquis.

En fecond lieu il faut confiderer que lors du procez, il demeura conftant que Jean Simon avoit prêté fon argent pour
faire l'aquifition, & en ce cas là on trouva jufte, non pas de
dépoffeder le fils, mais de le condamner à païer, parce que
ç'auroit été autorifer une tromperie trop groffiere, & il fembloit même que le creancier avoit un privilege fur ce fonds,
qui avoit été aquis de fes deniers.

Auffi le même Commentateur raporte un Arreft du 10. de
Décembre 1621. rendu dans un tems où l'on ne doutoit pas
de cette Jurifprudence contre les creanciers du pere, par lequel la même chofe fut jugée au profit d'un creancier du pere, parce qu'il demeura conftant qu'il avoit prêté l'argent
dont l'heritage fut aquis, quoi qu'il n'en fût pas fait mention
dans le Contrat : de forte que l'Arreft de Brafdefer n'aporte

aucun changement à ce qui s'obfervoit inviolablement auparavant, ce qui fert de réponfe aux conféquences que l'Apellante a tirées de ces deux Arrêts.

1689.

Pour les enfans, il y a infiniment plus de raifon de le juger de la forte en leur faveur contre la mere ; car enfin fi un pere peut donner & vendre fes conquêts, & difpofer de fes meubles en faveur d'un étranger, fans que la femme y puiffe rien reclamer, ce qu'on ne peut pas révoquer en doute, y a-t-il du bon fens à dire qu'il n'en peut difpofer en faveur de fes enfans ?

Un pere ne pouroit-il pas donner une fomme d'argent à fon fils au préjudice de la femme ; & le fils pouroit-il pas aquerir des heritages de cet argent, fans que fa mere y pût rien prétendre : Mais de plus, un pere ne peut-il pas donner de fes conquêts à fon fils par avancement de fucceffion ; toute donation faite aux enfans étant cenfée avancement d'hoirie, comme parle la Coûtume ? Pourquoi donc ne pouroit-il pas acquerir de fes deniers au nom de fon fils ? Quelle diférence y a-t-il entre donner de l'argent à fon fils pour aquerir, ou aquerir en fon nom ? Et fi le pere peut donner à fon fils un aquêt déja fait, pourquoi ne lui poura-t-il pas donner de l'argent pour faire un aquêt ? Si meuble n'a point de fuite par hipotéque à l'égard des créanciers qui font favorables, pourquoi en fera-t-il autrement à l'égard de la femme qui cherche à profiter ?

L'Arreft du 2 Juin 1603. ne juge point la queftion : Le conquêt avoit été fait au nom du mari, & non pas au nom des enfans ; mais le mari avoit déclaré par le contrat que les deniers de l'aquifition provenoient d'une donation à lui faite ; penfant que par ce moïen l'heritage aquis feroit confidéré dans fa fucceffion, comme un heritage donné auquel la femme n'a point de part, & qu'il pafferoit tout entier en propre à fes enfans : Mais il fe trompoit, parce qu'encore que des meubles foient donnez au mari, la femme ne laiffe pas d'y avoir part, à la diférence de l'immeuble.

Auffi le même Commentateur qui raporte cet Arreft fur l'article 482. ajoûte immédiatement aprés, que la plus com-

mune opinion eſt que le pere peut aquerir au nom de ſes enfans , & faire ce préjudice à ſa femme , parce qu'il eſt le
maître de ſes meubles , & qu'il peut diſpoſer de ſon bien à
ſa volonté.

Et dans l'article qui précede ledit Arreſt, il dit qu'au cas
du retrait fait par le pere au nom de ſes enfans , il n'y a point
de difficulté à exclure la femme de ſa demande pour ſa moitié des deniers , parce que c'eſt un meuble dont il a pû les
avancer , & qu'il pouvoit perdre au préjudice de ſa femme;
que la déclaration du pere qu'il donnoit les deniers , n'eſt
point neceſſaire , parce que la donation eſt naturellement
préſumée, quand le pere ne s'en eſt point reſervé la répeti-
tion ; & ſi la Coûtume a trouvé juſte que la femme n'eût
point de part en l'heritage retiré, il y a bien moins de difficulté à la priver de prendre part aux deniers qui ne ſont
qu'un meuble.

Auſſi Berault ſur l'article 329. deſaprouve la diſtinction
de Godefroy , comme étant une opinion à rejetter , & il a
eu raiſon de ſe fonder en partie ſur les Arrêts de Belard &
le Comte.

Car ſi la Cour a jugé la queſtion contre les creanciers du
pere qui cherchent à ſe tirer de perte, comme elle a fait par
l'Arreſt de Martin Belard , à bien plus forte raiſon elle le doit
juger contre la femme qui n'a pas la même faveur.

Et ſi elle l'a jugée en faveur des enfans naturels d'une
femme étrangere , & qui l'étoient apparemment du donateur , à bien plus forte raiſon elle la doit juger en faveur
d'un fils legitime.

Enfin que la Cour aïe la bonté de refléchir ſur une con-
tradiction manifeſte , où l'on ſe trouveroit engagé, ſi l'on ju-
geoit contre les enfans.

Que l'on ſupoſe une aquiſition faite par un débiteur au nom
de ſes enfans, & qu'aprés ſon décez il y ait conteſtation entre leſdits enfans d'une part , leur mere d'autre part qui
prétend avoir la moitié en ladite aquiſition comme les deniers ſians été fournis par ſon mari ; & les creanciers du
pere d'autre part , que l'on ſupoſe poſterieurs à ladite aqui-

fition, afin d'ôter toute matiere de conteſtation ſur ce point, & qui prétendent que l'heritage aquis eſt hipotéqué à leurs créances.

1689. Dans la neceſſité de donner un même Jugement entre ces trois ſortes de parties, à quoi l'Apellante voudroit-elle qu'on ſe déterminât ?

A l'égard des creanciers poſterieurs de l'aquiſition, il faut neceſſairement leur faire perdre leur cauſe, & déclarer les enfans proprietaires de l'heritage à leur préjudice, c'eſt une maxime indubitable ; & s'il y a eu quelque raiſon de douter, ç'a été à l'égard des creanciers anterieurs par la préſomption que leur argent pouvoit avoir ſervi à faire le conqueſt.

Comment donc veut-on que les mêmes enfans ne ſoient point proprietaires à l'effet de donner à la femme la moitié de cette aquiſition, ſeront-ils proprietaires, & ne le ſeront-ils point *in eodem inſtanti ?* Quelle bizarerie & quelle monſtreuſe Juriſprudence ſeroit celle-là ?

Nonobſtant ces raiſons, la Cour par Arreſt rendu en l'Audience de la Grand'Chambre le Jeudi matin 17. Novembre 1689. ſur les Concluſions de Monſieur l'Avocat General de Menilbus, mit l'Apellation & ce dont étoit appellé au néant ; en corrigeant & réformant, ordonna que l'Intimé mettroit aux mains de l'Apellante les titres de la ſucceſſion, & qu'elle auroit la moitié en proprieté en l'heritage aquis par ledit André Bedel au nom de ſon fils, à charge de rembourſer le tiers des 800 livres païez depuis le decez dudit André Bedel, & la moitié des 60 livres de rente, ſi mieux l'Intimé n'aimoit lui païer le tiers des 400 livres païez lors du Contrat d'aquiſition.

SEPTIE'ME

SEPTIE'ME QUESTION.

Sçavoir si l'on peut subroger par un Compte posterieur arrêté avec le Creancier, sur des Recepissez particuliers raportez par le Debiteur, dans lesquels il n'est point fait mention d'où proviennent les deniers.

PAr Contrat passé le premier Octobre 1659. Monsieur du Tillet vendit à Monsieur Baillet Seigneur de Vaugrenan, une Charge de Conseiller-Clerc au Parlement de Paris, & la Commission de Président en la premiere Chambre des Requêtes dudit Parlement, par le prix de 380000 liv. dont il y eut 100000 liv. païées comptant, 20000 liv. païables à volonté ; & les 260000 liv. restans, païables en quatre ans, quatre termes égaux, dont le dernier devoit échoir le dernier de Septembre 1662. à charge d'en païer l'interêt jusqu'à l'actuel païement ; à quoi Dame Marie de Vassan, Femme de Monsieur Baillet, s'obligea solidairement avec son Mari.

Du nombre des 260000 liv. restans, Monsieur du Tillet en transporta 131000 liv. à Monsieur de S. Clair-Turgot son Gendre, par Contrat du 27 Juin 1660. signifié à Monsieur Baillet le 4 de Décembre ensuivant.

En sorte que de ce jour-là, il n'étoit plus dû à Monsieur du Tillet que 129000 liv. & ce qui étoit échû d'intérêts de la somme entiere ; & les autres 131000 liv. étoient dûës à Monsieur Turgot, avec les interêts qui devoient échoir à l'avenir.

Monsieur & Madame Baillet empruntérent de Dame Loüise le Boultz, veuve de Mr le Président du Tronchey, une somme de 60000 liv. constituées en 3000 liv. de rente, par Contrat du 7 Juillet 1661. avec promesse d'emploïer ladite somme au rachat des rentes constituées, pour païer partie du prix des Offices de Conseiller-Clerc, & Commission de Pre-

1687.

L *

fident, afin de donner à Madame du Tronchey un privilege fur ledit Office & Commiffion.

Il n'y avoit pourtant point de rentes conftituées à cet effet, & Monfieur & Madame Baillet n'emploïerent point les 60000 liv. fuivant leur deftination ; en forte que Madame du Tronchey n'avoit qu'une fimple hipotéque generale fur tous les biens defdits Sieur & Dame Baillet.

Et il eft de confideration en la caufe, que le contrat eft paffé pardevant le Moyne Notaire au Châtelet, qu'il eft porté, que les 60000 liv. font partie de 134000 liv. dépofées aux mains dudit le Moyne ; & qu'en cas de rachat des 3000 liv. de rente, il fera fait aux mains dudit le Moyne.

Enfin tous les termes de païement ftipulez par ledit contrat du premier Octobre 1658. étans expirez & trois ans encore au de-là, & Monfieur Baillet fe voïant preffé par Monfieur du Tillet de lui païer les intérêts des 129000 liv. qui lui reftoient dûs, fe fervit de l'occafion du décri des monnoïes, qui donna cours à l'argent à Paris en 1665.

Il s'adreffa audit le Moyne Notaire, qui lui fit trouver 141000 liv. pour païer ce qu'il devoit à Monfieur du Tillet en capital & intereft.

A fçavoir le 18 Mars 1665. 20000 de Monfieur Petit Confeiller au Parlement de Mets, conftituées en 1000 liv. de rente : 20000 liv. de Monfieur Gilbert, conftituées en 1000 liv. de rente, 20000 liv. de Monfieur de Ratabon, conftituées en 1000 de rente : & 10000 du Sr Moret, conftituées en 500 liv. de rente.

Et les 18 & 19 Avril enfuivant 31000 liv. de Monfieur Guenoud Seigneur de Guibeville, conftituées en 1550 liv. de rente : 16000 liv. de Monfieur Thibeuf Seigneur de S. Germain, conftituées en 800 liv. de rente : 10000 liv. du Sr Moret, conftituées en 500 liv. de rente : & 14000 liv. de Monfieur Seguier, conftituées en 700 liv. de rente.

Dans tous ces contrats il y a ftipulation expreffe, que les deniers feront emploïez au païement de partie du prix defdits Offices & Commiffion, dont lefdits Sieur & Dame Baillet feroient tenus de tirer quittances en bonne forme, avec déclaration d'emploi aux fins de la fubrogation defdits Srs Créanciers au privilége de Monfieur du Tillet.

Des 70000 liv. empruntez le 18 Mars 1665. il y eut 55000 liv. mis aux mains de Monfieur du Tillet le 26 du même mois, **1 6 8 7.** qui en donna fon recepiffé datté de ce jour-là ; & qui les païa à Monfieur Turgot en déduction des 131000 liv. qu'il lui avoit tranfportées le 27 Juin 1660. au moïen dequoi Monfieur Turgot fit une rétroceffion de pareille fomme à Monfieur du Tillet ; mais cette rétroceffion ne fut pas fignifiée audit Sieur Baillet que long-tems aprés, en forte qu'il ne croïoit encore devoir que les 129000 liv. de capital avec les intérêts audit Sr du Tillet , & qu'il n'emprunta que les 141000 liv.

Le 29 Avril 1665. ledit Sieur Baillet fit fommer Monfieur du Tillet de fe trouver chez le Moyne Notaire, *pour recevoir le paiement de ce qui lui reftoit dû pour le prix defdits Office & Commiffion ; attendu que ledit Sieur Baillet avoit dépofé & mis aux mains dudit le Moyne les deniers fuffifans pour faire ledit païeme^n t.* Ce font les termes de l'Exploit , qui demeura fans réponfe de la part de Monfieur du Tillet.

Le 5 Mai enfuivant , il fut encore mis aux mains de Mr du Tillet une fomme de 87000 liv. fous quatre récepiffez , qui avec les 55000 liv. qu'il avoit prifes le 26 Mars , faifoient 142000 liv. quoique Mr Baillet n'eût emprunté que 141000 liv. & qu'il ne fût dû à Mr du Tillet que 141490 liv. 18 fols lors defdits récepiffez fous fait privé.

Enfin Mr Baillet fit dreffer un modelle de quittance en forme, que Mr du Tillet refufa de figner ; en forte que Mr Baillet lui fit donner affignation aux Requêtes du Palais , par Exploit du 27 Juillet 1665. prés de trois mois aprés lefdits récepiffez , *pour fe voir condamner à lui fournir quittance generale en bonne & deuë forme , pardevant Notaires , de ladite fomme de 129000 liv. en principal & arrérages , qui en étoient échûs reftans à lui paier , offrant de lui rendre fes récepiffez qu'il avoit de lui ; attendu qu'il y avoit trois mois qu'il avoit reçeu ladite fomme , tant en principal qu'intérêts , fans lui en avoir voulu donner quittance , & reprendre fes billets & récepiffez , quelque priere qui lui en eut été faite.*

L * ij

Monſieur du Tillet fit ſignifier audit Sieur Baillet , par Exploit du 30 dudit mois de Juillet 1665. une copie de la ré-trocession à lui faite par Monſieur Turgot le 26 Mars 1665. & lui fit réponſe par le même acte que , *quoiqu'il n'ait reçû certaines ſommes de deniers ſur & tant moins du prix deſdits Office & Commiſſion , qu'à fur & à meſure que ledit ſieur Baillet les a pû trouver & emprunter , & à diverſes fois ; & ainſi il pourroit prétendre que les interêts ont continué à proportion de la reception deſdites ſommes : Neanmoins il reconnoît de bonne foy avoir donné parole au ſieur le Moyne Notaire , qui lui a fait emprunter leſdites ſommes , de la ceſſation des interêts juſqu'au 4 May 1665. pour raiſon dequoi ledit ſieur du Tillet n'a point été refuſant de lui donner quittance & décharge des ſommes qu'il avoit touchées ; mais il a été refuſant de la donner & ſigner en la maniere qu'elle lui a été preſentée pour deux raiſons : La premiere , dautant qu'elle eſt generale ; ce qui ne doit pas être , puiſqu'il lui eſt encore dû la ſomme de 55000 liv. qui lui a été retrocedée par Monſieur Turgot , faiſant partie du prix deſdits Office & Commiſſion , de laquelle réſerve il n'eſt fait aucune mention dans ladite quittance : En ſecond lieu , dautant qu'il eſt neceſſaire d'ajoûter dans ladite quittance , que les Creanciers qui ont prêté leurs deniers , ne pourront prétendre aucune préference ni concurrence d'hipotéque avec ledit ſieur du Tillet pour ladite ſomme de 55000 liv. & interêts échûs ; non plus qu'à l'égard de ce qui eſt dû à Monſieur Turgot par ledit ſieur du Tillet , tant en principal qu'interêts , étant prêt de lui paſſer & ſigner une quittance inceſſamment aux charges & réſerves ci-deſſus exprimées, en lui faiſant rendre par ledit le Moyne ſes recepiſſez.*

1687.

Cette réponſe avec la ſignification de la rétroceſſion de Monſieur Turgot , leva toute la difficulté , les parties ſe tranſportérent chez le Moyne Notaire le 30 Juillet 1665. & aprés avoir compté ce qui étoit dû à Monſieur du Tillet du capital & intérêts des 129000 liv. il ſe trouva qu'en faiſant ceſſer les interêts du jour des recepiſſez , ſuivant la parole que ledit ſieur du Tillet en avoit donnée audit le Moyne, il ne lui étoit dû que 41490 liv. 18 ſ. & cependant il avoit reçû 142000 liv.

Et comme ledit le Moyne avoit emploié 1000 liv. de ſon

argent pour fournir les 142000 liv. Monſieur Baillet n'ayant emprunté que 141000 liv. ledit ſieur du Tillet rendit audit le Moyne 509 livres 2 ſols qu'il avoit reçûs, & ledit ſieur Baillet lui rendit de ſa part 490 livres 18 ſols, pour fournir ladite 1687. ſomme de 1000 liv. ce qui eſt conſtant au procez, par un compte écrit de la main dudit le Moyne, trouvé parmi les pieces & écritures de Monſieur du Tillet aprés ſon decez.

Ainſi la quittance fut dreſſée & ſignée ſur le champ devant les Notaires, par laquelle Monſieur du Tillet *reconnoît avoir reçû dudit ſieur Baillet la ſomme de 141490 livres 18 ſols, à ſçavoir 56000 livres dés le 26. Mars au précedent, dont il y en avoit 12035 livres 9 ſols, pour les intereſts des 129000 livres juſques audit jour 26. Mars, & 42964 liv. 11 ſols ſur le capital, dont il ne reſtoit que 8635 liv. 9 ſols d'intereſts, depuis le 26. Mars juſques & compris le 4. May 1665. le tout montant 86490 liv. 18 ſols payez audit Sr du Tillet le 4. May 1665. au moyen duquel payement ledit Sr Baillet a rendu audit Sr du Tillet ſes recepiſſez qu'il avoit baillez deſdites ſommes comme ſans effet, de laquelle premiere ſomme des 141490 liv. 18 ſols, ledit Sr du Tillet ſe contente & en quitte ledit Sr Baillet & tous autres, & conſent qu'en ſon abſence il ſoit fait mention du preſent payement ſur la minutte & groſſe dudit contrat de vente du 1. Octobre 1659. déclarant ledit Sr Baillet que du nombre des 141490 liv. il y en a 141000 liv. preſtez par leſdits ſieurs Petit, Ratabon, Moret, Genoud, Thibeuf & Seguier les 18. Mars, 18. & 19. Avril 1665. conſtituez au denier vingt, afin que tous leſdits ſieurs creanciers ſoient & demeurent ſubrogez aux droits, privileges, & hipotéques dudit Sr Tillet juſques à la concurence de ladite ſomme de 141000 liv. ſans que cette déclaration puiſſe préjudicier Meſſieurs du Tillet & Turgot, pour les ſommes de 55000 liv. & 76000 liv. en capital & intereſts qui leur étoient encore dûs.*

Pour payer Monſieur Turgot de ladite ſomme de 76000 liv. & intereſts: Leſdits ſieur & Dame Baillet emprunterent encore 84000 livres par trois contrats du 23. Septembre 1665. avec la même ſtipulation d'emploi, au payement de partie du prix deſdits office & commiſſion, à ſçavoir 40000 livres de Madame la Maréchale de la Motthe, conſtituez en 2000 livres de rente, 30000 livres de Meſſire Loüis le Maître, Seigneur de

Bellejame conftituez en 1500 livres de rente, & 14000 livres de Monfieur de Pouffemotte Mombrifeüil Confeiller au Parlement de Paris conftituez en 700 livres de rente : Et il eft confidérable que Monfieur Turgot dans la quittance qu'il donna le 5. Octobre 1665. fît ceffer l'intereft dés le 26. Septembre au précedent, parce qu'il en avoit donné parole audit le Moyne Notaire ; & qu'il y a pareille déclaration que les deniers provenoient defdits fieurs creanciers.

Le defordre s'eft mis dans les affaires de Monfieur Baillet : Il a été obligé de faire un abandonnement de tous fes biens à fes creanciers, qui ont fait un contrat de direction l'11. de Juillet 1679. & ont élû pour directeurs Monfieur le Prefident de Maupeou, Monfieur Genoud Confeiller audit Parlement de Paris, Monfieur de S. Germain Thibeuf Confeiller audit Parlement, Monfieur Petit, Seigneur de Paffy, Confeiller au Parlement de Mets, & Claude l'Efpagnol Ecuyer, fieur de Bombart.

Meffieurs les Directeurs ont tenu un ordre au mois d'Avril 1683. par lequel Madame la Maréchale de la Motthe, Monfieur le Prefident de Maupeou, Monfieur d'Ormeffon Maître des Requêtes, & autres reprefentans lefdits Sieurs de Bellejame & de Mombrifeüil, Monfieur de Rezay Prefident en la premiere Chambre des Requêtes du Palais, & Madame fon époufe, Monfieur le Comte de Chatillon, & Madame fon époufe, & autres reprefentans ledit fieur Moret, Meffieurs de S. Germain, de Paffy, Genoud, de Ratabon & Seguier, ont été colloquez les premiers comme privilegiez fur les deniers, provenans defdits office & commiffion vendus par 180000 liv. feulement, quoiqu'ils euffent coûté 380000 liv. & enfuite Dame Eleonore le Pauvre, veuve de Monfieur Loüis du Tronchey, Tutrice de Loüis du Tronchey fon fils, & Dame Marie du Tronchey, ayant époufé Meffire François de Launey, fieur de Cumerey, reprefentant ladite Dame Loüife le Boutz, comme creancieres fimples hipotécaires.

Lefdites Dames du Tronchey & de Cumerey ont protefté de nullité de ladite collocation, & fe font pourvûës aux Requêtes de l'Hôtel, non pas qu'elles prétendent être privilegiées ; parce qu'elles conviennent que les 60000 liv. prêtez par ladite Dame le Boutz le 7 Juillet 1661. ne furent point emploïez à païer partie du prix defdits office & commiſſion, fuivant la claufe du contrat de conſtitution ; non pas encore qu'elles conteſtent le privilege de Madame la Maréchale de la Motthe, & de ceux de fa claſſe qui avoient prêté les 84000 liv. à Monfieur Baillet le 23 Septembre 1665. pour païer Monfieur Turgot, parce qu'elles conviennent de l'emploi de ladite fomme par la quittance de Monfieur Turgot ; mais elles conteſtent le privilege de Meſſieurs de Rezay, de Chatillon, de S. Germain, de Paſſy, de Ratabon & Seguier qui ont prêté les 141000 liv. les 18 Mars, 18 & 19 Avril 1665. pour païer à Monfieur du Tillet, foûtenans qu'ils ne font que creanciers hipotecaires du jour de leurs contrats, & que par conféquent elles doivent les preferer fur les 180000 liv. prix defdits office & commiſſion, leur hipotéque étant dés 1661.

▬ ▬ 1 6 8 7.

La caufe portée aux Requêtes de l'Hôtel, Madame la Maréchale de la Motthe & ceux de fa claſſe intervinrent en la caufe, pour conteſter auſſi le privilege des fieurs Rezay, de Chatillon, de S. Germain & autres de leur claſſe ; parce qu'entrans en concurence avec eux fur les 180000 liv. ils feroient obligez de perdre une partie de leurs créances, ladite fomme de 180000 liv. n'étant pas fuffifante pour les païer tous.

Et fur cette conteſtation il y eut Sentence le 25 Avril 1684. par laquelle fans s'arréter à l'intervention de Madame la Maréchale de la Motthe & de ceux de fa claſſe ; il eſt ordonné que Meſſieurs de Rezay, de Chatillon, de S. Germain & autres de leur claſſe, feront colloquez par privilege fur le prix defdits office & commiſſion.

Lefdites Dames du Tronchey & de Cumerey ont apellé de cette Sentence au Parlement de Paris, où les intimez ont fait venir les autres creanciers dont le privilege n'étoit point conteſté, afin d'avoir un Arreſt commun avec eux.

L'inſtance évoquée fur les parens, par Arreſt du Privé Confeil du Roy du 24 Octobre 1684. elle a été renvoïée au Parlement de Normandie avec toutes les parties.

La queſtion plaidée à l'Audience de la Grand'Chambre, Me
Pierre Varin pour leſdites Dames de Tronchey & de Cumerey Apelantes, diſoit que la conteſtation des Parties ſe rédui-
ſoit à ces deux points, l'un de fait & l'autre de droit.

Le point de fait eſt de ſavoir ſi les billets ou recepiſſez
baillez par Mr du Tillet audit ſieur Baillet les 26 Mars
& 5 May 1665. ne ſont pas des veritables quittances qui emportent liberation.

Et le point de droit eſt de ſçavoir s'il eſt au pouvoir d'un debiteur qui a emprunté de l'argent avec promeſſe d'employ, &
qui a tiré des quittances particulieres ſous fait privé ſans aucune déclaration ni ſubrogation, de rendre trois mois aprés
les quittances particulieres au creancier, & d'en tirer une
quittance generale paſſée pardevant Notaires, où il declare
d'où proviennent les deniers, à l'effet de produire une ſubrogation à l'hipoteque & au privilege du creancier, au profit de
ceux qui ont prêté leur argent.

Pour le premier point, on a vû dans le détail du fait que
Mr du Tillet reçût 55000 livres dés le 26 Mars 1665. & qu'il
reçût 87000 livres le 5. Mai enſuivant, deſquelles ſommes il
donna ſes recepiſſez, & comme on ne peut pas douter que
ces recepiſſez furent donnez à Mr Baillet par Mr du Tillet, c'eſt
à dire au debiteur par le creancier, puiſque par l'Exploit du
27 Juillet enſuivant, Monſieur Baillet offre de rendre à Mr du
Tillet les récepiſſez *qu'il avoit de lui*, en lui paſſant une quitance en forme : On ne peut pas douter non plus que ce ne
ſoient des veritables quitances, qui emportent liberation,
n'y äiant pas d'autre définition de la délibération, que le
païement fait par le debiteur au creancier, *ſolutam pecuniam*
intelligimus utique naturaliter, ſi numerata ſit creditori. l. 49. in
pr. D. de ſolut.

Il faut convenir que Mr Baillet ne pouvoit pas forcer Mr
du Tillet à lui rendre l'argent qu'il avoit touché, auſſi il n'en
avoit le deſſein ni la penſée, puiſque par l'exploit du 29 Avril
1665. il fit ſommer Mr du Tillet de recevoir ce qui lui reſtoit
dû ; Or c'eſt une maxime en droit, que quand ce qui eſt dû par
un debiteur parvient entierement aux mains du creancier des
deniers

deniers du debiteur , en forte qu'on ne puiffe pas forcer le
creancier à lerendre , la liberation eft acquife *ipfo facto* : C'eft la
difpofition expreffe de la loi 61. du même titre : *De folutionibus.* ————
In perpetuum quotiens id quod tibi debebam ad te pervenit , & tibi 1 6 8 7.
nihil abfit, nec quod folutum eft , repeti poffit , competit liberatio.

Mais ce qui doit lever toute difficulté, c'eft qu'au moment
que ces fommes ont été mifes aux mains dudit Sieur du Tillet,
les interêts ont ceffé : Ce qui eft porté précifément par la prétenduë quittance du 30. Juillet 1665. où Meffieurs Baillet &
du Tillet compterent des interêts de la fomme entiere jufqu'au 26. Mars 1665. qu'ils firent ceffer les interêts des 55000
liv. reçûës ce jour-là par Monfieur du Tillet , & où ils compterent des interêts des 86490 livres 18 fols , reftans jufques au
5. Mai que Monfieur du Tillet les avoit reçûës.

Auffi aprés le decez de Monfieur du Tillet, on a trouvé
dans fes papiers un abregé de compte des fommes qui lui
étoient dûës par ledit Sieur Baillet , & de celles qu'il avoit reçûës, où l'on trouve ces mots , *quittance de Monfieur Baillet du*
26. Mars 1665. de 55000 liv. ce qui ne laiffe aucun lieu de douter
que le billet ou recepiffé du 26. Mars 1665. ne foit une veritable quittance , & qu'on ne doive en dire autant des billets du
5. Mai enfuivant.

Ce premier point établi, l'autre ne peut pas fouffrir de problême par la difpofition du Droit, par l'Ordonnance, par les
Arrêts, & par le fentiment des Auteurs.

La *l. 1. C. de his qui in prior. cred. loc. fucc.* eft dans une même efpece de celui qui a prêté fon argent à un debiteur pour
payer un creancier ; & elle décide expreffément qu'il ne fuffit
pas que le payement foit fait des mêmes deniers , pour acquerir la fubrogation d'hipotéque , & qu'il faut une ftipulation
expreffe , *non omnimodo fuccedunt in locum hypotecarii creditoris*
hi quorum pecunia ad creditorem tranfit. Hoc enim tunc obferva-
tur cum is qui pecuniam poftea dat fub hoc pacto credat ut idem
pignus obligetur & in locum ejus fuccedat.

A quoi la glofe , & *Joa. Faber* ajoûtent cette diftinction ; ou
le payement eft fait par un autre creancier, ou par un étranger, ou par le debiteur même.

M *

Si le payement eft fait par un autre creancier du même debiteur, la fubrogation à l'hipotéque du premier creancier fe
fait de droit, fans qu'il foit befoin de ftipulation, fuivant la
l. fi potiores 3. C. eod. & la *l. 1. C. qui potiores in pign.*

1687.

Si le payement eft fait par un étranger, il faut avec le payement une ftipulation expreffe que celui qui paye demeure fubrogé à l'hipotéque du creancier, fuivant la *l. fi cum 3. D. de
privil. fifci.*

Et s'il eft fait par le debiteur même, ou c'eft de fes propres
deniers, auquel cas il n'y a point de fubrogation, mais une liberation pure & fimple *nulla eft fucceffio fed liberatio*, ou c'eft
des deniers d'autrui qu'il a empruntez pour cet effet, & alors
outre le payement fait au creancier, il faut encore que ce foit
des mêmes deniers empruntez, & qu'il y ait ftipulation de fubrogation, ce qui eft l'efpece de ladite *l. 1. C. de his qui in prior.
cred. loc. fucc.*

Cela eft encore nettement décidé par la loi, *Arifto 3. D.
quæ res pign. vel hyp. dat. oblig. poff.* où les deux cas du payement fait par un étranger, & de celui fait par un creancier
pofterieur font diftinguez.

Au premier cas, il faut une convention, & une ceffion
d'actions pour être au lieu & place du creancier, *non aliter
in jus pignoris fuccedet, nifi convenerit ut fibi eadem res effet
obligata ; neque enim in jus primi fuccedere debet, qui ipfe nihil
convenit de pignore.*

Au fecond cas, la fubrogation fe fait de droit fans convention, *fæpe enim quod quis ex fua perfona non habet hoc ex-
traneum petere poteft.*

La raifon de cette difference eft, qu'une perfonne étrangere qui prête fon argent volontairement, & fans que rien
l'y oblige pour payer un creancier, eft fenfé fe contenter à
la folvabilité du debiteur auquel il prête fon argent, à moins
qu'il ne ftipule une fubrogation dans le contrat du prêt &
dans la quittance.

Au lieu qu'un aquereur ou un creancier pofterieur qui
paye les dettes de fon vendeur, ou un ancien creancier, eft
fenfé payer pour la fureté de fon acquifition, ou de fon hipo-

téque , encore qu'il ne ſtipule pas de ſubrogation.

C'eſt pourquoi dans le premier cas , lors qu'une dette eſt payée par le debiteur même , ſans déclarer de quels deniers il paye , elle eſt abſolument éteinte ſans eſperance de retour , & il n'eſt plus au pouvoir du debiteur , ni du créancier d'en faire renaître l'hipotéque en faveur d'une perſonne étrangere , le payement étant ſenſé avoir été fait des deniers du debiteur même.

C'eſt la diſpoſition de la loi 76. *D. de ſolut. & lib. Modeſtinus reſpondit , ſi poſt ſolutum ſine ullo paſto omne quod ex causâ tutelæ debeatur , aſtiones poſt aliquod intervallum ceſſæ ſint , nihil ei ceſſione aſtum , cum nulla aſtio ſuperfuerit.*

Cette propoſition s'établit encore par l'Ordonnance du Roy Henry IV. du mois de May 1609. regiſtrée au Parlement de Paris le 4. Juin enſuivant , dont voici les termes.

Ordonnons que ceux qui fourniront leurs deniers aux debiteurs des rentes conſtituées au denier douze , avec ſtipulation expreſſe de ſucceder aux hipotéques des creanciers qui ſeront acquittées de leurs deniers , & deſquels iceux deniers ſe trouveront employez à l'acquit deſdites rentes , arrérages d'icelles & autres ſommes , par déclaration qui ſera faite par les debiteurs lors de l'acquit & rachat , ſoient & demeurent ſubrogez de droit aux droits hipotéques , noms , raiſons & aſtions deſdits anciens creanciers , ſans autre ceſſion & tranſport d'iceux.

Par laquelle Ordonnance on voit que deux conditions ſont abſolument neceſſaires , pour acquerir une ſubrogation de celui qui prête ſes deniers au debiteur : L'une , qu'il y en ait une ſtipulation expreſſe avec le debiteur : Et l'autre , qu'il y ait une déclaration d'emploi lors de l'acquit & rachat.

Or en l'eſpece de cette cauſe la premiere condition s'y trouve : Il y a une ſtipulation dans les contrats de preſt , mais il n'y a point de déclaration d'emploi dans les quittances , & par conſequent point de ſubrogation aux termes de cette Ordonnance qui a toûjours été fort exaſtement obſervée.

Les Arrêts qui ont jugé la queſtion ſont en tres-grand nombre.

Monſieur Loüet l. h. n. 21. raporte celui de Monſieur le Pre-

fident le Clerc au profit des creanciers de Gerbault , par lequel
encore qu'il n'y eût que cinq jours d'intervale entre le prêt
& le contrat d'acquifition , au payement duquel les deniers
avoient été deftinez par une ftipulation expreffe dans le contrat de conftitution , & que par la numeration des efpeces
du contrat de conftitution avec la quittance , il parut que
c'étoient les mêmes deniers ; il fut neanmoins jugé *confultis
claffibus* , que Monfieur le Clerc n'avoit point de fpecialité
faute de ftipulation.

Le même Auteur en raporte encore quatre autres qui ont
jugé la même chofe : *Parce* , dit-il , *que pour avoir par le creancier ce privilege de préference , ce n'eft pas affez qu'il ait prêté fon
denier pour acheter une terre ; mais faut qu'il montre que de fon denier elle ait été acquife , & que le contrat d'acquifition en faffe foi.*

,, En la l. C. n. 38. il dit que *ceffio facta ex intervallo* , qui n'eft
,, faite *tempore folutionis* , n'eft pas confiderable ; parce que *fo-*
,, *lutione omnis tollitur obligatio , poft folutionem nullus creditor :*
,, *imò nil penes creditorem remanet :* Voila pourquoi il ne peut
,, plus rien ceder. La loi premiere & derniere *C. de his qui*
,, *in priorum cred. loc. fucc.* aportent une autre diftinction , *de*
,, *creditore , aut extraneo folvente* , & la glofe ; même le Docteur
,, Faber fur ladite loi dit , *ceffionem incontinenti fieri debere ,*
,, *extraneo folvente.*

,, Et au n. fuivant , il ajoûte que quand le creancier , *qui*
,, *antiquum creditorem fua pecunia dimifit* , veut entrer en fon lieu,
,, ou c'eft *jure creditoris , quia fecundus creditor* , & le peut faire
,, *etiam fine ceffione jurium ; aut extraneus* , & faut *ceffionem ju-*
,, *rium ; utroque etiam cafu neceffe eft , pecunia antiquum creditorem*
,, *demiffum.* Ce qui fe prend de la loi premiere *qui pot.* & de
,, la loi 1. *de his qui in prior. cred. C.* & comme il s'obferve au
,, Palais , il eft neceffaire que par l'acquit de l'argent que l'on
,, baille à l'ancien creancier , au droit duquel l'on veut entrer ,
,, il foit déclaré, que c'eft des deniers de celui qui veut entrer en
,, fon lieu & hipotéque , *liquido conftet fua pecunia dimiffum credi-*
,, *torem . . . .* Et eft neceffaire que *fcripto conftet de ea folutione,*
,, autrement il fe pourroit commettre beaucoup de fraudes.

Brodeau fon Commentateur s'étend fort fur cette matiere,

il raporte même les termes de l'Ordonnance de 1609. & Loy-
seau, Traité des Offices, liv. 3. ch. 8. n. 38. & suivans, aprés
avoir établi que la subrogation ne se fait point sans une stipulation expresse dans le contrat de prêt , ajoûte ces termes, 1687.
*même on passe bien plus outre aujourd'hui : car on ne se contente
pas que le prêt soit fait* in causam emptionis ; *Mais on requiert
que le contrat d'achat contienne précisément , que le payement est
fait de l'argent prêté ; & cela s'observe ainsi suivant les Arrêts
raportez par Monsieur Loüet , let. H. n. 12.*

Me Charles du Moulin , *Tract. contr. usur. quest.* 37. *n.* 276.
dit , qu'afin qu'un Etranger qui n'a point le droit d'offrir
aquiére la subrogation , *duo requiruntur videlicet pactam su ce-
dendi loco primi , & quod ex eâ pecunia prior ille creditor dimittatur.*

Ce ne seroit jamais fait , si on raportoit toutes les autoritez qui se presentent en foule pour établir cette Jurisprudence , les Apellantes se contenteront de faire remarquer
deux Arrêts qui ne laisseront plus aucune difficulté , parce
qu'ils sont dans la même espece que celle dont il s'agit.

Le premier , inseré dans le dixiéme tome du Journal du
Palais , a été rendu en l'Audience de la Grand'Chambre du
Parlement de Paris , le 30. May 1680.

Monsieur le Duc Mazarin avoit emprunté 50000 livres
du sieur Herieux , par contrat du 17. Janvier 1672. avec stipulation , que les deniers seroient employez à payer Madame la Princesse Palatine , pour être ledit sieur Herieux subrogé à l'hipotéque de ladite Dame.

Les creanciers de Madame la Princesse Palatine ayans
arrêté cette somme aux mains de Monsieur le Duc Mazarin,
il paya lesdits creanciers dont il tira des quittances particulieres , qu'il porta ensuite à Madame la Princesse Palatine ,
avec laquelle il fit un compte arrêté , & prit d'elle une quittance generale , avec déclaration que les deniers payez provenoient du sieur Herieux.

Le Parlement de Paris a jugé par cet Arrest , que ledit sieur
Herieux n'avoit point de subrogation , parce que *solutione
tollitur debitum ;* de sorte qu'aprés des payemens effectifs qui

avoient été faits aux creanciers faisissans, il n'y avoit plus de dette, elle étoit absolument éteinte, & on n'avoit pû la faire revivre par un compte posterieur avec le creancier, quelque subrogation qui eût été accordée; dautant que la subrogation, & le payement qui donne lieu à la subrogation, se doivent faire *uno & eodem instanti*.

Et afin que les Intimez ne fassent pas d'équivoque sur le mot, *Quittance;* voici un second Arrest, où l'on prétendoit qu'il n'y avoit eu que des recepissez pareils à ceux de Mr du Tillet, & qui cependant a jugé qu'il n'y avoit point de subrogation.

S. Vast Notaire à Paris acheta une maison par 16000 livres, & se chargea de payer des creanciers de son vendeur nommé Mathieu Bontemps.

En 1658. ledit S. Vast paya 1439 livres au sieur Perrot dont il prit un recepissé, & ledit sieur Perrot n'ayant point été entierement payé sur le prix de ladite maison, dont l'ordre avoit été tenu, s'adressa à Chatrier solidairement obligé à sa creance, & Chatrier lui paya le surplus par quittance du 4. Février 1660. en la presence de S. Vast qui raporta son recepissé, & qui fit employer dans la quittance du 4. Février 1660. que les 1439 livres provenoient des sieurs de Grandmaison & le Gay, pour leur aquerir une subrogation.

La subrogation ayant été contestée, lesdits de Grandmaison & le Gay, dîrent tout ce que les Intimez disent aujourd'hui, que le recepissé du 7. Septembre 1658. n'étoit pas une quittance, que ce n'étoit qu'un simple recepissé en attendant le compte general, qui fut arrêté le 4. Février 1660. cependant l'Arrest debouta lesdits creanciers de leur prétenduë subrogation.

Partant les Apellantes concluoient, à ce que l'apellation & ce dont est apellé, fussent mis au neant; en corrigeant & réformant, que lesdits sieurs Genoud & Thibeuf, Petit & Consors, fussent deboutez du privilege par eux prétendu sur le prix de la Charge & Commission de Monsieur le President Baillet, sauf à eux à s'oposer suivant la datte de leurs contrats, avec dépens.

Me François le Febvre pour Madame la Maréchale de la

Motte, & ceux de fa claffe dont le privilege n'étoit point contefté, donna ajonction aux conclufions defdites Dames du Tronchey & du Cumerey.

Me Loüis Greard pour les Intimez difoit, que pour fon- 1687. dement de fa caufe il avoit à établir, que la reception des 141000 livres par Monfieur du Tillet les 26. Mars & 4. Mai 1665. n'eft point un payement & une liberation effective, & que les recepiffez de Monfieur du Tillet ne font point ce que l'on entend ordinairement par le mot de quittance.

Ce qui étant, les Textes du Droit, les Autoritez, les Arrêts & l'Ordonnance de 1609. paroîtront tout-à-fait mal apliquez à l'efpece dont il s'agit.

C'eft un ufage dans la Ville de Paris où il fe fait des Traitez de grande importance, pour l'execution defquels il faut trouver des fommes confiderables, qui ne fe rencontrent pas dans une feule bourfe, de s'adreffer aux Notaires qui font gens d'intrigue, & qui fçavent ceux qui ont de l'argent à remplacer.

Ledit le Moyne étoit un Notaire fameux à Paris, en qui tout le monde avoit une confiance entiere : ce qui ne peut pas être contefté par les Apellantes ; car dans leur contrat du 7. Juillet 1661. autorifé par Meffieurs le Boultz, il eft dit que les 60000 livres baillées en conftitution par Madame du Tronchey, provenoient des 134000 livres dépofées aux mains dudit le Moyne ; & il eft ftipulé qu'en cas de rachat, l'argent fera payé audit le Moyne, & non à ladite Dame du Tronchey, comme on l'a déja remarqué dans le fait.

Monfieur de Vaugrenan qui avoit befoin de 141000 livres, s'adreffa, comme tous les autres, audit le Moyne ; mais comme ce Notaire fut obligé de les prendre de plufieurs perfonnes, il demeura faifi des fommes à mefure qu'elles étoient conftituées, jufqu'à ce qu'il y en eût affez pour payer Monfieur du Tillet, qui vouloit être payé de toute fa creance.

Quand Monfieur du Tillet prit les 55000 liv. le 26. Mars, & 86035 liv. 9 fols le 4. Mai 1665. ce fut des mains du Notaire, à l'infçû & fans la participation dudit fieur de Vaugrenan ; & quand il donna des billets ou recepiffez, ce fut au Notaire pour son assurance, & non pas audit sieur de Vaugrenan.

Cela paroît manifestement par la réponse de Monsieur du Tillet du 30. Juillet 1665. où il dit, qu'il avoit donné parole audit le Moyne Notaire qui avoit fait emprunter lesdites sommes de faire cesser l'interest du 4. Mai au precedent ; ce qui supose que c'étoit le Notaire seul qui confioit lesdites sommes à Monsieur du Tillet.

Il ajoûte qu'il est prest de passer & signer une quittance, en lui faisant rendre par ledit le Moyne ses recepissez : ce qui supose que c'étoit audit le Moyne qu'il avoit donné des recepissez , & non pas audit sieur de Vaugrenan.

Et si depuis ledit sieur de Vaugrenan a dit dans son Exploit du vingt-septiéme Juillet 1665. qu'il avoit les recepissez de Monsieur du Tillet, c'est que ledit le Moyne les lui avoit confiez, afin d'agir contre Monsieur du Tillet, pour l'obliger à signer une quittance des 141000 liv. parce que Monsieur de Vaugrenan n'ayant effectivement emprunté cette somme que pour payer Monsieur du Tillet, il auroit été inutile de la faire rendre au Notaire par Monsieur du Tillet en vertu des recepissez qu'il lui avoit baillez , pour ensuite être payez par Monsieur de Vaugrenan audit sieur du Tillet.

Car il est indubitable que si Monsieur de Vaugrenan avoit changé de résolution, & n'avoit point voulu payer Monsieur du Tillet, soit qu'il eût voulu rendre l'argent à ceux dont il l'avoit emprunté, en tout ou partie, il pouvoit le demander audit le Moyne Notaire qui en étoit le dépositaire, & le Notaire étoit en droit de se le faire rendre par Monsieur du Tillet en vertu de ses recepissez.

Mais pour éviter ce circuit incommode & inutile , Monsieur de Vaugrenan prend les recepissez du Notaire pour justifier à Monsieur du Tillet qu'il étoit saisi de ladite somme, & pour l'obliger à donner une quittance.

Le terme de recepissé n'emporte autre chose , qu'une reception à charge de rendre, soit par dépôt, soit par prêt, au lieu que celui de quittance emporte la liberation du debiteur : Cette difference est encore nettement marquée dans les deux actes des 27. & 30. Juillet 1665. Monsieur de Vaugrenan demande

1687.

mande à Monſieur du Tillet une quittance offrant lui rendre
ſes recepiſſez, c’eſt-à-dire qu’en lui donnant une quittance en
forme, qui pût ſatisfaire les creanciers qui lui avoient prêté
de l’argent, il conſentiroit que les 141000 liv. que ledit le Moyne lui avoit confiées ſur ces recepiſſez lui demeuraſſent en
païement, & Monſieur du Tillet dit qu’on lui avoit preſenté
une quittance à ſigner, mais qu’il l’avoit refuſée ; ce qui ſupoſe qu’il n’en avoit pas encore ſigné ; il dit qu’il auroit pû demander l’intereſt audit ſieur de Vaugrenan depuis le 4 May
1665. mais qu’il avoit donné ſa parole au Notaire de n’en point
demander depuis ledit jour 4 May, ſous entendu, ſi l’argent
lui demeuroit, comme il y en avoit toute aparence, puiſqu’il
étoit emprunté pour cet effet ; de ſorte qu’il ne recevroit pas
cet argent comme un païement, mais ſeulement ſous recepiſſé, à charge de le rendre au Notaire s’il en étoit beſoin ;
car Monſieur du Tillet étoit trop éclairé & trop raiſonnable,
pour dire qu’il pourroit demander les interêts d’une ſomme
qu’il auroit reçûë en païement, ſi ce n’eſt qu’il avoit donné ſa
parole de ne les pas demander.

C’eſt donc ainſi que Mr de S. Clair-Turgot reçût l’argent
de Madame la Maréchale de la Motte & des autres creanciers
de ſa claſſe ; l’argent fut emprunté le 23. Sept. 1665. le 26. le
Moyne Notaire le confia à Mr Turgot ſous recepiſſé, & Mr
Turgot en donna une quittance à Mr de Vaugrenan le 5
Octobre enſuivant devant le même Notaire, qui lui rendit
ſon recepiſſé ; ce qui réſulte des termes de la quittance, qui
porte, que Mr Turgot avoit donné ſa parole au Notaire, que
l’intereſt ceſſeroit au 23 Septembre 1665. & toute la difference entre cette quittance dont la ſubrogation n’eſt point con-
teſtée & celle de Mr du Tillet, c’eſt que dans celle des 141000 l.
du 30 Juillet 1665. il y a plus de ſincerité & de bonne foy, & que
l’on énonce plus ingénument les choſes comme elles ſe ſont
paſſées : perſonne de bon ſens ne pouvant pas ſe perſuader que
ſi ces actes du 27 & 30 Juillet 1665. & la quittance portant déclaration d’emploi étoient des pieces faites après coup, pour
réparer ce qui étoit irréparable, comme les Apellantes le prétendent, on y eût fait mention des recepiſſez qu’il étoit facile

de taire & de fuprimer , fi on les avoit crûs d'importance.

Le païement eft donc lors de la quittance du 30 Juillet 1665. & comme la quittance porte la déclaration d'emploi, la fubrogation eft de droit , & le privilege des Intimez eft inconteftable aux termes de l'Ordonnance, du Droit & des Arrêts : Car recevoir à charge de rendre , & fous recepiſſé qui eft une obligation, n'eft pas recevoir en païement ; tout de même que celui qui baille fon argent pour le reprendre ne fe libere pas , *Qui fic folvit ut reciperet non liberatur : Quemadmodum non alienantur nummi qui fic dantur ut recipiantur* , dit la *l. 55. D. de folutionib. & liber.*

Auffi Mr du Tillet , bien inftruit dans ces matieres , vit bien que ces recepiſſez n'étoient pas des quittances qui liberaffent ledit Sieur de Vaugrenan ; c'eft pourquoi il ne voulut pas figner une quittance generale pofterieurement , où il y eût une déclaration d'emploi au profit des Intimez qui avoient prêté leur argent , parce qu'il voïoit que la fubrogation feroit valable , & que les Intimez concouroient avec lui en vertu de leur privilege fur la Charge de Confeiller & fur la Commiſſion de Préfident ; ce qui le mettroit en peril de perdre une partie de ce qui reftoit dû du prix, tant à lui qu'à Mr Turgot dont il étoit garand ; Et c'eft pourquoi encore il ftipula dans ladite quittance, que la fubrogation ne pourroit donner aux Intimez aucune concurrence avec lui pour le reftant du prix de l'Office & de la Commiſſion.

Pour prouver que les receptions defd. deniers faites par Mr du Tillet les 26 Mars & 4 Mai 1665. font de veritables païemens : lefdites Dames Apellantes difent, que des 55000 liv. reçûës le 26 Mars , il y en eut 42964 liv. 11 f. fur le capital des 129000 liv. defquels 42964 liv. 11. f. l'intereft ceffa de ce jour-là ; & que l'intereft des 86035 liv. 9. f. reçûs le 4 May cefferent pareillement dudit jour 4 May ; d'où il s'enfuit qu'à chacun païement Mr Baillet étoit d'autant liberé.

Mais c'eft un leger équivoque qui s'éclaircit aifément.

Quand Mr du Tillet reçût les 55000 liv. il n'emploïa pas dans fon recepiſſé que les 42964. liv. fur le capital ne courroient plus en intereft de ce jour-là , & quand il reçût les

86035 liv. 9. f. il n'emploïa pas non plus que ce jour-là, l'intereft cefferoit ; au contraire il dit dans fa réponfe du 30 Juillet,
qu'il pourroit faire païer audit fieur de Vaugrenan, l'intereft
des fommes qu'il avoit reçûës du Notaire , à mefure qu'il 1687.
les empruntoit pour ledit fieur de Vaugrenan ; mais que cependant il avoit donné fa parole au Notaire , de n'en demander point d'intereft du jour qu'il les avoit reçûës.

Ce qui dépendoit de l'évenement, parce qu'il avoit donné fa
parole audit le Moyne , que fi cet argent lui demeuroit qu'il
en feroit ceffer l'intereft, mais il n'en parla pas dans fes recepiffez ; parce qu'il n'étoit pas tout à fait affuré que l'argent
lui demeureroit : D'où vient que dans l'acte du 30 Juillet , il
dit qu'il pourroit demander l'intereft , fi ce n'étoit qu'il avoit
donné fa parole ? où l'on voit que fa feule parole lui étoit un
obftacle à ce qu'il prétendoit , ce qui ne feroit pas s'il l'avoit
promis par écrit dans lefdits recepiffez.

Par l'évenement ladite fomme de 141000 liv. eft demeurée
à Monfieur du Tillet, & par la quittance il a fait ceffer l'intereft du jour de la reception par les mains du Notaire en execution de fa parole; il crut qu'il ne feroit pas tout à fait dans
les regles , que pendant qu'il avoit eu l'argent entre les mains
& en avoit tiré le profit, Monfieur de Vaugrenan auquel cet
argent n'avoit de rien profité , quoique les rentes qu'il avoit
conftituées euffent leur cours , païât encore un autre intereft;
mais enfin c'eft par la quittance que ces imputations & ftipulations font faites, & non pas les recepiffez.

S'il faloit examiner la queftion generale fur laquelle l'Avocat des Apellantes s'eft fi amplement étendu , les Apellantes
n'y trouveroient pas tant d'avantage comme elles s'imagi-
nent.

Pour les textes du droit, il ne fuffit pas de raporter quelques
loix détachées fans en dire l'efpece.

La loi 1. C. *de his qui in prior. cred.* ne dit autre chofe , finon
qu'il ne fuffit pas que l'argent foit emploïé à païer un ancien
creancier pour entrer en fa place , & qu'il faut une convention ; à joindre que cette loi eft du tems de l'ancienne Jurifprudence , où on ne pouvoit acquerir d'hipoteque que par la

N* ij

tradition de la chofe , & par confequent un étranger ne pouroit entrer en la place du creancier , faifi du gage fans beaucoup de formalitez & de précautions , qui ont ceffé depuis la
l. 1. D. de Pignorat. act. qui abolit l'ancien droit en ce regard.
Or aux termes de cette loi les intimez ont une fubrogation
valablement acquife , puifqu'il y en a ftipulation expreffe.

La *l. Arifto. 3. D. quæ res Pign. vel hyp.* eft encore de l'ancienne Jurifprudence , & s'entend d'un creancier pofterieur qui
païe le creancier anterieur faifi de la chofe hipotequée , & qui
veut entrer en fon lieu & place : La loi dit qu'il ne fuffit pas
de païer, mais que pour être faifi du gage & fucceder à l'hipoteque il faut une convention expreffe, autrement le debiteur eft liberé, & fon fonds lui retourne exempt d'hipoteque ,
celui qui a païé n'aïant que l'action *negotiorum geftorum* , l'hipoteque ne fe faifant pas de droit ni par le feul païement , ce
qui n'auroit pas de lieu parmi nous , ou le dernier creancier
en païant le premier pour fon affurance eft fubrogé de droit à
fon hipoteque.

La *l. fi ventri §. 3. D. de Privileg. cred.* eft tout à fait mal
choifie pour les Apellantes ; car il eft certain qu'elle s'entend
lors qu'il n'y a point de ftipulation de fubrogation, *quod quidem poteft benignè dici , fi modo non poft aliquod intervallum id
factum fit;* car s'il y avoit ftipulation la fubrogation ne fe feroit
point par équité *benignè* , mais dans la riguenr du droit , & la
glofe l'explique en cette maniere : Parce qu'autrement , dit-
elle , s'il y avoit ftipulation il n'importeroit pas fi celui qui a
emprunté l'argent le païoit long-tems ou tout auffi-tôt
aprés, *pacto autem interjecto quid refert in continenti , vel ex intervallo.*

Il y a même plufieurs Interprétes, & prefque tous, qui ex-
pliquent cette loi des privileges perfonnels qui ne produifent
point d'hipoteque.

L'efpece de la loi *Modeftinus D. de folut. & liberat.* n'a rien de
pareil à celle dont il s'agit, & les Auteurs conviennent qu'elle n'eft pas obfervée en France ; elle s'entend lors que de deux
Tuteurs folidairement obligez envers le pupille pour le debet
de compte , l'un païe le debet entier fans ftipuler une ceffion

d'actions , & la loi dit que le païement étant fait & la liberation acquife , celui qui a païé ne peut pas *ex intervallo* ftipuler
une ftipulation d'hipoteque , & qu'il n'a qu'une fimple action
perfonnelle pour fa récompenfe contre fon cotuteur : Cependant il eft tres-vrai que parmi nous un codebiteur qui païe le
tout , eft fubrogé de droit à l'hipoteque du creancier ; il a même été jugé en plus forts termes en faveur d'un plege contre
fon coplege.

    1 6 8 7.

    Il refulte de tout cela que par le droit Romain , celui qui
prête fon argent au debiteur pour païer un ancien creancier
entre en la place du creancier , lors qu'il demeure conftant
que fes deniers ont été emploïez à cet effet , & pourvû qu'entre le prêt & le païement il n'y ait pas un intervalle affez confidérable , pour faire préfumer que le païement ait été fait
d'autres deniers. Loyfeau , liv. 3. des Offices , ch. 8. n. 44. dit
expreffément que le droit ne requiert point de déclaration
lors du païement & du raquit.

    C'eft l'explication naturelle de ladite *l. fi ventri : Eorum ra-
tio prior eft creditorum , quorum pecunia ad creditores privilegiarios
pervenit : Perveniffe autem quemadmodum accipimus? utrum fi fta-
tim profecta eft ab inferioribus ad privilegiarios :* Voila le premier cas de la loi : Mais le fecond cas eft quand le debiteur
emprunte de l'argent : *An verò & fi per debitoris perfonam , hoc
eft fi ante ei numerata fit , & fic debitoris facta privilegiario
creditori numerata eft ? quod quidem poteft benignè dici ; fi modo
non poft aliquod intervallum id factum fit.*

    Le droit François a fuivi affez exactement le droit Romain
en la plûpart de ces difpofitions , & l'on trouve plufieurs Arrêts qui ont jugé qu'encore que dans la quittance il n'y eût
pas ftipulation d'emploi , neanmoins il ne laiffoit pas d'y avoir
fubrogation lors que par des préfomptions violentes , on
étoit convaincu que les mêmes deniers prêtez à charge d'emploi avoient été païez au creancier ; ce qui a fait dire à Me
Jean Bacquet , Traité des Droits de Juftice , n. 240. que ce défaut de déclaration fe peut fupléer par les préfomptions dont
il fait le détail.

    Brodeau fur Mr. Loüet , l. C. n. 38. en raporte plufieurs Arrêts, le premier rendu en la Grand'Chambre du Parlement de Paris le 15 Janvier 1605. au profit de Geneviéve Guenaut qui avoit prêté de l'argent en conftitution à Damoifelle Marie le *Sueur*, à charge d'emploi au rachat d'une rente : Ladite le *Sueur* racheta ladite rente le lendemain, fans déclaration d'emploi au profit de ladite Guenaut ; cependant on ne laiffa pas par une raifon d'équité de juger l'effet de la fubrogation à caufe du païement fait dés le lendemain, *quod quidem benignè dici poteft fi modo non poft aliquod intervallum id factum fit.*

Le même avoit été jugé en la premiere Chambre des Enquêtes le 20 Juin 1592. entre Girandon & Raquin, lequel Arreft eft raporté par Choppin *lib. 3. de Morib. Parifiorum tit. 2. n. in fine.*

Autre Arreft du 12 Aouft 1600. entre Me Guillaume Joly Avocat, & Anne Regnot, & ce qu'ajoûte Me Julien Brodeau eft digne de confideration, qu'en l'efpece des Arrêts que l'on allegue au contraire, *non conftabat extranei pecuniam ad creditorem perveniffe*, n'en étant rien porté par le rachat, & lequel ne fe trouvoit avoir été fait que long-tems aprés le prêt des deniers, & fur cela il allégue le texte de la *l. fi ventri D. de privil. credit.*

Mr Loüet au même lieu raporte un autre Arreft rendu à fon Raport le 4 Mars de ladite année 1600. par lequel le Parlement de Paris a jugé l'effet de la fubrogation, quoique la déclaration d'emploi fût faite deux ans aprés le païement & rembourfement.

L'Ordonnance du mois de May 1609. ne change rien à cette Jurifprudence, & l'on en conviendra fi l'on fait reflexion. Premierement, que dans fa préface elle aprouve là difpofition du droit Romain, fuivant laquelle les Arrêts ci-deffus ont été rendus : Or le droit Romain aprouve une fubrogation fans déclaration d'emploi dans la quittance, lors qu'il paroît par d'autres preuves inconteftables que les deniers prêtez à cette condition ont été emploïez à païer le creancier ; il s'enfuit donc que la déclaration de 1609. aprouve les mêmes fubrogations ; c'eft pourquoi Me Julien Brodeau immediatement aprés avoir raporté lefdits Arrêts, continuë fon dif-

cours , en difant que depuis ces Arrêts , & conformément à
iceux , font intervenuës les Lettres Patentes du Roy Henri le
Grand , données à Paris au mois de May 1609. & publiées en
Parlement le 4 Juin enfuivant. En un mot , pourvû qu'il pa-
roiffe incontestablement que ce foient les mêmes deniers ;
l'Ordonnance eft fatisfaite.

En fecond lieu , on conviendra encore de cette verité , fi
l'on fait reflexion fur le motif de ladite Ordonnance , qui eft
de faciliter les fubrogations d'hypotéques.

Avant ce tems-là ceux qui vouloient prêter leur argent ,
& s'aquerir par fubrogation une hypotéque ancienne fe trouvoient fort embaraffez , les uns tenoient qu'il faloit de neceffité que ce fût le creancier qui fubrogeât à fes droits , noms ,
raifons & actions du confentement du debiteur ; parce qu'ils
ne pouvoient pas comprendre qu'un debiteur en la perfonne
duquel il n'y avoit ni hypotéque ni privilege , les pût neanmoins ceder à celui qui lui prêtoit de l'argent , fans la participation du creancier ; les autres prétendoient que le debiteur
malgré le creancier pouvoit fubroger , & dans cet embaras
on avoit peine à trouver de l'argent à emprunter ; parce que
pour éviter les difficultez qui pouroient naître dans la fuite ,
on vouloit la ceffion & fubrogation du creancier , qui bien
fouvent ne vouloit point y confentir , ce qui produifoit des
procez dans lefquels on ne vouloit s'engager qu'avec peine.

D'un autre côté en l'année 1609. les rentes venoient d'être
réduites à Paris du denier douze au denier feize ; ce qui dégoû-
toit encore ceux qui avoient de l'argent de le conftituer , &
empêchoit les creanciers des rentes au denier douze de confentir la fubrogation , de peur qu'on ne fit le rachat de leurs
rentes ; ce fut pour faciliter les remplois & fubrogations ,
pour faciliter le commerce , & pour donner cours à l'argent
que le Roy Henry IV. fit ladite Ordonnance , qui difpofe que
ceux qui fourniront leurs deniers aux debiteurs de rentes conftituées , avec ftipulation expreffe de fucceder aux hypotéques
des creanciers qui feront aquitées de leurs deniers , fe trouveront emploïez au raquit des rentes & arrérages , par déclaration qui fera faite par les debiteurs lors de l'aquit & rachat ,

feront fubrogez aux droits , hypotéques , noms , raifons &
actions des anciens creanciers.

1687. La Cour voit que le principal but de l'Ordonnance n'eft pas
d'enjoindre de faire une déclaration d'emploi lors de l'aquit
& rachat , à peine d'être privé de la fubrogation en quelque
cas que ce foit , quand même il paroîtroit par des moïens
inconteftables, que l'argent prêté avec ftipulation d'emploi,
auroit été effectivement emploïé au rachat des anciennes dettes ; le feul but eft au contraire , de faciliter les fubrogations
aux hypotéques des anciens creanciers , en difpofant que la
déclaration & confentement des debiteurs fuffit fans la participation du creancier.

De forte , dit Brodeau au même lieu , *Que pour entrer par
un qui n'eft point creancier , au droit d'un creancier ; il faut de
deux chofes l'une , ou que par le rachat de la rente , il prenne
ceßion du creancier , ou bien qu'en baillant fes deniers au debiteur , il y ait convention & ftipulation expreße de pouvoir fucceder :* Ce Commentateur donne l'alternative , & fupofe que
celui qui prête fon argent , a le choix de prendre la fubrogation du creancier en raquitant la rente , ou de la prendre
du debiteur en lui prêtant fon argent.

Me Jean Bacquet, Traité des droits de Juftice,ch. 21. n. 240.
dit , *Que fi le rachat portoit que les deniers font provenus du fecond creancier ce feroit le meilleur ; mais qu'ordinairement celui qui
rachete ne veut point déclarer de qui il a pris les deniers. Et pour
fupléer à ce défaut, le rachat doit être fait le même jour du prêt ou
le lendemain , & qu'il porte les mêmes efpeces qui ont été baillées par le fecond creancier.*

Et Mr le Prêtre raporte un Arreft rendu depuis l'Ordonnance de 1609. qui juge l'effet de la fubrogation fans decla-
ration d'emploi dans la quittance , Centur. 1. ch. 69.

Ces principes étans pofez , il eft facile de répondre aux
autoritez & aux Arrêts citez par les Apellantes : Ce que dit
Mr Loüet, 1. C. n. 38. eft contraire à leur prétention ; car il raporte ledit Arreft du dérnier Février 1600. qui juge valable
une fubrogation ftipulée deux ans aprés le raquit fans
avoir égard aux raifons contraires que l'on tiroit mal à propos

pos de la l. *Modeſtinus ;* en faiſant une diſtinction qui prouve nettement qu'il ſuffit que l'argent ſoit prêté à charge
d'emploi , & qu'il ſoit payé auſſi-tôt au creancier , quoique
dans la quittance il n'y ait point de déclaration d'emploi,
tunc ceſſio fieri debet in continenti ; car comme dit la Gloſe ſur
la l. *ſi ventri* , s'il y avoit une déclaration d'emploi dans la
quittance , il n'importeroit ſi elle ſeroit auſſi-tôt après l'argent prêté ou long-tems après , *pacto interjecto quid refert in
continenti an ex intervallo?*

1 6 8 7.

Le même Auteur , l. C. n. 39. raporte un Arreſt du 22. Décembre 1604. & y ajoûte celui de Monſieur le Clerc qu'il cite
en la l. H. n. 21. qui eſt de 1583. par leſquels faute de déclaration d'emploi dans la quittance , la ſubrogation a été
jugée non valable , ce qui fait dire à Monſieur Loüet, qu'il
eſt neceſſaire que *ſcripto conſtet de ſolutione.*

On répond à cela deux choſes : La premiere, que Brodeau
ſur la l. C. n. 38. en parlant des Arrêts de Guenaut, de Raquin & de Joly des années 1605. 1593. & 1598. qui ont jugé
que la déclaration d'emploi n'eſt pas neceſſaire , pourvû qu'il
aparoiſſe de l'emploi par d'autres preuves inconteſtables,
ajoûte qu'en l'eſpece des Arrêts que l'on citoit au contraire,
non conſtabat extranei pecuniam ad creditorem perveniſſe : Et il
ne faut pas douter que lors des Arrêts de 1592. & de 1598.
on ne citât au contraire celui de Monſieur le Clerc de 1583.
& que lors de l'Arreſt de 1605. on ne citât celui de 1604.
rendu tout recemment.

La ſeconde , c'eſt que Mr Loüet lui-même , l. H. n. 21. après
avoir raporté l'Arreſt de Mr le Clerc à celui d'Alluye de 1592.
ſe détermine à dire dans cette diverſité de déciſions , que les
plus aviſez ne ſe contentent pas de montrer que *ex eorum pe-
cuniâ res eſt empta ;* mais ſtipulent le privilege & l'hipotéque, ſe
fondans ſur ce que cette hipotéque ne vient pas tant *à lege ,
quàm à conventione ,* & que c'eſt le plus ſûr : Ainſi cet Auteur
n'impoſe pas une neceſſité abſoluë , mais il le conſeille ſeulement pour le plus aſſuré ; parce que la déclaration d'emploi
dans la quittance , exempte celui qui a prêté ſon argent de
prouver qu'il a été payé par d'autres preuves convaincantes.

O *

Loyſeau , liv. 3. des Offices , ch. 8. n. 38. & ſuivans , ne dit rien qui détruiſe le ſentiment du Docte Faber ſur la l. *Licet*

1687. *C. qui pot.* non plus que le ſentiment de Monſieur le Maître en ſon Traité des Criées , ch. 45. qui ſoûtiennent que la déclaration d'emploi n'eſt point neceſſaire abſolument , pourvû qu'il y ait des preuves d'ailleurs de l'emploi de l'argent prêté à cet effet.

Cet Auteur ne détermine rien , ſinon qu'il ne ſeroit pas juſte que celui qui a prêté ſon argent ſans précaution & ſans intention de remploi , preferât un autre creancier anterieur en hipotéque , & l'on en convient ; il faut qu'il ſtipule la ſubrogation dans le contrat de prêt , & qu'il demeure conſtant que le même argent a été payé : La N. 97. c. 4. ne dit rien autre choſe , ſinon qu'il faut qu'il paroiſſe par écrit que l'argent a été prêté à l'effet de l'emploi , & qu'en cela il ne faut pas facilement recevoir une preuve par témoins , ce qui n'eſt point conteſté ; & Loyſeau l'explique en cette maniere , qu'il faut qu'il y ait une déclaration dans l'acte du prêt : Enſuite il ajoûte que ſi le payement ne s'eſt pas enſuivi de ce même argent prêté , il n'y a point de privilege , & qu'il faut qu'il demeure conſtant que les deniers ont été payez ſans dire de quelle maniere.

La N. 53. & *l'Auth. quod obtinet C. de pign.* qui en eſt tirée , eſt contraire ; car elle parle auſſi-bien que *l'Auth. quo jure C. qui potiores in pig.* de l'achat des milices , où il ne faut point de déclaration , comme Loyſeau en convient lui-même.

Dans le n. 44. Loyſeau s'en raporte aux Arrêts raportez par Monſieur Loüet , & dans le n. 58. il ne dit rien ſinon , qu'il n'y a pas tant de précaution à prendre pour les deniers dotaux , & pour les deniers pupillaires , où il n'eſt point neceſſaire de déclaration d'emploi ; mais ce ſont des exceptions qui prouvent que la ſubrogation étant conſentie par le debiteur dans le contrat de prêt , cela ſuffit lorſqu'il demeure conſtant que l'argent prêté a été payé au creancier , dont le conſentement n'eſt point neceſſaire pour la ſubrogation de ſon hipotéque & de ſon privilege.

Du Moulin , *Tract. contr. Uſur. n. 276.* dit tout le contraire de

ce que les apellantes lui font dire , *in hoc cafu* , dit-il , c'eft-à-
dire lors qu'un étranger , *qui non habet jus offerendi* , veut être
fubrogé à l'hipotéque d'un ancien creancier : *In hoc cafu duo*
requiruntur , videlicet paɛtum fuccedendi loco primi , & quòd ex 1687.
ea pecunia prior ille creditor dimittatur : & il ajoûte enfuite, *nec*
requiritur iftud paɛtum fieri cum priori creditore vel eo fciente , fed
fufficit fieri cum folo debitore vel cum repræfentante.

Il faut veritablement qu'il y ait convention avec le debiteur de fucceder à l'hipotéque ancienne , & que l'argent ait
été emploïé au païement de l'ancienne hipotéque ; mais il
fufit que cette paɛtion foit faite avec le debiteur feul à l'infçû
du creancier , & ce ne feroit pas à l'infçû du creancier s'il en
étoit fait mention dans la quittance qu'il donne.

Si donc la caufe dont il s'agit étoit pareille à celle que les
apellantes ont faite dans leur plaidoïerie , on la foûtiendroit
fort juftement en termes du Droit , des Arrêts & de l'Ordonnance , puifqu'il y a ftipulation d'emploi dans les contrats de
conftitution , & que l'argent des intimez a été emploïé à
païer partie du prix defdits Ofice & Commiffion , comme il eft
conftant au procez , & comme les apellantes font forcées
d'en convenir : En éfet , il ne fe trouvera pas que depuis le
18. Mars jufques au 30. Juillet 1665. Mr de Vaugrenan ait
emprunté d'autre argent , & il n'étoit pas en état d'en fournir d'ailleurs , n'aïant vendu ni conftitué ce qui feul fufiroit
pour faire gagner la caufe des Intimez.

Mais on n'en eft pas dans les termes de fimples préfomptions , car les intimez ont fait voir qu'il n'y a point eu de
païement éfeɛtif, ni de veritables quittances avant le 30. Juillet 1665. & qu'y aïant déclaration d'emploi dans la quittance du 30. Juillet 1665. qui eft la feule quittance que Mr du
Tillet ait donnée, il eft vrai de dire qu'il y a ftipulation de fubrogation dans les aɛtes de prêt, & déclaration d'emploi dans
la quittance, ce qui eft fatisfaire aux formalitez requifes dans
la plus grande rigueur.

Il eft d'ufage à Paris , que celui qui veut païer une dette confiderable à un creancier ancien ou privilegié , & qui eft obligé d'emprunter de l'argent de plufieurs perfonnes fucceffive-

O * ij

ment , & en divers tems avec ſtipulation d'emploi , parce qu'il ne peut pas en trouver aſſez tout d'un coup , met aux mains du creancier l'argent ſous des recepiſſez à meſure qu'il le reçoit ; & quand il en a ſufiſamment , il va compter avec ſon creancier, lui rend ſes recepiſſez, & tire une quittance generale , avec déclaration d'emploi au profit de ceux qui lui ont prêté leur argent.

En ce cas-là on ne peut raiſonnablement conteſter la ſubrogation de la ſomme entiere , ſous pretexte des recepiſſez qui ont procedé la quittance , parce que ces receptions ne paſſent point pour païemens éfectifs , & que tout demeure en ſuſpens juſques au parfourniſſement de la ſomme entiere, lors duquel il ſufit de prendre une quittance dans les formes.

Quand donc il ſeroit vrai , ce qui n'eſt pas , que lors des receptions des 26 Mars & 4 May 1665. Mr du Tillet auroit mis ſes billets & recepiſſez aux mains dudit Sieur de Vaugrenan, en attendant le païement de la ſomme entiere & une quittance en forme, il ne s'enſuivroit pas que la ſubrogation ne ſeroit point valable , étant ſtipulée dans la quittance du 30 Juillet , par laquelle il paroît que Mr de Vaugrenan païa 455 liv. 9 ſols pour les intérêts échûs depuis le 26 Mars juſqu'au 4 May , pour parfourniſſement de la ſomme entiere qu'il devoit ; & l'on ne peut pas dire que Mr du Tillet avoit reçû ces 455 liv. 9 ſols dés le 4 May , car le Moyne Notaire n'avoit entre les mains que 141000 liv. qu'il dépoſa en celles de Mr du Tillet les 26 Mars & 4 May ; il n'en pouvoit pas dépoſer davantage, à moins que d'y mettre de ſon argent, ce qu'on ne préſumera pas ; cependant la quittance generale eſt de 141455 liv. 9 ſols.

A joindre que quand le creancier eſt porteur d'une obligation devant Notaires , la numeration des deniers ne fait pas une liberation entiere , parce que le creancier pouroit demander une ſeconde fois ce qui lui auroit été païé : il faut neceſſairement une quittance en la même forme. Le debiteur a une action pour ſe la faire donner ; mais par le moïen de la quittance, la liberation & le raquit ſe fait , & c'eſt alors que l'on eſt en droit de faire la déclaration d'emploi.

Mais il en faut revenir à la veritable efpece de la caufe
qui a été propofée d'abord, qu'il n'y a point eu d'autre païement ni d'autre quittance que le 30 Juillet 1665. les recepiffez des fommes dépcfées par le Notaire aux mains de Mr 1687.
du Tillet , ne regardant que l'interêt & la fûreté du Notaire même , aufquels Mr de Vaugrenan n'avoit point de part.

Le dépôt ne fait point ceffer l'interêt, auffi Mr du Tillet
dit dans l'acte du 30 Juillet , qu'il auroit pû demander l'intereft , mais qu'il avoit donné fa parole de n'en rien faire.

Les deux Arrêts du Parlement de Paris , dont les apellans
ont voulu fe prévaloir, ne font rien à la queftion dont il s'agit.

Dans l'efpece du premier les païemens faits par Mr le Duc
Mazarin , aux creanciers de Madame la Princeffe Palatine,
étoient de veritables quittances ; aprés ces païemens il n'é-
toit plus rien dû aux creanciers, ni par confequent à Madame la Princeffe Palatine.

Quand Mr le Duc Mazarin païoit , c'étoit dans le deffein
d'acquitter éfectivement les dettes de Madame la Princeffe
Palatine *folutione autem tollitur obligatio* : Il n'y avoit plus
de retour, & il n'étoit pas au pouvoir de Mr de Mazarin de
faire renaître une hipoteque éteinte , à l'éfet d'une fubrogation en faveur d'une perfonne étrangere.

Au lieu que les recepiffez de M. du Tillet n'étoient pas des
veritables quittances , & n'emportoient pas une entiere liberation ; puifque le Moyne Notaire auroit pû contraindre
Mr du Tillet à lui rendre les fommes qu'il lui avoit confiées.

Pour ce qui eft du fecond Arreft , il eft conftant par la quittance du 4 Février 1660. que ledit Sieur de S. Vaft avoit païé
audit Sr Perrot dés le 7 Septembre 1658. les 1439 liv. qui faifoient le reftant du prix de fon acquifition , de ce moment-là
il ne devoit plus rien , il étoit entierement quitte ; & lors de
la quittance du 4 Février 1660. il ne païa rien ; enforte que
deux ans aprés il n'étoit pas tems de ftipuler une fubrogation
en faveur de ceux qui lui avoient prêté leur argent.

Au lieu qu'en l'efpece de cette caufe, il n'y avoit ni païement , ni quittance avant le 30 Juillet 1665. il n'y avoit rien
de confommé , & ledit le Moyne avoit lui-même fourni

dites fommes à Mr du Tillet fous des recepiſſez, fans la participation de Mr Baillet.

Partant concluoit que l'apellation feroit mife au neant,
avec interêts & dépens.

La caufe fut apointée, diftribuée à Mr du Tot Ferrare, &
jugée à fon Raport en la Grand'Chrambre, par Arreſt du 26.
Février 1687. qui mit l'apellation au neant.

HUITIE'ME QUESTION.

*Si la fœur rapellée à partage par fon frere , eſt obligée de
raporter ce qui a été donné à fon mari en don mobil , les
promeſſes de mariage n'aïant pas été entierement païées.*

1 6 8 o. C'Eſt une maxime en Normandie, que les freres peuvent
rapeller leurs fœurs à partage , finon , lorfque les promeſſes de mariage faites aux fœurs par le pere ont été entierement païées en meubles ou argent.

Deforte que quand il en eſt encore dû partie , les freres
peuvent fe difpenfer d'en faire le païement , en rapellant
leurs fœurs à partage , & leur faifant raporter ce qu'elles
ont eu pour le faire entrer dans la compofition de leurs partages.

Mais la Queſtion fe prefenta le Mardy matin 2. de Juillet
1680. en la petite Audience de Grand'Chambre, de fçavoir
fi une fœur rapellée à partage , étoit obligée de raporter ce
qui avoit été ftipulé pour don mobil du mari par fon Traité de
Mariage.

Le Bailli de Roüen y avoit condamné la fœur des nommez
Poiſſon, Chapeliers à Roüen, dont eſt Apel à la Cour.

Me Louvel pour l'Apellante difoit , qu'en Droit, ce qui
avoit été donné par le Traité de Mariage d'une fille , ne fe raportoit que fous ces deux conditions ; l'une, qu'il eût été ftipulé

en dot : l'autre, que le mari ne l'eût point diffipé , enforte
que fi le mari étoit infolvable , la femme qui revenoit à partage n'étoit tenuë de raporter que l'action qu'elle avoit contre fon mari , à moins qu'on ne lui pût imputer de la negligence , aux termes de loi, *l. 24. C. de jure dot.* qui permet-
toit à la femme majeure de redemander fa dot , quand elle
voyoit que fon mari faifoit mauvais ménage ; ce qui équipole à la feparation civile en ufage parmi nous.

C'eft la difpofition de la l. 1. §. 1. & 6. *D. de dotis collat.*
parce qu'il ne feroit pas jufte que ce qui eft donné fans retour , ou ce qui eft confié mal à propos à un mari infolvable, fût préconté comme une partie de fa légitime.

On ne peut pas douter non plus que ce ne foit la Jurifprudence qui s'obferve en Normandie : c'eft ce qui a fait dire à
Me Jacques Godefroy fur l'art. 359. de nôtre Coûtume, que
cet article qui oblige la fille à raporter fouffre cette exception , fi
le pere n'avoit payé la dot à homme infolvable qui l'ait prodigué ;
auquel cas la fille eft quitte en cedant fes droits , noms & actions
contre les heritiers du mari. Et rejettant comme vaines & im-
pertinentes , les diftinctions raportées fur *l. auth. quod locum*
C. de collat. il perfifte à foûtenir indiftinctement, *que le mari*
n'ayant rien , la fille eft quitte en cedant fes actions.

La raifon de cet ufage au cas de l'infolvabilité du mari
eft , parce que la dot diffipée par le mari ne revient point
au profit de la femme , & qu'on ne doit pas lui imputer le
peu de précaution de fes parens d'avoir confié fa dot à un
homme infolvable.

Or c'eft la même chofe à l'égard du don mobil , c'eft autant de perdu pour la fille, il eft donné fans retour ; c'eft une
pure liberalité que le pere fait à fon gendre directement & non
pas à fa fille, ce n'eft point fa dot ni fa légitime , il ne tourne à
fon profit, & par confequent n'eft point fujet à raport.

L'art. 359. de ladite Coûtume porte, *que fille mariée reve-*
nant à partage des fucceffions de fes pere & mere , doit raporter
ce qu'elle a eu de meuble & heritage de celui qui l'a refervée.
Il faut donc qu'elle ait eu ce meuble & heritage de celui
qui l'a refervée , & il n'eft point vrai qu'elle ait jamais eu

ce qui eſt donné en don mobil à ſon mari.

Me Philipes Neel diſoit au contraire, que ce n'étoit pas dans le Droit Romain qu'il faloit chercher la déciſion du different des Parties.

1680.

En Droit, une fille dont la dot avoit été diſſipée par le peu de précaution du pere qui l'avoit confiée trop legerement au mari, pouvoit la demander encore une fois : ainſi il ne faut pas s'étonner ſi ſon mari étant inſolvable, elle en étoit quitte à raporter l'action qu'elle avoit contre le mari, à ceux qui étoient eux-mêmes garands de ſa dot.

Par nôtre uſage, ce n'eſt pas la même choſe, un pere n'eſt point garand de ce qu'il donne à ſa fille, quand il le paye en argent comptant, ou quand il promet de payer en des termes fixes ſans conſtitution ; & ſi le mari fait mauvais ménage, s'il diſſipe le bien de ſa femme, s'il devient inſolvable, c'eſt autant de perdu pour la femme, ſans eſperance d'aucun retour ; & en cas de partage, il faut qu'elle raporte tout, comme ſi le remploi en avoit été fait inutilement.

Le ſentiment de Godefroy ne ſeroit donc juſte que dans le ſeul cas, où les freres qui font revenir leur ſœur à partage, font eux-mêmes garands du remploi de ſa dot, & non pas quand le pere a payé en argent comptant.

La conſequence que l'Apellante en tire pour ſe dipenſer du raport du don mobil, tombe d'elle-même, & les raiſons ſur leſquelles la Sentence a été renduë ſubſiſtent dans toute leur force.

La premiere eſt, qu'encore que le don mobil apartienne au mari, il a pourtant été donné par le Contrat de mariage en conſidération de la femme, pour ſuporter les frais & les charges du mariage ; & l'on peut dire que la femme s'en éjoüit, & y pratique conjointement avec ſon mari.

Or il ne ſeroit pas raiſonnable que cette donation, qui eſt faite par la ſœur à ſon mari, ou par le pere en conſidération de ſa fille, qui ſe fait même de droit, lorſqu'il n'y a pas de ſtipulation contraire, ſoit aux dépens & à l'aggravation des freres, & que la ſœur revenant à partage, reprenne la même ſomme tout de nouveau.

La

La seconde raison est, que ce don mobil fait partie de la legitime de la sœur, prise sur la masse de la même succession qui en est autant diminuée, & dont les freres ont déja porté leur part une fois; & si la sœur ne raportoit pas ce don mobil, ce seroit un avantage indirect que la Coûtume ne peut souffrir.

Tous les Commentateurs de ladite Coûtume conviennent que la sœur est obligée de raporter jusqu'à des habits de nôces, qui s'usent & se consument dans le mariage, & à bien plus forte raison un don mobil qui lui a été beaucoup plus utile.

LA COUR par Arrest dudit jour deuxiéme Juillet 1680. mit l'apellation au neant.

NEUVIE'ME QUESTION.

Sçavoir si un Adjudicataire qui represente un billet de garnissement du prix de son enchere en consequence duquel il a été envoyé en possession de biens decretez, doit être condamné envers les creanciers aux interêts desdits deniers, lorsqu'il paroît qu'effectivement il n'a point garny.

HEnry Daniel Ecuyer, s'étant rendu adjudicataire de la  terre de Grangues, l'ordre en fut tenu à S. Sylvin, 1 6 8 8. & clos le deuxiéme de Septembre 1682. sur un billet de garnissement de Me Georges Mauduit, Commis à la Recette des Consignations dudit lieu.

Par la Sentence d'ordre, il y eut une somme de 13747 liv. faisant partie du prix de l'adjudication, dont les sieurs de Grangues & de Lonquaunay furent colloquez; Mais ils n'en furent pas payez, parce qu'elle fut arrêtée par leurs creanciers qui eurent une contestation entr'eux, pour sçavoir qui l'emporteroit.

Enfin ladite somme de 13747 liv. ayant été ajugée aux

P *

creanciers de la maifon de Lonquaunay , il en fut tenu un foufordre à S. Sylvin les 11. & 18. Mars 1687. lors duquel Dame Suzanne Davy , veuve & non heritiere de Mre Hervé de Lonquaunay Ecuyer , Seigneur de Franqueville , Tutrice de fes enfans , cedée aux droits d'Adrien de Lonquaunay Ecuyer, Seigneur de Brevans , fe réferva à fe faire payer des interêts de ladite fomme fur ledit fieur Daniel adjudicataire , qui le jour de la clôture de l'état de ladite terre de Grangues s'étoit reffaifi defdits deniers , & ne les avoit actuellement confignez que le 14. Février 1684. ce qui étoit conftant au fait.

Sur l'action par elle intentée contre ledit fieur Daniel devant le même Juge , pour le faire condamner aux interêts de ladite fomme depuis le 2. de Septembre 1682. jufqu'au 14. Février 1684. il y eut Sentence le 1. Juillet 1687. qui le jugea ainfi, dont apel à la Cour par ledit fieur Daniel.

La caufe portée à la grande Audience , Me Loüis le Paige difoit pour l'Apellant, que la Sentence étoit contre les régles , parce qu'un Adjudicataire fatisfait à tout ce que les creanciers peuvent exiger de luy , en reprefentant un billet de garniffement lors de fon envoy en poffeffion, & le prix de fon enchere en argent découvert lors de l'état, comme avoit fait ledit fieur Daniel , qui n'a repris ladite fomme de 13747 liv. des mains du Receveur des Confignations que pour plus grande fûreté , en quoy les creanciers trouvoient un double avantage.

Le premier , en ce qu'au moyen du billet de garniffement , ils avoient le Commis à la Recette des Confignations pour obligé ; & qu'au moyen de la reffaifie defdits deniers , ils avoient encore l'obligation dudit fieur Daniel , c'eft-à-dire deux obligez pour un.

Le fecond , en ce que lefdits creanciers qui font refponfables de la perte des deniers de l'adjudication , quand une fois ils ont été confignez , font exempts de courir ces rifques quand l'Adjudicataire en demeure faifi.

Mais enfin quand l'Adjudicataire reprefente un billet de Confignation , les creanciers font hors d'intereft, ce font des conventions particulieres entre le Receveur & l'Adjudicatai-

1688.

re qui ne regardent qu'eux : & pourvû que le Receveur, à la premiere requifition reprefente les deniers, les creanciers n'ont pas fujet de fe plaindre.

Ledit fieur Daniel n'a pas repris lefdits deniers pour en pro- 1688. fiter, puifqu'il a été en obligation de les avoir toûjours prêts pour les garnir ou les payer lorfqu'ils feroient demandez, dont le moment lui étoit incertain, mais feulement pour éviter les accidens qui pouroient arriver à la perte même des creanciers.

Cette Queftion n'eft pas nouvelle, Mr Loüet, lettre C. n. 7. raporte un Arreft du Parlement de Paris du 7. Mars 1588. rendu *Confultis claffibus*, qui l'a jugée en faveur de l'Apellant ; lors duquel on objecta envain, que telle confignation étoit imaginaire, contre l'effence de la confignation qui étoit comme un dépoft, *cujus ufus ut furtum prohibetur*, qu'il vaudroit autant que les deniers demeuraffent, *penes confignantem fub ideonea cautione*. Envain l'on cita les loix, l'autorité des Docteurs & le texte de l'Ordonnance, la Confignation en papier fut jugée valable, & l'Adjudicataire déchargé des interêts.

Ce qu'ajoûte Brodeau dans fon Commentaire eft remarquable & de décifion.

Cette Queftion, dit-il, femble eftre fans difficulté, car puifque nous mefurons en France les actions au niveau, & felon le degré de l'intereft particulier de celuy qui agit, l'Adjudicataire ayant baillé fa promeffe au Receveur des Confignations, & raportant la quittance en bonne forme, qui eft pure & fimple ; les creanciers opofans ne font nullement recevables à l'impugner, ni à debattre cette accommodation, non pas même à demander fur ce l'affirmation du Receveur, ni la reprefentation de fon Regiftre, étant notoirement fans intereft ; parce que le Receveur qui eft une perfonne publique, ayant ferment à Juftice & notoirement folvable, tant de fon chef que de la caution qu'il baille lors de la reception en fa Charge, ayant baillé fa quittance, eft refponfable de la fomme y mentionnée, foit qu'elle ait été réellement & effectivement confignée ou non, & contraignable par corps à la reprefentation & au payement d'icelle, fauf fon recours contre l'Adjudicataire ; de maniere que quand bien le prix auroit été actuellement configné, les creanciers n'en feroient pas plus assurez ; lesquels au contraire ont interest que l'Adjudicataire ne consigne que du papier, pour éviter le hasard de la perte des denier, & de l'emprunt d'iceux, que le Roy peut faire selon les occurrences qui se presentent : En un mot il est vray de dire que l'Adjudicataire, voluit sibi prodesse, creditoribus non obesse.

L'Intimée ne doit point objecter un Arrest rendu contre ledit sieur Daniel le 12. Février 1685. en faveur du sieur de Lonquaunay-Brucourt, par lequel il fut condamné à l'interest d'une somme de 4722 liv. faisant partie du prix de la même adjudication : Plaidans Mes Loüis Demeherenc & Philipes Neel.

Car l'Avocat du sieur de Brucourt convint de la maxime generale, & mit sa cause sur le fait particulier, où il prétendoit qu'il n'y avoit point eu d'abord de billet de garnissement, & que depuis le procez, le Commis à la Recette des Consignations lui en avoit donné un antidatté : Il prétendoit même qu'il y avoit eu de la résistance de la part dudit sieur Daniel, il en inferoit de la mauvaise foy qui resultoit de la procedure, & se servoit des paroles de Monsieur Loüet au lieu cité, où aprés avoir raporté ledit Arrest de 1588. il ajoûte qu'il ne doit pas avoir de lieu lorsqu'il paroît de la mauvaise foy dans le procedé de l'Adjudicataire.

Mais on ne peut rien reprocher de tel à l'Apellant dans le fait de cette cause, n'y ayant que la pure question de droit sur laquelle il s'agit de prononcer.

Pourquoy concluoit que l'Apellation & ce dont, seroient mis au neant ; en corrigeant & réformant, qu'il seroit déchargé des interêts de ladite somme, avec dépens.

Me François le Febvre pour ladite Dame de Franqueville Intimée disoit, que ledit sieur Daniel plaidoit non seulement contre la Coûtume & contre l'Ordonnance, mais encore contr'un Arrest contradictoire, qui avoit jugé la question personnellement contre lui pour le même fait.

Pour ôter d'abord l'impression que pouroit faire l'Arrest raporté par Monsieur Loüet, il faut remarquer qu'il fut rendu, *multis contradicentibus ;* & que ce qui détermina les Juges qui furent d'avis de l'Arrest de prononcer ainsi, c'est qu'en ce tems-là il y avoit un péril évident à laisser les deniers aux mains des Receveurs des Consignations , parce que le Roy faisoit prendre par emprunt les deniers des Consignations ; de sorte que pour éviter cet inconvenient , on toleroit plus facilement la Consignation en papier , comme le remarque Monsieur Loüet lui-même.

C'est-là le veritable motif de l'Arrest sur lequel Me Julien Brodeau a commenté ; mais ce motif cessant aujourd'hui , l'on ne doit plus tolerer les Consignations en papier.

De plus l'Apellant convient que quand on remarque de la mauvaise foy dans le procédé de l'Adjudicataire , il doit être condamné aux dommages & interêts des creanciers dont il retient l'argent ; il dit que c'est sur ce fondement que l'Arrest de 1685. a été rendu contre lui ; & puisqu'il a bien été capable de mauvaise foy à l'égard dudit sieur Rabut , qui peut assurer qu'il n'en est pas coupable en cette occasion ?

La Coûtume de cette Province , art. 574. veut que *l'Adju-dicataire lors de l'état, represente les deniers de son adjudication sur le Bureau pour être distribué aux creanciers , sans que le Juge l'en puisse dispenser ; orés que les oposans le consentissent , sur peine à l'Adjudicataire de payer les arrérages des rentes & interests des deniers en son propre & privé nom.*

Berault expliquant cet article , dit que ces mots , *represen-ter en deniers* , s'entendent en argent découvert ; & que par Arrest du 22. Mars 1547. un état de decret fut cassé , parce que l'Adjudicataire n'avoit fait voir que des bourses pleines sur le Bureau , & que le Juge n'avoit point vû l'argent dé-couvert.

L'Ordonnance de 1527. art. 27. porte que l'Adjudicataire sera contraint par emprisonnement de sa personne à mettre és mains du Commissaire *le prix* de son adjudication.

Celle du mois d'Octobre 1535. art. 16. pour remedier aux abus qui se commettoient par des garnissemens en papier & imaginaires , ordonna expressément que l'Adjudicataire se-roit tenu de consigner *en deniers* , & qu'il y seroit contraint par emprisonnement de sa personne.

Nonobstant une loy si formelle , le même abus ne fut pas

long-tems fans revenir, jufqu'à tel point qu'on ne crut pas y pouvoir remedier qu'en faifant une loi nouvelle ; & c'eft ce qui donna lieu à l'Ordonnance de 1629. qui en l'art. 162. porte que , *pour éviter les longueurs qui arrivent ordinairement en l'ordre de la diftribution des deniers des adjudications par decret, pratiquées par ceux qui manient les Confignations & font profit des deniers , ou par les Adjudicataires qui ne confignent actuellement , & donnent feulement leurs promeffes , en payant les droits des Greffiers ou autrement : Dorefnavant les Adjudicataires ne feront plus contraints de configner , finon que la pluralité des creanciers le requiere ; mais leur fera permis du confentement defdits creanciers , en baillant bonne & fuffifante caution de la moitié du prix de l'adjudication , de retenir les deniers & en faire profit au denier feize , à compter du jour de l'adjudication pendant l'ordre.*

1688.

Par cette Ordonnance , l'Adjudicataire étoit tenu de configner actuellement fi la plûpart des creanciers le demandoit ; & s'il ne confignoit pas , il étoit tenu à deux chofes , l'une de donner caution de la moitié du prix de fon enchere , l'autre de payer l'intereft des deniers qu'il avoit en fes mains tant qu'il en demeureroit faifi : On trouva cet expedient pour prévenir les inconveniens qui provenoient des garniffemens imaginaires.

Ainfi aux termes de la Coûtume & des Ordonnances , ledit fieur Daniel étant demeuré faifi des deniers , il en doit payer les interêts au prix du Roy : Et en effet , il eft contre toute juftice que l'Adjudicataire joüiffe du fonds & du prix du fonds ; ce font deux caufes lucratives tout-à-fait incompatibles.

De dire qu'il a eu fon argent dans fes coffres depuis la clôture de l'état fans l'avoir employé à fon ufage , c'eft fe moquer , comme un Adjudicataire eft entierement liberé par la confignation actuellement : en forte que c'eft aux creanciers à porter la perte , fi elle arrive par l'infolvabilité du Receveur ou autrement ; il eft contre le bons fens de s'imaginer qu'il voulût fe faifir des deniers pour les garder inutils , & fe charger de la garantie.

Mais enfin l'Arreft 1685. doit fermer la bouche audit fieur

Daniel, il eſt en pareil cas, pour la même adjudication &
contre luy perſonnellement ; ces allegations de fait particulier ſont inventées à plaiſir, l'Arreſt eſt dans la queſtion pure
de droit ; & s'il eſt vray qu'il y ait eu de la mauvaiſe foy de
ſa part qui luy fit perdre ſa cauſe en 1685. on ne préſumera
pas qu'il en ait uſé autrement dans le fait de cette cauſe ; de
ſorte que de quelque maniere qu'il ſe tourne, il ne peut éviter le même ſort.

Pourquoy concluoit à ce que l'apellation fût miſe au néant,
avec dépens.

Par Arreſt rendu à l'Audience de la Grand'Chambre le 20.
Février 1688. l'apellation fut miſe au néant avec dépens.

DIXIE'ME QUESTION.

Arreſt notable rendu en explication des Articles 341. &
342. de la Coûtume de Normandie.

LA ſucceſſion d'Adrien Duhoulay Ecuyer, Lieutenant
General à Orbec, fut partagée en 1658. entre François, 
Nicolas, Jean & Jacques Duhoulay Ecuyers, ſortis de ſon
premier mariage : Jacques, Alphonſe & Adrien Duhoulay
Ecuyers, ſortis de ſon ſecond mariage.

François Duhoulay comme aîné prit le Fief de Courtonne
par préciput, & laiſſa le reſte de la ſucceſſion à ſes puînez aux
termes de l'art. 338. de ladite Coûtume ; & comme tout
conſiſtoit en rotures, les ſix puînez en firent des partages
entr'eux le 30. Mars 1658.

Le partage de Nicolas Duhoulay conſiſtoit en ſa Charge
de Conſeiller en la Cour, en rentes & en heritages non nobles ; & en outre il avoit ſa part à la rente dotale de ſa mere
qu'il avoit partagée avec ſes trois freres ſortis du premier
mariage.

Dans la fuite il a vendu & aliené tout fon propre, tant paternel que maternel, & eft mort en perte d'Ofice; mais il a aquis le Fief, Terre & Seigneurie de Courfon, & quelques autres heritages en roture.

1690.

Par les contrats des deux portions dudit Fief, il a déclaré expreflément que des deniers qu'il payoit, il y en avoit 24700 livres qui provenoient de l'alienation de fon propre, *voulant que les chofes par lui retirées tiennent pareille nature de propre:* Par les autres contrats il n'y a point de pareilles déclarations.

Aprés fon decez, Adrien Duhoulay Ecuyer, fieur de Courtonne, fils du frere aîné, fit fa déclaration en Bailliage à Roüen, qu'il prenoit par préciput en la fucceffion ledit Fief noble de Courfon en circonftances & dépendances, aux termes de l'art. 342. de ladite Coûtume.

Il y eut opofition de la part de Monfieur Duhoulay-d'Argouges, & defdits fieurs fes freres puînez, prétendans que ledit Fief étoit un aqueft en ladite fucceffion, fuivant l'art. 308. de la même Coûtume, qui porte que *les enfans des freres aînez venans par reprefentation de leur pere, ne prendront aucun préciput ou droit d'aîneffe en la fucceffion de meubles, aquêts & conquêts en ligne collaterale, au préjudice de leurs oncles ou tantes.*

Ledit fieur de Courtonne foûtint au contraire, que ledit Fief étoit un propre fubrogé en la place des propres alienez, qui avoient été partagez avec les puînez par les lots de 1658. & que comme les fucceffions doivent être partagées en l'état où elles fe trouvent, le noble comme le noble, & la roture comme roture, il étoit dans le cas de l'art. 342. qui dit que, *s'il y avoit* (dans la fucceffion d'un des puînez mort fans enfans) *aucun Fief partagé avec les autres biens de la fucceffion* paternelle, *fans avoir été choifi par préciput, avenant la mort de celuy au lot duquel il eft échû, l'aîné ou fes reprefentans fuccedent en ce qui eft noble, & peut prendre le Fief par préciput.*

L'inftance évoquée aux Requêtes du Palais, il y eut Sentence par raport le 2. Aouft 1686. par laquelle *ledit fieur de Courtonne comme reprefentant l'aîné, eft maintenu en la proprieté de lad. terre de Courfon, jufqu'à la concurrence & au marc la livre du prix des propres alienez du feu fieur Duhoulay; à la charge feulement*

en

en cas que cette terre se trouvât exceder la valeur d'iceux , de raporter l'excedent au profit desdits sieurs d'Argouges & Consors, les oposans condamnez aux dépens ; & à la restitution des fruits perçûs ou empêchez percevoir.

Sur l'apel de cette Sentence , & l'instance apointée au Conseil , on disoit pour les Apellans , que la Sentence avoit jugé directement contre la disposition de trois articles de Coûtume.

Elle a jugé contre l'article 308. qui exclud les enfans de l'aîné de prendre préciput en la succession aux aquêts de son oncle , le Fief de Courson étant un aquêt en la succession de feu Monsieur Duhoulay.

Elle a jugé contre l'article 341. qui porte que *l'aîné ou autre ayant pris préciput avenant la mort de l'un des puînez , ne luy peut succeder en chose que ce soit de la succession ; Ains luy succederont les autres freres puînez , ayant partagé avec luy & leur décendant au devant de l'aîné :* Puisque le pere dudit sieur de Courtonne avoit pris un préciput comme aîné , & que par consequent il étoit exclus par la loy même de pouvoir jamais rien prétendre à la succession de l'un de ses puînez mort sans enfans au préjudice des autres puînez.

Enfin elle a jugé contre l'article 342. dont on vient de raporter les termes , qui excluent l'aîné ou ses representans de prendre préciput en la succession du puîné mort sans enfans , à moins qu'il ne s'y trouve un Fief qui ait été *partagé* avec les autres biens de la succession paternelle ou maternelle , c'est-à-dire qui soit effectivement provenu de la succession paternelle ou maternelle , & qui soit compris dans les partages des puînez : Ce qui ne se rencontre pas dans cette occasion , puisque dans le partage de feu Mr du Houlay il n'y avoit point de rotures ; que le Fief de Courson ne s'y rencontre point , & n'a jamais fait partie des successions de pere & de mere ; que Monsieur Duhoulay l'a aquis depuis lesdits partages , & que par consequent il n'a point la qualité necessaire pour être pris par préciput par l'aîné ou ses representans , qui est d'avoir été partagé avec les autres biens des successions de pere & de mere.

Q *

Pour mieux le perfuader ils établiffoient trois propofitions par raport à ces trois articles de Coûtume.

1690.

La premiere, que le Fief de Courfon eft un veritable acqueft en la fucceffion de Monfieur Duhoulay, & que par confequent ledit fieur de Courtonne fils de l'aîné, n'y pouvoit rien prétendre par ledit art. 308.

La feconde, que l'aîné ou fes reprefentans qui ont pris préciput, font abfolument exclus de pouvoir jamais rien prétendre au refte de la fucceffion tant qu'il y a des puînez, fuivant ledit art. 341. finon au feul cas où il fe trouve en la fucceffion d'un puîné mort fans enfans, un Fief qui ait été *partagé* entre les puînez ; c'eft-à-dire, qui ait été compris dans les partages du refte de la fucceffion aprés le préciput pris, aux termes dudit art. 342. en forte que quelque changement qui arrive en la qualité ou fituation des biens partagez, cela regarde les puînez feulement qui font fubftituez les uns aux autres, & non pas l'aîné, qui doit par cette exclufion legale être regardé comme étranger par raport à la fucceffion ancienne de pere & de mere.

La troifiéme, que quand ledit Fief devroit être reputé propre par fubrogation aux propres alienez, comme l'Intimé le prétend, il n'en feroit pas moins exclus par ledit art. 342. parce que ce Fief n'a jamais fait partie de la fucceffion du pere, & n'a point été *partagé* entre les puînez avec les autres biens de ladite fucceffion ; condition abfolument requife par ledit article 342. qui fert d'exception à l'article precedent.

La preuve de la premiere propofition fe tire du texte même de ladite Coûtume, és articles 247. & 334. qui définiffent le propre, les biens poffedez à droit fucceffif : Or le Fief de Courfon n'étoit point poffedé à droit fucceffif par feu Mr Duhoulay, & par confequent il n'eft point un propre en fa fucceffion.

L'Intimé fait une diftinction de propres fucceffifs & de propres fubrogez ou reputez ; il cite pour exemple l'article 177. de ladite Coûtume, qui porte que *l'heritage retiré à droit feodal, eft uny au Fief duquel il étoit tenu* ; en forte que fi le Fief eft propre, l'heritage réuni devient propre, quoique le Sei-

gneur du Fief ne poffede pas cet heritage réüni à droit fucceffif.

L'article 483. qui porte que l'heritage retiré par clameur
de bourfe à droit de lignage , tient nature de propre & non
d'aquêt, quoiqu'il ne foit pas poffedé à droit fucceffif.

1690.

L'article 408. qui porte que les acquifitions faites par le mari conftant le mariage , ne font point réputées conquêts , fi
pendant le mariage il a aliené fon propre jufqu'à ce que le propre foit remplacé , c'eft-à-dire, que le conquêt eft réputé propre, quoique le mari ne le poffede pas à droit fucceffif.

Et l'article 108. du Réglement que la Cour fit en 1666.
qui dit, que l'heritage réüni par droit feodal au Fief qui te-
noit nature de propre, eft cenfé propre ; cependant cet heritage retiré n'eft point venu à droit fucceffif , comme on le
vient de dire fur l'article 177.

Mais cette diftinction n'a point de fondement , & n'eft
autorifée par aucun texte de la Coûtume.

Les articles 177. & 483. de la Coûtume, & le 108. du Réglement , parlent du propre fucceffif, les heritages réünis par
retrait feodal à un Fief propre , & ceux qui font retirez par
clameur lignagere étans poffedez à droit fucceffif ; parce que
le droit de faire cette réünion & cette clameur lignagere,
eft un droit fucceffif , que ceux qui l'exercent ont reçû de
leurs ancêtres , & que les clameurs feodales & lignageres n'en
font que des fuites & des dépendances : ce qui ne fe rencontre pas dans les veritables acquifitions.

Et pour l'article 408. de ladite Coûtume , il faut bien
prendre garde qu'il eft dans le titre du doüaire des femmes ,
& ne parle que du remploy des biens du mari à l'égard de
la femme.

Cette difpofition ne doit point être apliquée aux heritiers
aux propres & aux aquêts ; ce qui eft fi vrai, que la Coûtume
apelle propre du mari à l'égard de la femme , les immeubles
dont il eft faifi lors de fon mariage, quoiqu'il les ait acquis auparavant, & qu'il ne les poffede pas à droit fucceffif.

Cependant il eft certain que ce ne font point des propres à
l'égard des heritiers qu'après le decez du mari, ils apartien-

nent aux heritiers aux aquêts ; & que fi le mari les avoit alienez , ils ne font point fujets à remploy à l'égard des heritiers,
quoiqu'ils le foient à l'égard de la femme.

C'eft une difpofition particuliere pour empêcher un trop
grand avantage qu'auroit la femme , qui ne regarde pas les
heritiers aux propres & aux aquêts ; autrement il s'enfuivroit
que des aquêts faits par le mari & qu'il a alienez pendant fon
mariage , feroient fujets à remploi entre heritiers, & que les
conquêts qui ferviroient de remploy , feroient cenfez propres à l'égard des heritiers aux propres : ce qui eft une abfurdité.

L'article 107. du Réglement que la Cour fit en 1666. ne
doit point être objeté.

Premierement , parce que ce Réglement ne fait point de
loi dans la Province , & ne doit être cité qu'entant qu'il eft
conforme au texte de la Coûtume ; ainfi la Coûtume n'ayant
ftatué par l'article 408. que contre les femmes , le Réglement
n'auroit pas pû extendre la même difpofition aux heritiers.

En fecond lieu , cet article du Réglement dit bien que les
propres alienez doivent être remplacez au profit des heritiers
aux propres & au marc la livre fur tous les aquêts immeubles,
& à faute d'aquêts fur les meubles ; mais il ne dit pas que ces
aquêts & ces meubles fujets au remploy des propres , foient
eux-mêmes des propres : Et les Apellans ne difconviennent pas
que quand il y a des heritiers aux propres & des heritiers aux
aquêts & aux meubles , les propres alienez ne doivent être
remplacez fur les aquêts , & fubfidiairement fur les meubles :
c'eft une charge que doivent porter les heritiers aux meubles
& aquêts , qui en font quittes pour donner du fonds ou de
l'argent jufqu'à la concurrence du prix de l'alienation des propres : ce qui eft fi vrai , que les heritiers aux meubles & aquêts
font tenus au remploy des propres au-de-là des forces de la
fucceffion.

Cette queftion a été jugée par un Arreft du 21. Juillet 1587.
raporté par les trois derniers Commentateurs de ladite Coûtume , entre Michel de Cherville & autres heritiers aux propres de défunt Me Jacques Duhamel d'une part , & les nom-

mez Graffard & autres heritiers aux aquêts dudit défunt Duhamel ; par lequel la Cour ordonna que les heritages & biens
immeubles du propre & ancienne fucceffion dudit défunt Duhamel par lui alienez , feroient remplacez fur les conquêts ; 1690.
& en ce faifant que le prix des alienations dudit propre porté
par les contrats , feroit repris fur lefdits conquêts , avec l'intereft au denier dix depuis le decez dudit Duhamel, jufqu'à
l'entier payement, à quoi fes aquêts demeureroient fpeciale-
ment affectez , ainfi que tous les autres biens des heritiers par
generale hipotéque.

Elle a encore été jugée tout nouvellement par un Arreft
rendu au raport de Monfieur Scot-Fumechon, le 8. Avril 1683.
entre les fieurs de S. Jean & des Vergnes.

Il s'agiffoit du remplacement des terres de Rames & de
Mitainville alienées par Henry Martel fur la terre de Baqueville ; Et fi la prétention de l'Intimé avoit lieu , il auroit été
de l'ordre de déclarer propre ladite terre de Baqueville aquife
par ledit fieur Martel, jufqu'à la concurrence du prix des alienations defdites terres , & de l'ajuger audit fieur de S. Jean
heritier au propre.

Cependant la Cour par ledit Arreft , ordonna feulement que
délivrance feroit faite à l'heritier au propre d'une portion des
aquêts à dûë eftimation pour lui fervir de remploy defdits
propres alienez.

Et pour faire connoître que ces aquêts n'étoient pas con-
fiderez comme des propres , la Cour donna un tems audit
fieur des Vergnes , heritier aux aquêts à caufe de la Dame
fon époufe , pour retirer les heritages qui feroient délivrez,
& de s'en remettre en poffeffion.

De forte que cet Arreft juge precifément deux chofes ;
l'une, que les aquêts fujets au remploy des propres alienez ,
ne laiffent pas d'être des veritables aquêts & ne font point
reputez propres , autrement la Cour n'auroit pas donné la
liberté audit fieur des Vergnes de retirer les heritages qui
devoient être délivrez à l'heritier au propre.

L'autre, que l'heritier aux aquêts a la liberté de payer la
valeur des propres alienez en fonds ou en argent, ce qui eft ab-

folument incompatible avec la prétention dudit fieur de Courtonne.

1690.

La feconde propofition fe prouve par la lecture defd. art. 341. & 342. dont l'un eft la régle generale, & l'autre l'exception.

La régle generale eft que l'aîné qui a pris préciput, avenant la mort de l'un des puînez, *ne lui peut fucceder en chofe que ce foit de la fucceffion ;* ains lui fuccederont les autres freres, puînez ayans partagé avec lui & leurs décendans au devant de l'aîné.

Voila donc par les termes de cet article, une exclufion formelle & pofitive, & une incapacité de la part de l'aîné ou de fes reprefentans ayant pris préciput, de fucceder en chofe que ce foit du refte de la fucceffion qu'il laiffe à fes puînez, parce que les puînez font fubftituez les uns aux autres en ce qui eft de l'ancienne fucceffion ; ce qui ne feroit pas s'il étoit au pouvoir d'un puîné de changer la nature de fon bien, à l'effet de le faire paffer en la main de l'aîné ou de fes reprefentans contre la difpofition de cet article de Coûtume.

L'exception eft lorfque dans la fucceffion du puîné mort fans enfans, il fe trouve un Fief qui n'a point été pris par préciput, mais qui a été *partagé* avec les autres biens de la fucceffion ; ce qui ne fe rencontre pas en cette occafion, comme on le fera voir dans la troifiéme propofition, ledit Fief de Courfon n'ayant pas été partagé entre les puînez.

Cela paroîtra fans difficulté fi l'on fait encore reflexion, que le remploy des propres fe doit faire feulement en faveur de ceux qui feroient préjudiciez s'il ne fe faifoit pas ; la Coûtume de Normandie ayant eu de la prédilection pour les heritiers aux propres pour la confervation des familles.

Mais c'eft une abfurdité de vouloir qu'il fe faffe au profit de ceux qui ne pouvoient rien efperer au propre aliené, & qui en étoient formellement exclus par la Coûtume : La loi n'a jamais confideré l'intereft que de ceux qui avoient l'efperance de fucceder aux propres alienez, & non pas d'une perfonne étrangere.

Or ledit fieur de Courtonne n'avoit rien à efperer aux heritages & rentes compris dans le lot de feu Mr Duhoulay, n'y

ayant rien de noble , il n'y avoit que les puînez qui pouvoient y avoir droit : Quand Mr Duhoulay les a vendus ,
ledit fieur de Courtonne n'y fouffroit aucun préjudice , mais
les puînez feulement.

Le remploy ne fe doit donc faire qu'au profit des puînez,
qui autrement perdroient autant des propres qui leur étoient
deftinez par la Coûtume , & aufquels ils étoient fubftituez , &
non pas au profit de l'aîné qui n'y avoit rien.

Ainfi ledit fieur de Courtonne eft dans la régle generale
qui l'exclud de la fucceffion de feu Mr Duhoulay fon oncle , & il n'eft point dans l'exception de l'article 342. n'y
ayant point dans ladite fucceffion aucun Fief qui provienne
de l'ancienne fucceffion , & qui ait été *partagé* entre les puînez , fans confiderer fi le Fief de Courfon eft un propre fubrogé , ou fi c'eft un aqueft.

La derniere propofition eft tres-facile à établir , en fupo-
fant même que l'on admit la diftinction de propre fucceffif
& de propre fubrogé.

Si la Coûtume produit une fiction en faifant propre ce
qui eft un veritable aqueft , comme l'Intimé le prétend ,
ce ne peut être qu'en faveur des heritiers aux propres , contre les heritiers aux aquêts ; c'eft-à-dire en faveur de ceux
qui auroient herité des propres alienez , s'ils s'étoient encore
trouvez lors de l'échéance de la fucceffion.

Mais cette fiction prétenduë ne feroit pas introduite , pour
faire revenir à la fucceffion ceux qui n'y efperoient rien , & qui
en étoient exclus par la Coûtume même.

De forte qu'en l'efpece de cette caufe , les puînez feuls étans
capables de fucceder à feu Monfieur Duhoulay, dont le partage ne confiftoit qu'en rotures , la fiction feroit en faveur des
opofans qui font feuls heritiers aux propres , & ledit fieur de
Courtonne ne pouroit efperer qu'une part égale à ce qui refte-
roit d'aquêts aprés le propre remplacé.

Il eft vray qu'en admettant cette fiction il fe trouveroit un
Fief réputé propre dans la fucceffion de Mr Duhoulay ; mais la
qualité de propre fubrogé ne fuffit point pour rapeler les enfans de l'aîné à le prendre par préciput , il faut neceffairement

que ce soit un propre successif ; c'est-à-dire , que le défunt l'ait possedé à droit successif : la raison est, qu'il faut qu'il ait été *partagé* entre les puînez , & il ne peut avoir été *partagé* qu'il ne soit provenu de la succession de pere ou de mere.

1690.

Autrement il faudroit suposer deux fictions , l'une que ce Fief est un propre, & l'autre qu'il a été partagé ; ce qui n'est point admissible en droit , & ne se trouve établi par aucun texte de la Coûtume, ni par aucune autorité , ni par aucun Arrest.

Berault sur ledit article 342. raporte un Arrest qui est décisif pour la question dont il s'agit.

Ambroise de Sercus proprietaire de la terre de Courselles, située dans le Bailliage d'Amiens , où le fils aîné prend les quatre quints sur ce qui est noble , & peut retirer l'autre quint, avoit laissé quatre enfans , Robert , Pierre , Antoinette & Nicole.

En 1599. Robert aîné retire desdits Pierre , Antoinette & Nicole leur droit de quint qu'ils avoient en cette terre.

En 1602. Nicole de Sercus transporte à Antoinette sa sœur & à J. de Hué son mary , ce qui luy étoit dû par ledit Robert pour sa part dudit quint ; & ladite Antoinette & son mary luy transportent des fermages , dont n'ayant pû être payée , elle en fit une rétrocession audit de Hué , qui au lieu desdits fermages, lui bailla la terre de la Hallegouche, située au païs de Caux.

Ladite Nicole de Sercus étant morte en 1604. ladite Antoinette & son mari vendirent à Pierre de Sercus le droit qu'ils avoient en sa succession.

Pierre , tant de son chef , qu'au droit de ce transport, se met en possession de ladite terre de la Hallegouche , dont il joüit jusqu'en 1607. que Robert de Sercus prit des Lettres de Loy aparente pour revendiquer la possession des deux tiers de cette terre , comme d'un propré situé au païs de Caux, suivant l'article 300. de la Coûtume de Normandie.

Si la prétention de l'Intimé avoit lieu, ledit Robert de Sercus auroit été tres-bien fondé en ses Lettres de Clameur de Loy aparente , parce que la terre de la Hallegouche auroit été un

propre

propre fubrogé en la place de la portion hereditaire de ladite
Nicole de Sercus, elle étoit fituée en Caux, où l'aîné a les
deux tiers de la fucceffion ancienne de fes freres ou fœurs; ———
de forte que les fucceffions devant être partagées en l'état 1690.
où elles fe trouvent, & fuivant la Coûtume du lieu où elles
font fituées, ledit Robert de Sercus auroit dû avoir les deux
tiers de ladite terre.

Cependant par ledit Arreft rendu, les Chambres affemblées,
le 23. d'Aouft 1613. Robert de Sercus fut debouté de fes Lettres, & Pierre de Sercus maintenu en la proprieté & poffeffion de ladite terre.

C'eft pourquoi les opofans concluoient à ce que l'apellation, & ce dont étoit apellé fuffent mis au néant ; en corrigeant & réformant, qu'il feroit dit à bonne caufe leur opofition, & que ledit fieur de Courtonne feroit debouté de fa
demande avec dépens.

Pour ledit fieur de Courtonne, on difoit au contraire, que
la défenfe des opofans n'eft fondée que fur un pur équivoque, & fur une fauffe interpretation de la Coûtume de
Normandie.

Les parties ne font point dans le cas de l'article 308. parce
que le fief de Courfon eft un propre fubrogé, & non un aqueft
comme on le va faire voir.

Elles ne font point dans le cas de l'article 341. parce qu'il
fe trouve un fief noble dans la fucceffion du puîné.

Mais elles font dans le cas de l'article 342. puifqu'il y a un
fief noble dans ladite fucceffion, foit qu'on le confidere comme partagé ou comme non partagé ; étant une erreur groffiere de dire, qu'il faut neceffairement que le fief qui fe trouve
en la fucceffion du puîné ait été partagé, pour mettre l'aîné
ou fes enfans en état de le prendre par préciput.

Pour prouver que les aquêts font fubrogez de droit aux propres alienez & tiennent la même nature de propres, il fe
fervoit de la difpofition du Droit en la l. 70. & en la l. 71. D. *de
leg.* 2. *qui de pretio rerum venditarum alias comparat, diminuiffe quæ
vendidit non videtur, fed quod nde comparatum eft vice permutati
dominii reftituntur;* parce comme ajoûte Godefroy dans fes No-

R *

tes , *Juris fictione videntur ex hæreditate superesse , res ita compa-rata vice permutati dominii fiunt , sive hæreditariarum vice.*

 Le fief de Courson n'est pas provenu de la succession du pe-re , mais il est aquis des deniers qui en provenoient , *Juris fictione videntur ex hæreditate superesse , res ita comparata sunt vice permutati dominii ;* il est censé faire partie de la succession du pere , parce qu'il est en la place des biens qui faisoient par-tie de ladite succession.

C'a toûjours été l'usage de Normandie. Daviron le plus ancien des Commentateurs de ladite Coûtume , qui a écrit à la fin de l'autre siecle , peu de tems aprés qu'elle fut réfor-mée , définit ainsi *l'aquest.*

Aquest est dit conformément au Droit, tout ce qu'une personne , OUTRE LA CONSERVATION DE SON PATRIMOINE ANCIEN , *a aquis & possedé en fonds d'heritage , ou chose qui tienne lieu de fonds.*

Ainsi par la maxime de cet Auteur , parfaitement instruit de l'usage , il n'y a d'aquest que ce qui reste aprés le propre remplacé , *outre la conservation de l'ancien Patrimoine ,* ce qui est la même chose.

Godefroy sur l'article 245. dit que , *quant aux heritages échan-gez , ils revétent la nature de ceux baillez en contr'échange par cette vulgaire maxime que ,* subrogatum sapit naturam subrogati, *faisant même jugement de ceux aquis des deniers procedans de l'a-lienation des propres , parce que rien n'est réputé conquest , que le propre ne soit remplacé , soit paternel , soit maternel.*

Il n'y a point de distinction à faire , il admet la subroga-tion de droit aussi-bien au cas de la vente qu'au cas de l'é-change , aussi-bien entre heritiers qu'à l'égard de la veuve par l'article 408.

En effet , au moment que les oposans accordent la subro-gation en cas d'échange , c'est l'accorder au cas de la ven-te ; parce que l'aquisition d'un fonds faite des deniers d'un propre , n'est autre chose que l'échange d'un fonds pour un autre.

Berault sur l'article 296. aprés avoir enseigné que les herita-ges aquis par un puîné en Caux , des deniers provenus de

fon tiers retiré par fon frere aîné , doivent tenir nature de
propre, en rend la raifon en ces termes.

Car attendu que la Coûtume tient propre ce qu'a eu le puîné
par donation du pere & du frere , comme venu de fucceffion , s'enfuit
que ce qui a été aquis de la vendition de ce propre , comme fubrogé
au lieu d'iceluy , doit tenir même nature , & ne faut eftimer
aqueft , que ledit propre ne foit remplacé.

Ce qui eft dans le Titre des Succeffions , regarde particulierement les heritiers , & non pas une veuve.

Me Henry Bafnage , dont le fçavoir & la longue experien-
ce rendent l'autorité d'un tres-grand poids en cette matiere,
dit fur l'article 341. que *c'eft maintenant une jurifprudence certai-*
ne que toutes fucceffions directes ou collaterales , doivent eftre parta-
gées en l'état où elles fe trouvent au tems de l'écheance ; & par
confequent fi un puîné avoit vendu fa part des rotures & les avoit
remplacées en un fief , quoique dans la même Coûtume , l'ainé pou-
roit le prendre par préciput..... *Si quelqu'un échange fon fief*
contre une roture , cet heritage échangé retient bien la nature d'im-
meuble , de conqueft , de P R O P R E *paternel ou maternel au lieu du*
patrimoine échangé , vice permutati patrimonii , *car cette qua-*
lité eft intrinfeque & primordiale , elle eft inherente au fonds , mais
non la qualité feodale qui eft accidentelle & extrinfeque.

Il fe fervoit de l'article 408. de ladite Coûtume & de l'article 107. du Reglement de 1666. qui extend l'article 408.
de la Coûtume aux heritiers , qui admet vifiblement la fubrogation de droit , & qui ruine abfolument cette faculté
que les opofans donnent aux heritiers aux aquêts , de payer
en fonds ou en deniers le remplacement des propres alienez,
en difant que *les propres alienez doivent eft e remplacez au profit*
des heritiers au propre , & au marc la livre fur tous les aquêts im-
meubles ; & à faute d'aquefts , le remploy fur les meubles.

Car fi l'heritier au propre n'avoit qu'une fimple action contre l'heritier aux aquêts ; & fi l'heritier aux aquêts avoit la
liberté de payer en fonds ou en argent , le remploy ne fe feroit
pas premierement fur les aquêts & fubfidiairement fur les
meubles , mais indiferemment fur les uns & fur les autres , au
choix de l'heritier aux aquêts.

R * ij

Mais parce que la subrogation se fait de droit , & qu'il y a plus de proportion entre les propres alienez qui sont des immeubles , & des aquêts qui sont pareillement des immeubles ; c'est la raison pour laquelle on a trouvé plus juste que le remploy se fasse premierement sur les aquêts, & au défaut d'aquêts sur les meubles.

On convient que ce réglement ne doit point être absolument une Loi dans la Province , sinon entant qu'il est conforme à la Coûtume ou à l'usage.

Aussi l'Intimé ne s'en sert, que parce qu'il ne fait que déclarer quel est l'usage de tout tems observé dans la Province, & qu'il n'introduit pas un droit nouveau , comme on le vient de faire voir nettement par le sentiment de tous les Commentateurs , & comme on le va faire voir encore par les Arrêts de la Cour qui ont jugé cette question si précisément , qu'il est impossible d'y répondre.

Les art. 177. & 483. de la Coûtume , & le 108. du Réglement de 1666. établissent nettement la distinction des propres, en propres successifs, & propres réputez ou fictifs.

Les opofans conviennent que l'heritage retiré à droit feodal , réüni au fief propre , est propre comme le fief même, & que l'heritage clamé à droit de sang , est propre en la personne du clamant ; mais ils prétendent en l'un & en l'autre cas que c'est un propre successif , parce que le droit de clameur est venu de succession , en quoi ils se trompent.

Car premierement à l'égard de la clameur feodale , l'article 108. du Réglement ne dit pas, que l'heritage retiré est un propre , mais qu'il est censé propre : Et au cas de la clameur lignagere , l'article 483. de la Coûtume dit , que l'heritage clamé tient nature de propre.

En second lieu , le droit de clameur & l'heritage clamé ne font pas une même chose ; & quand il seroit vrai que le droit de clameur viendroit de la succession , il ne s'enfuivroit pas que l'heritage clamé vint aussi de succession.

Enfin il n'est pas veritable que le droit de clameur lignagere , par exemple , vienne de succession : chacun de la famille l'a de son chef , indépendamment l'un de l'autre ; &

quoique le clamant n'ait jamais rien eu de fucceffion, il ne
laiffe pas d'avoir ce droit, & l'heritage clamé ne laiffe pas
de lui être propre, mais propre réputé, puifqu'il ne lui eſt
pas échû par fucceffion.

1690.

Les opofans ne peuvent pas difconvenir que l'heritage fervant de contr'échange à un propre eſt réputé propre, & non
pas un propre fucceffif. L'article 143. de la Coûtume de Paris
le porte en termes exprés : & dans les Coûtumes même où
le remploy des propres n'a pas de lieu comme à Paris, le
contr'échange eſt neanmoins cenfé propre. On pouroit citer
une infinité d'autoritez pour le prouver, fi c'étoit un point
qui pût être révoqué en doute.

La diftinction des propres, en propres fucceffifs & en propres réputez, n'eſt donc pas nouvelle ni chimerique comme
les opofans le prétendent.

Ledit fieur de Courtonne fe fervoit encore de deux Arrêts qu'il prétendoit être d'une entiere décifion.

Me Pierre Voifin Curé de Frettemeule avoit aliené fes
propres fituez dans la Coûtume de Caux, & avoit aquis
d'autres heritages dans la même Coûtume.

Aprés fon decez, il y eut conteftation entre Eftienne Voifin forti de l'aîné, & les puînez.

Ledit Eftienne Voifin prétendoit avoir la fucceffion entiere, aux termes de l'article 303. de ladite Coûtume, les heritages aquis devant être réputez propres, comme fubrogez
de droit en la place des propres alienez.

Les puînez au contraire prétendoient que lefdits heritages étoient de véritables aquêts ; & que par conféquent la
fucceffion devoit être partagée également.

La caufe portée au Parlement, il y eut Arreft en la feconde Chambre des Enquêtes, au Raport de Monfieur de
S. Germain, le 4. Mars 1682. par lequel ledit Eftienne Voifin
comme aîné, fut maintenu en la proprieté & poffeffion de
la fucceffion entiere, comme lefdits heritages aquis étans
cenfez propres & provenir de l'ancienne fucceffion.

Le fieur de Moy Auditeur en la Chambre des Comptes
avoit aliené fes propres fituez en la Coûtume generale, &

avoit aquis onze parties de rente , dont les debiteurs avoient leurs biens situez en Caux.

1690. Aprés son decez le sieur de Ribouville sorti du frere aîné, prétendit que ces rentes en Caux lui apartenoient aux termes dudit article 303. comme réputées propres au lieu & place des propres alienez , & les successions se devant partager en l'état où elles se trouvent , & suivant la Coûtume des lieux où elles sont échûës.

Le sieur de Moy Chanoine, sorti du second frere , & Messieurs les Présidens d'Hocqueville & de Bremare sortis du troisiéme frere , soûtinrent au contraire que lesdites rentes étoient des aquêts , & ne faisoient point partie de l'ancienne succession , à laquelle seule l'aîné ou ses representans pouvoient succeder au préjudice des puînez ; puisqu'on ne pouvoit pas dire qu'elles en fussent provenuës , ni qu'elles eussent entré dans le partage du défunt.

Messieurs des Requêtes du Palais par leur Sentence du 8. Aoust 1684. ajugérent lesdites rentes audit sieur de Ribouville comme fils de l'aîné , sans en faire part aux puînez.

Sur l'apel de cette Sentence, évoqué & renvoyé au Parlement de Bretagne, les apelans n'oublierent rien pour détruire le propre subrogé, & pour faire comprendre que l'aîné ou ses representans , ne pouvoit exclure les puînez que de *l'ancienne succession* par ledit article 303. que la qualité *d'ancienne succession* étoit une condition essentielle , qui ne se trouvoit point dans l'espece de la cause, où les rentes étoient aquises, & n'avoient jamais fait partie de l'ancienne succession.

Cependant par un Arrest du 14. Juillet 1685. la Sentence fut confirmée avec dépens.

L'Arrest de Cherville ne juge nullement la question dont il s'agit ; & Berault sur l'article 408. ne le raporte pas dans cette vûë, mais pour prouver que les heritiers aux aquêts sont tenus au suplément du remploi des propres sur leurs autres biens, quand il n'y a pas assez d'aquêts , & non pas le legataire universel aux meubles.

Pour en être convaincu , il ne faut que jetter les yeux sur la maxime qu'établit Berault immediatement avant cet Arrest.

Aprés avoir dit que fi le mary avoit aliené avant le mariage, l'aqueft qu'il fera conftant iceluy, jufqu'à la concurrence de l'alienation, ne fera point eftimé remplacement pour
le regard de la femme, ains conqueft, parce qu'il eft aquis depuis les époufailles : il ajoûte ces termes qui fönt confiderables.

Mais pour le regard des heritiers, les uns au propre, les au-
tres en aquêts, il ne faut point faire cette diftinction ; car en quel-
que tems qu'il ait aliené, les aquifitions qu'il fera par aprés
jufqu'à la concurrence d'icelles alienations, ne feront réputées aquêts,
ains remplacement du propre, pour échoir aux heritiers aux propres ;
dautant que ce qui eft acheté du prix procedant de la vendition du
patrimoine, fuccede infailliblement au lieu de la chofe venduë, &
prend fa qualité & nature, l. fi eum qui injuriarum ff. fi quis
eaut. *& comme étant fubrogé à même effet & puiffance,* l. filiæ §.
Titia de cond. & demonftr. cap. 3. Ecclefia, & ibi gl. in verbo fuccefferunt ut lite pend. *& non feulement ce qui eft aquis*
du provenant de la vente du propre eft remplacement du propre,
jufqu'à la concurrence de ce qui a été vendu ; mais auffi cela au-
ra lieu en aquêts, qu'il n'aparoîtra point avoir été faits des de-
niers de la vente du propre ; parce qu'il fe fait ipfo jure *fur les*
aquêts un remplacement du propre, & ne faut tenir aqueft que ce qui
eft accrû & augmenté à un homme, outre ce qu'il avoit de fon propre.

On laiffe à penfer fi ce Commentateur aprés avoir établi fi
fortement que la fubrogation fe fait de droit, auroit raporté
dans le même article, immediatement aprés, un Arreft de la
Cour qui auroit jugé le contraire.

Il ne s'agiffoit pas de cette queftion lors de l'Arreft, l'heritier au propre avoit demandé feulement le prix des alienations, parce qu'aparemment il auroit mieux aimé de l'argent
que du fonds : l'heritier aux aquêts ne fe défendoit pas de
payer en argent ce qui feroit dû jufqu'à la concurrence de
la valeur des aquêts ; il prétendoit feulement n'être tenu
que jufqu'à la concurrence defdits aquêts, & que l'heritier
au propre devoit s'adreffer au legataire des meubles.

La Cour fit perdre la Caufe de l'heritier aux aquêts, elle
le condamna de payer le prix entier de l'alienation des pro-

pres ; & de son propre mouvement, elle donna à l'heritier au propre la faculté de prendre les aquêts en diminution desdits remplacemens, pour remettre les choses dans les régles ordinaires, quoiqu'il ne l'eût pas demandé : Ce que la Cour n'auroit pas prononcé sans doute, si les aquêts avoient apartenu de droit à l'heritier aux aquêts, comme les oposans le prétendent ; de sorte que cet Arrest leur est plûtôt contraire que favorable.

Il faut que les oposans n'ayent pas assez fait reflexion sur l'Arrest de Sercus quand ils l'ont cité, car il juge disertement la subrogation du propre.

Il a jugé que la terre de la Hallegouche provenuë de la succession de Nicole de Sercus étoit un propre subrogé en la place de la portion du quint, qui avoit apartenu à ladite Nicole de Sercus en la succession du pere ; & c'est la raison pour laquelle la Cour l'ajugea toute entiere au puîné, l'aîné ni ses reprefentans n'ayans rien à ce qui se trouve de l'ancienne succession en celle du puîné tant qu'il y a d'autres puînez, autrement elle l'auroit jugée partable entre les aînez, & les puînez comme un aquest.

Mais si l'Arrest est fidelement raporté par Berault sur l'article 342. il a jugé que ladite terre, quoique située en Caux, se devoit partager suivant la Coûtume d'Amiens, ce qui seroit contre les régles ; & les oposans doivent convenir qu'on ne le jugeroit pas de même aujourd'hui, & qu'il a même été jugé au contraire par l'Arrest du sieur de Ribouville.

L'Arrest du sieur de Vergnes n'est pas plus favorable aux oposans que l'Arrest de Cherville.

Le sieur de S. Jean se prévalant de l'absence & de l'éloignement dudit sieur des Vergnes, se fit ajuger par une Sentence du Juge des lieux, le remploy en deniers des terres de Rames & de Mitainville sur la terre de Baqueville, afin d'avoir prétexte de la saisir réellement pour lesdites condamnations, & de s'en rendre le maître.

Le sieur des Vergnes heritier aux aquêts apella de la Sentence, non pas en ce qu'elle ajugeoit le remploy en deniers, il n'y en a pas un mot dans toutes les écritures & dans les

factums

factums qui furent produits en l'inſtance, & que ledit ſieur de Courtonne a produits en celle-ci.

Mais il apella ſeulement, de ce qu'on avoit jugé le remplacement de la terre ſituée ſous la Coûtume de Paris, n'y ayant point de remplacement de Coûtume à Coûtume ; ce que la Cour jugea par l'Arreſt.

1690.

L'une & l'autre des parties étoit contente du remploi en deniers, & la Cour n'avoit garde de caſſer une Sentence dont il n'y avoit pas d'apel en ce chef ; elle ne laiſſa pourtant pas d'ordonner qu'il ſeroit donné du fonds à dûë eſtimation, en donnant ſeulement un tems audit ſieur des Vergnes de le retirer.

La ſeconde propoſition des opoſans n'eſt pas mieux établie que la precedente ; n'étant pas vrai que l'aîné qui a pris préciput ſoit abſolument exclus de ſucceder à l'un de ſes puînez en l'ancienne ſucceſſion, à la ſeule exception contenuë en l'article 342. l'excluſion portée par ledit article, n'étant que par raport à la qualité des biens, qui ſe détermine au moment de l'écheance de la ſucceſſion du puîné, & non pas par raport à la perſonne de l'aîné.

Pour bien comprendre quel eſt l'eſprit de la Coûtume ſur cette matiere, il faut joindre enſemble les articles 341. 342. 343. & 344.

Quand l'aîné a pris préciput, & le ſecond un autre préciput dans une même ſucceſſion, le ſecond venant à mourir ſans enfans, le fief qu'il avoit pris par préciput, s'il ſe trouve encore en ſa ſucceſſion, retourne à l'aîné au préjudice des autres puînez, quoiqu'il n'ait pas été partagé ; c'eſt l'uſage conſtant de la Province, qui s'infere de l'article 344. & qui n'eſt pas conteſté par les opoſans.

Tout de même, ſi ces deux freres qui ont pris préciput, l'aîné meurt ſans enfans, le fief qu'il avoit pris par préciput, peut être pris par le ſecond au préjudice des autres puînez, par interpretation de l'article 343.

Mais il y avoit une difficulté, de ſçavoir ſi la même diſpoſition devoit avoir lieu, en cas que l'aîné ou le ſecond fût mort avant les partages, ou avant que d'avoir pris préciput : c'eſt

S *

pourquoi les articles 343. & 344. ont été ajoûtez.

Dont le premier porte , qu'*avenant le decez de fils aîné avant les partages faits de la fucceſſion qui leur eſt échûë , le plus aîné des freres furvivans peut choiſir tel fief qu'il lui plaiſt, à la repreſentation & comme heritier de fon frere aîné , fans préjudice du droit de préciput qu'il a de fon chef , & n'y peuvent les autres freres prétendre aucune part , legitime , proviſion ou récompenfe fur ledit fief.*

· Et le fecond, qu'*avenant la mort du fecond fils avant les partages faits de la fucceſſion , l'aîné peut prendre par préciput comme heritier de fon frere , le fief qu'il eût pû choiſir de fon chef , & ainſi conſicutivement des autres tant qu'il y a fief en la fucceſſion.*

Lefquels termes , comme dit Berault , ne font pas *limitativè* ; comme fi l'aîné mourant aprés avoir pris préciput , le fecond ne pouvoit pas prendre le même fief par préciput comme heritier de l'aîné ; ou comme fi le puîné mourant aprés avoir pris préciput , fon fief ne retournoit pas à l'aîné , mais *declarativè* , pour dire qu'il eſt indiférent que le decez arrive avant ou aprés les partages.

En effet , comme la raifon de ces deux articles eſt , parce qu'au moment du decez chacun des freres eſt faifi de droit de ce qui lui apartient en la fucceffion , fuivant la régle generale , *le mort faifit le vif* ; elle doit avoir lieu à bien plus forte raifon , quand l'aîné ou le fecond fils a pris fon préciput , puifqu'alors il eſt faifi de droit & de fait.

Cela ôte toute ambiguité à l'égard du fief pris par préciput ; mais fi dans la fucceffion d'un puîné il fe trouvoit un fief qui n'auroit point été pris par préciput , mais qui auroit été *partagé* entre les puînez avec les autres biens de la fucceffion , *quid Juris ?* l'article 342. difpofe qu'en ce cas encore l'aîné peut prendre ce fief par préciput : ce qui n'eſt pas une exception à l'article 341. comme s'il faloit neceffairement que le fief eût été *partagé* pour retourner à l'aîné , puifqu'il lui retourneroit de même s'il avoit été pris par préciput , *verba funt declarativa non limitativa.*

Refte donc le feul cas où il ne fe trouve que des rotures dans la fucceffion du puîné , & alors l'aîné en eſt exclus par l'article 341. qui ne peut être entendu autrement , parce qu'en le prenant au pied de la lettre, l'aîné feroit exclus du fief pris par préciput par le fecond des freres.

L'aîné qui a pris préciput n'eft donc pas exclus de la fuc-ceffion au propre de fes puînez , finon au feul cas de l'article 341. lorfqu'il fe trouve un fief *partagé* , puifqu'il peut prendre par préciput un fief qui fe trouve dans la fucceffion d'un puîné , foit que ce fief ait été pris par préciput , foit qu'il ait été partagé , foit qu'il n'ait été ni pris par préciput , ni partagé.

Au contraire il fuccede à ce qu'il y a de noble , c'eft-à-dire à ce qui eft le plus précieux dans la fucceffion du puîné ; & l'efprit de la Coûtume eft de faire toûjours retourner les fiefs à l'aîné , autant qu'il fe peut pour la confervation des Familles.

Il y auroit plus de bon fens à dire que les puînez vivans en feroient exclus eux-mêmes , parce qu'ils ne fuccedent qu'aux rotures ; mais cette exclufion n'étant qu'à l'égard du noble , on ne peut pas dire non plus qu'elle foit abfoluë non plus que celle de l'aîné , ni attachée à la perfonne , auquel cas il y auroit une incapacité pour toutes fortes de biens , tant nobles que rotures , tant meubles qu'immeubles.

Cela fe confirme par le texte de l'ancienne Coûtume , tit. de parties d'heritages , n. 12. conçû en ces termes , *Nous devons fçavoir que fe l'aîné choifit le fief qui n'eft pas partable , & il baille aux autres les échaëtes ; fe l'un des autres meurt , les échaëtes ne viendront pas à l'aîné , mais à celui qui en auroit eu partie.*

Où l'on voit qu'il n'y a que les échaëtes , c'eft-à-dire les rotures qui ne retournent point à l'aîné lors du decez du puîné, ce qui renferme implicitement la faculté en la perfonne de l'aîné de fucceder aux fiefs : Et fi lors de la réformation de la Coûtume , l'on a changé les termes de ce texte pour y donner plus de politeffe , on n'y a rien changé dans la fubftance, comme on le peut voir par le procez verbal.

Le cas de l'article 341. eft donc , comme l'a remarqué Daviron , lorfqu'aprés le préciput pris par l'aîné , il ne refte plus que des rotures dans la fucceffion ; car alors l'aîné ne

S * ij

peut plus rien efperer à ces rotures tant qu'il y a des puinez.

Mais il faut que ce foient encore des rotures lors de l'écheance de la fucceffion du puiné, comme on l'a déja reprefenté; tout de même que fi le fecond des freres qui auroit pris un preciput, le vendoit ou l'échangeoit contre des rotures, l'ainé ne lui pouroit fucceder, mais les puinez; parce qu'il ne fe trouve que des rotures au moment de l'écheance, & que c'eft ce moment-là qui détermine la maniere de fucceder.

Par la maxime generale, les fucceffions doivent être partagées en l'état où elles font lors de leur écheance; elle eft tirée de la loi 79. *D. ad leg. F. Alcid. ea fola fubftantia fpectatur quam pater, cùm moreretur, habuit.*

Si un pere n'ayant qu'un fief noble, le vend ou l'échange contre des rotures qui fe trouvent lors de fon decez, il faut que fon fils ainé prenne patience, comme il faut que les puinez prennent patience à leur tour, fi le pere qui n'avoit que des rotures les a venduës ou échangées pour avoir un fief noble.

Cette régle étant certaine en ligne directe, quoique les enfans foient dits proprietaires en quelque forte des biens de leur pere; à bien plus forte raifon elle le doit être en ligne collaterale, où l'on ne peut dire que les prefomptifs heritiers ayent aucun droit aquis qu'au moment du decez de ceux aufquels ils fuccedent.

Ce qui fait dire à Mr d'Argentré fur l'article 408. de l'ancienne Coûtume de Bretagne, *gl. 2. n. 2.* que, *Hæredes funt fundati in qualitate hæredum quæ poft mortem duntaxat habet effectum;* Et à Me Charles du Moulin fur la Coûtume de Paris, *§. 3. gl. 1. n. 32.* que, *Tempus oblatæ hæreditatis femper præcisè attenditur quantum ad jus & modum fuccedendi per jura vulgata, jus hæredis cò vel maximè tempore infpiciendum eft, quò acquirit hæreditatem.*

Cela refulte encore du texte de l'ancienne Coûtume que l'on vient de citer; *Se l'un des puinez meurt, les échaëres n'apartiendront pas à l'ainé, mais à celui qui en auroit eu partie.*

Il eft parlé dans ce texte des rotures qui fe trouvent au moment du decez du puiné, fans diftinguer fi ce font pro-

1690.

pres fucceffifs échûs au partage du puîné , ou fi ce font des propres fubrogez en la place des propres fucceffifs.

Et en limitant cette difpofition aux rotures qui fe trouvent lors du decez, c'eft-à-dire , en excluant l'aîné des rotures feulement , c'eft difpofer tacitement ; que s'il fe trouve un fief lors du decez du puîné , il peut être pris par preciput par l'ainé , fans diftinction fi c'eft un propre fucceffif échû au puîné, foit en partage, foit par preciput, ou fi c'eft un propre fubrogé en la place des rotures ou fiefs nobles alienez.

Autrement, il faudroit dire que les fiefs aquis des deniers provenans des rotures feroient partagez comme rotures , & que les rotures aquifes des deniers provenans des fiefs feroient partagez comme fiefs ; ce qui feroit tomber dans une abfurdité manifefte.

Sans s'arrêter à un grand nombre de citations , il ne faut que lire le Commentaire de Brodeau fur Monfieur Loüet, lettre S. n. 10. & fur l'article 13. de la Coûtume de Paris.

Si , dit-il , un majeur échange fon fief contre une roture , l'heritage échangé retient bien la qualité d'immeuble , de conquêts ou de propre paternel ou maternel , vice permutati dominii , hæc enim qualitas eft primordialis & intrinfeca ; *elle eft inherente au fonds , mais non pas la qualité de feodal ,* quia eft accidentalis & extrinfeca , *elle eft étrangere , cafuelle , fortuite & de differente nature , comme l'autre eft intrinfeque , primordiale , réelle & naturelle.*

Il ajoûte enfuite , & le confirme par plufieurs Arrêts, que celui qui auroit vendu fon fief noble & aquis des rotures, ou vendu fes rotures & aquis un fief noble, ne pouroit pas faire en forte par quelque déclaration que ce foit, que la roture fût partagée comme noble , ou le noble comme roture ; *parce* dit-il , *que la deftination ou difpofition d'un particulier n'a pû faire qu'une chofe, laquelle eft roturiere de fa nature , fe partage feodalement ,* provifio hominis non facit ceffare provifionem legis , legis eft aut confuetudinis introducere fictiones , non etiam hominis contra difpofitionem legis.

La raifon de cette Jurifprudence réfulte de la maxime generale, dont on a déja parlé , *le mort faifit le vif :* Ce n'eft que par le decez du predeceſſeur que l'heritier eſt ſaiſi , & par conſequent il ne peut être ſaiſi que de ce qu'il trouve lors du decez, ne pouvant pas l'être de ce qui n'eſt plus,& dont le défunt a pû diſpoſer de ſon vivant.

1690.

Cela ruine l'objeétion des opoſans, qui ſeule pouvoit avoir quelque fondement en aparence , que le remplacement ne ſe doit faire qu'au profit de ceux qui eſperoient à la ſucceſſion, ſans examiner ſi l'heritage aquis & qui ſert de remploy eſt noble ou roture ; & non pas au profit de celui qui en étoit exclus , comme étoit l'aîné de la ſucceſſion de feu Monſieur Duhoulay.

Car comme l'excluſion ſe détermine par le moment du decez & de l'écheance de la ſucceſſion , lorſqu'il ne ſe trouve que des rotures ; il s'enſuit que quand il ſe trouve un fief noble , il n'y a point d'excluſion, & que l'aîné peut prendre le fief par préciput.

L'excluſion ſupoſe une ſucceſſion échûë , & il n'y a point de ſucceſſion d'une perſonne vivante, il ne faut pas conſiderer le tems des partages , parce qu'on ne peut pas ſçavoir les changemens qui arriveront dans la ſuite : Si les rotures demeurent toûjours rotures , l'aîné n'y aura rien lors du decez du puîné ; mais ſi cēs rotures ſont échangées en un fief, ce qui ne peut ſe connoître que par l'écheance de la ſucceſſion, l'aîné prendra le fief par préciput.

Un fils aîné ne ſeroit pas moins bien fondé à ſoûtenir que ſon pere n'a pas pû à ſon préjudice échanger un fief qu'il avoit dans ſon partage contre une roture, & que la roture lui doit apartenir comme ſubrogée au fief, que les opoſans le ſont à ſoûtenir que feu Mr Duhoulay n'a pas pû vendre ſes rotures pour en acheter un fief, ou que tout au moins ce fief leur doit apartenir comme ſubrogé à des rotures , deux propoſitions également contraires au bon ſens & aux premiers principes.

Si Mr Duhoulay avoit eu un fief dans ſon partage , & l'avoit échangé contre des rotures , il eſt ſans doute que ledit ſieur de Courtonne n'auroit pû rien prétendre à ces rotures, parce que c'eſt le moment de l'écheance qui détermine , & que des rotures ne peuvent pas être partagées comme noble.

Par quelle raifon donc prétendent-ils que Mr Duhoulay
ayant vendu fes rotures pour avoir un fief, ce fief leur apartienne comme fi c'étoient des rotures ; la raifon ne doit-elle
pas être égale en l'un & en l'autre cas.

Il refte peu de chofe à dire fur la troifiéme propofition
que les opofans ont voulu établir.

On a fait voir qu'il n'eft point neceffaire que le fief qui fe
trouve en la fucceffion d'un puîné, ait été *partagé* avec les
autres biens de l'ancienne fucceffion entre les puînez, puifque
s'il avoit été pris par préciput, ou s'il n'avoit été ni *partagé*
ni pris par préciput, il n'apartiendroit pas moins à l'aîné par
les articles 343. & 344. de la Coûtume.

On a fait voir que l'article 342. n'eft pas une exception à
l'article 341. comme s'il faloit de neceffité qu'un fief eût été
partagé pour retourner à l'aîné, mais une extenfion du droit
de l'aîné, comme fi l'article difoit que non feulement le fief
qui fe trouve en la fucceffion d'un des puînez & qui avoit été
pris par préciput, ou qui le pouvoit être fi le puîné ne fût pas
mort avant les partages, apartiennent à l'aîné ; mais encore le
fief qui n'a point été pris par préciput, & qui a été *partagé*
avec les autres biens entre les puînez.

En fecond lieu, la feule qualité de propre fubrogé fuffiroit
pour faire réputer le fief de Courfon avoir été *partagé*, puifqu'il
a fuccedé à des heritages qui ont été partagez, tout de même
que les Arrêts de Voifin & du fieur de Ribouville ont jugé que
les heritages fubrogez à ceux qui provenoient de l'ancienne
fucceffion, étoient auffi réputez propres de l'ancienne fucceffion, & en cette qualité ils apartenoient à l'aîné.

Car en cette occafion, *partagé* n'emporte autre chofe pour
les apellans, finon que le fief doit être de l'ancienne fucceffion. Les Arrêts ont jugé que le propre fubrogé eft réputé
de l'ancienne fucceffion ; & par confequent aux termes
defdits Arrêts le fief de Courfon eft réputé de l'ancienne
fucceffion.

C'eft pourquoi ledit fieur de Courtonne concluoit à ce que
l'apellation fût mife au neant avec dépens.

Sur ces raifons il y eut Arreft le 28. Juin 1690. au Raport de

Mr de Canapville en la feconde Chambre des Enquêtes, par lequel l'apellation fut mife au neant avec dépens.

ONZIE'ME QUESTION.

Sçavoir quelles Hipotéques entre perfonnes de Normandie doivent avoir des dépens jugez au Confeil, où l'Inftance a été portée d'abord , en vertu d'une Commiffion.

1683.

CETTE Queftion fe prefenta en l'Audience de Grand'- Chambre le feptiéme de Decembre 1683. entre Me Claude Taillefer , qui foûtenoit fon hipotéque du jour de fon action , aux termes de l'article 595. de la Coûtume de Normandie , & Jacques le Queru qui prétendoit que l'hipotéque ne devoit prendre pied que du jour de la con- damnation fuivant l'ufage de Paris , la condamnation ne refultant pas d'un Contrat portant la claufe, *à peine de tous dépens , dommages & interefts.*

Me Guillaume Durand pour Taillefer difoit , qu'à la veri- té l'article 595. de ladite Coûtume , après avoir dit que *les Executoires de dépens en Normandie prennent hipotéque du jour de l'introduction du Procès , & non du jour de la condam- nation* , ajoûte ces mots qui font l'équivoque , *pour les juge- mens donnez audit Païs de Normandie.*

Mais cela fe doit entendre neceffairement des jugemens rendus entre perfonnes de Normandie , en quelque lieu qu'ils ayent été rendus ; car on ne peut pas difconvenir que fi le Procès avoit été commencé en Normandie , & termi- né par un Arreft du Parlement de Paris ou du Confeil , les dépens jugez par l'Arreft auroient hipotéque du jour de l'action , fuivant la Coûtume de Normandie, dans l'étenduë de laquelle les Parties font domiciliées.

Ainfi c'eft un mauvais raifonnement de dire que les dépens

pens dont il s'agit n'ont hipoteque que du jour de la condamnation, parce que le jugement n'a pas été rendu en Normandie; c'eſt trop prouver, & par conſequent ne rien prouver.

La raiſon eſt premierement, que les dépens ſont perſonnels, & ſuivent le domicile de celui contre lequel ils ont été jugez : En ſecond lieu, qu'on ne peut pas dans l'ordre aſſujettir à l'uſage de Paris des perſonnes domiciliées en Normandie, chaque Coûtume ayant ſon extenſion limitée.

Me Jacques Bertheaume pour Queru, répondoit qu'il ne faloit pas changer les termes de la Coûtume pour lui donner une autre interpretation, que celle qu'elle doit naturellement avoir.

Elle veut que les jugemens ſoient rendus, non pas ſeulement entre perſonnes de Normandie, mais *dans le Païs de Normandie* : C'eſt-là une condition, ſans laquelle il faut retourner à l'Ordonnance de Moulins, article 153. qui ne donne hipoteque aux dépens que du jour de la condamnation.

On ne convient point que les dépens d'une Inſtance commencée en Normandie, & terminée par Arreſt du Parlement de Paris & du Conſeil, ayent hipoteque du jour de l'action, à moins qu'il n'y ait eu jugement en Normandie, parce que l'Arreſt qui intervient hors de la Province, a un effet retroactif au jugement qu'il confirme.

La condamnation des dépens affecte les biens en quelque lieu qu'ils ſoient, auſſi-bien que la perſonne, & ce n'eſt point donner à la Coûtume de Paris une extenſion en Normandie, que de donner une hipoteque du jour de la condamnation ſeulement à des dépens d'une Inſtance commencée & terminée au Conſeil : C'eſt la Coûtume de Normandie même qui le veut ainſi, parce qu'en donnant hipoteque du jour de l'action à des dépens d'une Inſtance jugée en Normandie, c'eſt la donner du jour de la condamnation aux dépens d'une Inſtance jugée ailleurs qu'en Normandie.

T *

Par l'Arreſt l'hipotéque fut jugée du jour de la condamnation ſeulement.

DOUZIE'ME QUESTION.

*Sçavoir ſi une Promeſſe qui de ſoi eſt uſuraire, peut devenir
une conſtitution, lorſque pendant un long-tems le Debiteur a payé, & le Creancier reçû les interêts, comme
arrérages de rente.*

1689.

CHARLES de Hottot Ecuyer, Sieur de la Huniere,
ayant beſoin d'une ſomme de 600 livres, pour l'aquiſition d'un fonds, l'emprunta du Sr de la Cour ſon beau-
frere, & lui en fit une promeſſe en 1659. conçûë en ces
termes.

*Je reconnois que Monſieur de la Cour mon beau-frere m'a prêté
la ſomme de 600 livres, que je promets lui rendre toutesfois &
quantes, & de lui en payer l'intereſt, tant que j'aurai l'argent.*

Ledit Sr de la Huniere étant decedé, Guillaume de
Hottot ſon fils mineur fut mis en la tutelle de ſa mere,
qui en ſa qualité de tutrice a payé les interêts de ladite
ſomme de 600 livres au denier quatorze pendant douze
années, & en a pris des quittances comme des arrérages
de rente.

Guillaume de Hottot devenu majeur en 1662. reconnut
ladite promeſſe devant Notaires, & s'obligea de payer les
interêts des 600 livres aux termes du Billet, & depuis a
toûjours payé leſdits interêts comme arrérages de rente au
denier quatorze juſqu'en 1686.

Mais en 1688. ledit Sr de la Cour l'ayant pourſuivi pour
deux années d'arrérages, il s'en eſt défendu devant le Ju-

ge de Thorigny , prétendant que ladite promeſſe étoit uſuraire , que les interêts que lui & ſa mere avoient payez,
devoient étre imputez ſur le capital , & que ledit Sieur de
la Cour lui devoit reſtituer l'excedent.

1 6 8 9.

Par la *Sentence* ledit Sieur de Hottot fut déchargé des
intereſts du paſſé , & condamné au payement de ladite ſomme de 600 livres dans ſix mois , autrement & ledit tems
paſſé , ordonné qu'il en continueroit l'intereſt.

Sur l'apel de cette *Sentence* par ledit Sieur de Hottot,
Me Laurent Regnault qui plaidoit pour lui , expoſa le fait
& fit la lecture de la promeſſe ; & comme il entroit dans
la queſtion de Droit , la Cour , qui par la ſeule lecture du
Billet , comprit le ſujet de la conteſtation , ne trouva pas
à propos de ſouffrir une plus longue plaidoyerie de la part
dudit Sieur de Hottot : enſorte que l'Avocat ſe contenta
de prendre ſes concluſions telles que ledit Sieur de Hottot
les avoit priſes devant le Juge de Thorigny.

Me Jacques Bertheaume pour ledit Sieur de la Cour Intimé , demanda à eſtre reçû Apellant de ſon chef de la
même *Sentence* , en ce qu'elle déchargeoit ledit Sieur de
Hottot , des arrérages du paſſé , & condamnoit ledit Sieur
de la Cour à payer le capital dans ſix mois , prétendant
que cette ſomme de 600 livres étoit conſtituée , & que
par conſequent on ne pouvoit le forcer d'en faire le rachat.

Au fonds il ſoûtenoit, que quand il paroîtroit par la lecture du Billet , que le creancier avoit la faculté d'exiger le
payement des 600 livres , à cauſe de la promeſſe de rendre
toutes fois & quantes , ce qui ſe pouroit auſſi-bien entendre,
toutes fois & quantes qu'il plairoit au debiteur , en payant
l'intereſt , les choſes auroient changé de face dans la ſuite
par le conſentement reciproque des parties , le creancier
n'ayant jamais demandé le capital pendant vingt-ſept années,
& le debiteur ayant toûjours payé les intereſts au denier
quatorze , comme arrérages de rente , ce qui eſt notamment
porté par les quittances.

A quoi il ajoûta que les 600 livres avoient eſté prêtez

pour aquerir un fonds , dont ledit Sieur de Hottot avoit toûjours joüi paisiblement depuis 1659. enforte qu'il avoit profité de l'intereft de ladite fomme , & qu'il étoit contre la bonne foi de les contefter à celui , fans le fecours duquel il n'auroit point eu le fonds.

Neanmoins la Cour par Arreft rendu à l'Audience de Grand'Chambre le 15. de Decembre 1689. conformément aux conclufions de Mr l'Avocat General de Menilbus , fans s'arréter à la Requête verbale de l'Intimé , mit l'Apellation dudit Sr de Hottot & ce dont étoit apellé au neant ; en corrigeant & réformant , declara les interêts payez depuis 1659. imputez fur le capital de ladite promeffe , & condamna ledit Sieur de la Cour à la reftitution du furplus defdits interefts , avec dépens.

TREIZIE'ME QUESTION.

Sçavoir fi une Sentence de Condamnation de mort renduë par contumace , non fignifiée ni executée par effigie , rend le condamné incapable de fucceder dans les vingt ans limitez par la prefcription du crime.

1690.

JEAN Vautier de la Ville de Caën avoit deux fils , Robert & Jean-Charles Vautier.

Le 12. d'Avril 1664. ledit Jean-Charles Vautier tua Damoifelle Marie Thiret fa femme , & l'enfant dont elle étoit groffe d'un coup de coûteau. Il y eut information, decret de prife de corps , & aprés les diligences ordinaires contre un accufé abfent , Sentence par contumace le 24. de Janvier 1665. par laquelle il eft condamné à être rompu vif , & à expirer fur la roüe , & ordonné que la Sentence feroit executée par effigie.

Ledit Jean Vautier pere eſt mort en 1671. & parce que ledit Jean-Charles Vautier ne paroiſſoit pas, Robert Vautier fils aîné fut ſaiſi de la ſucceſſion entiere.

Mais il eſt arrivé que François Hobey creancier dudit Ro- 1690. bert Vautier a fait ſaiſir réellement tous les biens provenus de la ſucceſſion dudit Jean Vautier, comme apartenans à Robert Vautier ſon debiteur.

Il y a eu deux Arrêts de confirmation de ce decret, les 22. Novembre 1678. & 12. Février 1682. Et enſuite le ſieur de Precourt - Seveſtre porteur de Procuration dudit Jean-Charles Vautier, paſſée devant Notaires le 14. Mars 1684. s'eſt opoſé audit decret, & a demandé diſtraction de la moitié des biens ſaiſis, comme apartenans audit Jean-Charles Vautier.

Sentence du Vicomte du 13. Février 1686. qui a debouté ledit Seveſtre de ſon opoſition, dont il s'eſt rendu apellant devant le Bailly, pendant la ſuite duquel Damoiſelle Theodore de Vernay, femme dudit Robert Vautier, eſt intervenuë Partie pour la conſervation de ſes droits, & le Bailly par ſa Sentence du 2. de Décembre 1686. a confirmé celle du Vicomte.

Apel à la Cour, & la Cauſe apointée, & en état d'être ſugée par forcluſion, ledit Jean-Charles Vautier étant décedé ſelon toutes les aparences, Monſieur de Miſſy Conſeiller en la Cour en qualité de creancier dudit Jean-Charles Vautier, pour le principal & les arrérages de 100 livres de rente, s'eſt fait recevoir partie intervenante, & autoriſer de mettre ſa Requête & ſes Pieces entre les mains de Monſieur le Raporteur, pour ſoûtenir l'Apel de la Sentence du Bailly.

Pour moyens de ſon intervention, il établiſſoit quatre propoſitions.

La premiere, que le crime dudit Jean-Charles Vautier quand on le conſidereroit comme un paricide prémedité, ayant tué ſa femme & ſon enfant du même coup de coûteau, étoit preſcrit par vingt ans.

C'eſt la déciſion de la 1. *querela. C. ad leg. Corn. de falſ.*

querela falſi temporalibus præſcriptionibus non excluditur, niſi vi-
ginti annorum exceptione, ſicut cætera ferè crimina.

—— Et il ne faut pas que ce mot, *ferè*, qui ſe trouve dans

1690. le texte de la loi, faſſe d'équivoque, comme s'il y avoit des crimes, qui par le Droit ne ſe preſcrivent pas par vingt ans. Les Empereurs y ont ajoûté cette limitation, parce qu'il y a des crimes qui ſe preſcrivent en moins de vingt ans, *idcircò aiunt*, ferè, *quoniam quædam ſunt crimina quæ quinquennii præſcriptione tolluntur, nulla autem alia eſſe exiſtimo quæ non vicennii præſcriptione tollantur*, dit Monſieur Cujas, *obſ. l. 4. c.* 14. Il ajoûte en termes encore plus forts, *licet quædam ſint crimina quæ minori tempore finientur, nulla tamen quamvis graviora & Reipublicæ pernicioſa ultra vicennium porrigi certa autoritate confirmari poteſt.*

Et en éfet, comme le motif de cette preſcription eſt parce qu'il ſeroit facile d'oprimer l'innocence, ſi on recevoit une accuſation criminelle aprés un ſi long-tems, pendant lequel un accuſateur puiſſant pouroit aiſément fabriquer des preuves telles que bon lui ſembleroit, & un accuſé perdre les moyens de ſe juſtifier, & tomber dans l'opreſſion ; le même doit avoir lieu à l'égard du paricide : Il ſemble même que l'accuſation eſt grave & importante, moins on doit prolonger le tems de la preſcription, parce que l'opreſſion en pouroit eſtre plus grande, ſi l'acuſé qui ne ſeroit pas coupable, avoit perdu par le tems les moyens de juſtifier ſon innocence.

S'il eſt vrai encore qu'en admettant la preſcription de vingt années en matiere criminelle, on ait eu égard qu'un malheureux eſt aſſez puni d'avoir porté la peſanteur de ſon crime, & reſſenti les remords de ſa conſcience, qui lui ont devoré l'ame pendant un ſi long-tems, il ſemble que plus l'action eſt criante & abominable, plus la preſcription eſt favorable, parce que les remords interieurs de la conſcience ſont toûjours proportionnez à l'atrocité du crime.

Auſſi le Droit Canonique admet la preſcription de vingt ans, *cap. cum venerabilis 6. x. de exceptionibus :* Et nôtre Droit

François n'a fait exception que du crime de Duël par
les Déclarations du Roy Loüis XIII. du 14. Mars 1613. &
du Roy prefentement regnant , du mois d'Aouft 1 6 7 9.
article 35.

1690.

Et l'on trouve pluficurs Arrêts qui l'ont jugée. Il y en
a un raporté par Peleus dans fes Actions forenfes , livre 4.
chapitre 14. & aprés lui par Monfieur le Prêtre , cent. 2.
ch. 4. & par Brodeau fur Mr Loüet , lett. C. n. 47. en
datte du 18. Novembre 1599. au cas d'un paricide compris en la perfonne d'un beau-pere , contre un nommé le
Tellier , d'autant plus remarquable que la prefcription fut
jugée contre le mineur , & en tems de trouble.

On en trouve un autre au cas d'un fratricide raporté
par Monfieur le Maiftre , du mois de Decembre 1634. en
faveur du fieur de Neüilly , contre les ficurs de la Villette
& d'Harpont fes neveux , qui vouloient empêcher fon élar-
giffement.

La feconde propofition eft , que la condamnation de
mort par contumace fans effigie , n'interrompt point la
prefcription des vingt années.

On s'arréte à la Sentence de condamnation , parce
qu'on ne croit pas que les Intimez veüillent s'engager à foûtenir qu'une plainte , une information & un decret de
prife de corps , interrompent la prefcription , & qu'en éta-
bliffant que la condamnation même fans execution , ne
peut pas l'interrompre ; à bien plus forte raifon de fimples procedures fans jugement ne peuvent pas produire un
tel effet. On peut voir les Arrefts raportez fur ce fujet par
Mr Loüet , lett. C. n. 47. par Brodeau dans fon Commentaire au mefme lieu , & par le dernier Commentateur de
la Coûtume de Normandie fur l'article 143. aufquels il n'eft
pas neceffaire de s'arréter , parce que ce n'eft pas le point
de la Caufe.

Mais on foûtient que la Sentence de contumace fans
effigie ne doit eftre confiderée que comme une fimple procedure abandonnée , incapable d'interrompre la prefcription.

Il ne se peut rien de plus formel sur ce sujet que l'Arrest du 4. Mars 1623. raporté par Brodeau sur Mr Loüet, lett. C. n. 47. rendu au Parlement de Paris, conformement aux Conclusions de Monsieur l'Avocat General Talon, par lequel la peine d'un meurtre fut déclarée prescrite par vingt ans, encore qu'il y eût eu Sentence de mort par contumace, mais qui n'avoit été ni signifiée ni effigiée.

C'est une foible objection contre cet Arrest, de dire qu'il ne paroît pas qu'il fût question d'un paricide, & que dans le fait, les suites avoient été negligées, le crime ayant été commis en 1601. sept ans aprés, qui n'avoit point été executé, & une Sentence de contumace en 1604.

Car il ne s'agit plus presentement de faire difference entre le paricide & le simple homicide, puisque l'on vient de prouver que l'un & l'autre se prescrivent par vingt ans, mais il s'agit seulement de sçavoir si cette prescription est interrompuë par une Sentence de contumace non signifiée ni effigiée.

C'est pour cela que Brodeau n'a point parlé de la nature du crime, parce qu'il auroit été inutile, & il raporte cet Arrest pour confirmer la maxime qu'il venoit d'établir immediatement auparavant, que *si la Sentence de condamnation de mort donnée par défauts & contumace, n'est point prononcée & executée par effigie, ni en vertu d'icelle les biens de l'accusé & condamné saisis & annotez, elle n'empêche point le cours de la prescription des vingt années.*

Au surplus, il importe fort peu que le decret de prise de corps, & la Sentence de condamnation soient immediatement aprés le crime commis, ou quelques années ensuite, pourvû qu'ils soient dans le tems de droit, & le decret de prise de corps ne pouvoit pas avoir été executé, puisqu'on faisoit le procez à un absent.

Du Fresne dans le premier Tome du Journal des Audiences, liv. 7. ch. 21. en raporte un autre du 22. Mars 1653. qui juge encore la question difertement.

Un Gentilhomme accusé d'un crime de Rapt, avoit été condamné par défauts & contumace à avoir la tête tranchée,

chée , & en 8000 livres de dommages & intérêts.

Neanmoins s'étant abfenté pendant le tems de vingt années , il fut déchargé de la pourfuite , tant pour le crime que pour le civil par ledit Arreft , parce que la Sentence n'avoit été ni prononcée ni executée. 1690.

Ce qui a fait conclure par du Frefne , que *la Jurifprudence eft telle , que quand la condamnation de mort n'a point été prononcée par effigie , elle n'empêche le cours de la prefcription des vingt ans , tant pour le crime que pour la réparation civile , parce qu'elle eft comme fi elle n'étoit point encore Sentence ; & quand elle a été executée , elle l'empêche , & faut alors trente ans pour prefcrire contre l'execution de la Sentence.*

La même chofe a été jugée par un autre Arreft du 12. Aouft 1659. raporté par Jamet dans le fecond Tome du Journal des Audiences, liv. 2. chap. 38. dans le cas d'un homme condamné aux Galeres , dont la Sentence n'avoit point été executée.

Me Henry Bafnage fur l'article 143. de la Coûtume de Normandie , en raporte deux Arrefts du Parlement de Roüen.

Le premier du 12. Février 1660. entre les Srs de Trungy & de Fonteney , qui debouta un Seigneur de la confifcation par lui demandée des immeubles du nommé Verfon, qui avoit été condamné à mort par Sentence de contumace , non executée par effigie , parce que les vingt ans étoient expirez. Et le Commentateur remarque expreffément que *l'Arreft étoit fondé fur ce que la Sentence n'avoit point été executée par effigie.*

Le fecond du 30. Mars 1662. contre les heritiers du Curé de Cropus , pour le fieur du Perrey , & il eft remarquable que lefdits heritiers vouloient prouver que l'Arreft de condamnation avoit été executé par effigie , à quoi ils furent jugez non recevables , & que s'il y eut difference d'avis , ce fut feulement fur la queftion de fçavoir fi on admettroit la preuve offerte par lefdits heritiers , & non pas fur la queftion de fçavoir fi une Sentence de contumace non executée par effigie interrompoit la prefcription.

V *

Dans le fait particulier , la Sentence de contumace du vingt - quatriéme Janvier 1665. porte qu'elle fera executée par effigie ; ce qui eft conforme non feulement à l'Ordonnance de Moulins de 1566. art. 25. & 28. qui dit , que *les noms des apellez & ajournez à ban , pourfuivis & condamnez par contumace, feront infcrits és tableaux qui feront affichez aux portes des Villes & des Sieges des Auditoires des lieux d'où les decrets feront émanez, à ce qu'aucun n'en prétende caufe d'ignorance* , & que les cinq ans accordez aux contumax pour fe prefenter , commencent à courir du jour de la condamnation contr'eux faite , terme qui emporte execution ; mais encore à l'Ordonnance de 1563. art. 29. qui porte, que *la condamnation faite par contumace , & le forban donné , l'on fera attacher aux portes & entrées des lieux les tableaux & cordeaux , & l'on fera bannir l'effet de la Sentence donnée , &c.* & à celle de 1670. art. 16. du Tit. des Défauts de contumaces , qui prefcrit expreffément cette formalité.

A Rome on ne condamnoit jamais à mort un abfent accufé de crime capital , fi ce n'eft qu'il fe fût abfenté depuis conteftation en caufe fans un prétexte legitime ; c'eft la difpofition des loix 10. & 13. D. *de publicis judiciis* , de la l. D. *de requir. reis* , de la l. 5. D. *de pœn.* & de la l. 6. C. *de accufat. fatius erat impunitum relinqui facinus nocentis , quam innocentem damnare.*

Mais on fe contentoit de faifir & annoter fes biens par Ordonnance du Juge ; & s'il fe prefentoit dans l'an & fe juftifioit , il étoit remis en poffeffion de fon bien , au lieu que s'il attendoit aprés l'an & jour à venir fe juftifier , il étoit bien exempt de la peine ; mais fes biens demeuroient au fifc , l. 5. D. *de requir. reis* , & l. 2. C. *eod.*

Cependant on ne laiffe pas d'en tirer une confequence décifive pour la queftion dont il s'agit ; c'eft que le jugement qui ordonnoit que l'abfent comparoîtroit , & que fes biens feroient annotez , devoit être publié & affiché , autrement il étoit de nul effet & l'an pour fe prefenter , la prefcription même de vingt ans ne commençoit que du jour de la publication , l. 1. §. *prafides* , & l. 4. D. *eod.*

En effet , fi en matiere civile les jugemens font inutils

jufqu'à ce qu'ils ayent été fignifiez ; à bien plus forte raifon en matiere criminelle , les jugemens ne doivent pas avoir de force , qu'ils n'ayent été dénoncez & rendus publics autant qu'il fe peut.

La Sentence de contumace prononcée contre ledit Jean-Charles Vautier n'ayant donc été fignifiée ni executée par effigie , il eft certain qu'elle n'a point interrompu la prefcription des vingt annécs , par la difpofition du Droit , des Ordonnances & des Arrefts.

La troifiéme propofition eft , que la condamnation par contumace non executée par effigie , n'emporte point une mort civile , & une privation des droits civils.

La raifon eft , qu'un tel jugement fans fignification & fans effigie , eft cenfé une procedure perie & abandonnée , & que l'accufé doit être confideré comme fi jamais on ne lui avoit fait fon procès ; ce qui dépend de la feconde propofition qu'on vient d'établir.

Car puifque la Sentence de mort non executée par effigie n'interrompt point la prefcription de vingt ans , il eft fans difficulté qu'elle n'emporte pas une mort civile ; ce qui eft le veritable motif des Arrêts ci-devant raportez , & c'eft la difpofition de l'Ordonnance de 1670. art. 29. du Tit. des Défauts & contumaces , qui porte, que fi le condamné par contumace meurt aptés les cinq ans , il fera réputé mort civilement ; d'où il s'enfuit que s'il meurt dans les cinq ans , il n'eft point cenfé mort civilement , & eft capable de tous les effets civils.

Une Sentence fans execution eft un tonnerre qui gronde & qui menace, fans caufer d'autre mal que la peur , au lieu que celle qui eft executée, foit par effigie , foit autrement , eft comparée à la foudre qui tuë & qui réduit en cendre.

Par la difpofition du Droit en la l. 13. §. 2. D. *qui teftam. facere poffunt*, & en la l. 6. §. 8. *de injufto teftam.* Si un homme condamné à mort par un jugement contradictoire , & qui en a interjetté apel , fait teftament & meurt enfuite pendant l'apel , fon teftament eft valable. *Si quis in capitali crimine damnatus apellaverit , & medio tempore pendente apellatione fece-*

V * ij

rit teſtamentum, & ita deceſſerit, valet ejus teſtamentum; eſt enim certi ſtatus, nec ipſe de ſe interim certus. Il n'encourt même aucune infamie de droit, ſuivant la l. 6. §. 1. D. *de his qui notantur infamiâ.*

Or c'eſt une maxime, que celui qui peut teſter, peut ſucceder à plus forte raiſon, parce que la faculté de teſter eſt purement civile & de droit public, *l. 3. D. qui teſt. fac. poſſ.* au lieu que les ſucceſſions *ab inteſtat*, telle qu'eſt celle dont il s'agit, ſont deferées plus par la nature que par la loi.

Tout de même qu'un decret de priſe de corps n'emporte point l'annotation des biens, & qu'un jugement d'interdiction n'empêche point un Officier de faire les fonctions de ſa charge, qu'au préalable il n'ait été ſignifié, auſſi une Sentence de condamnation de mort renduë par défaut & contumace, n'emporte ni mort civile ni confiſcation, qu'elle n'ait été ſignifiée & executée par effigie.

Et c'eſt une maxime certaine, que ſi l'accuſé meurt dans les cinq ans de grace, il meurt *integri ſtatus*, & que les ſucceſſions qui peuvent lui être échûës dans l'intervale de ſa condamnation & de ſa mort paſſent à ſes préſomptifs heritiers, qui ſont recevables à purger ſa memoire, & à faire aneantir la condamnation contre lui jugée.

Les Arrêts raportez par Brodeau ſur Mr Loüet, lett. C. n. 25. & par Ricard, Traité des Donations, *part. 1. chap. 3. ſect.* 4. ce qu'en dit le dernier Commentateur ſur l'article 235. de la Coûtume de Normandie, & la diſpoſition de l'Ordonnance de 1670. art. 24. du Tit. des Défauts & contumaces, ne laiſſent aucun lieu de douter ſur ce point.

Et ſi Mr d'Olive en ſes Queſt. not. de droit, liv. 5. chap. 7. raporte un Arreſt du Parlement de Tholoſe du 4 Juin 1632. qui a jugé le contraire, il en donne lui-même la raiſon; à ſçavoir que Roſſel qui prétendoit, que le condamné par contumace & mort dans les cinq ans, avoit été capable de recüeillir la ſucceſſion de ſon pere, étoit le même qui l'avoit fait condamner par contumace, & qui vouloit extendre la condamnation des 2000 liv. d'interêts jugez à ſon profit ſur la ſucceſſion du pere échûë aprés le jugement; ce qu'il ne pouvoit pas prétendre fans juftifier la memoire du défunt , & fans ruiner en même tems la condamnation d'interêts.

Le même Auteur ajoûte qu'il y a bien de la difference entre l'efpece de cet Arreft, où le demandeur étoit l'accufateur même qui cherchoit à ruiner fon propre ouvrage , & celle où un autre creancier fe prefenteroit pour conferver fa creance ; *Car*, dit-il, *un creancier pour conferver fa dette peut bien être reçû durant les cinq ans à purger la memoire de fon debiteur qui a été condamné à mort par défauts , & par l'évenement recüeillir le fruit des fucceffions qui lui ont été déferées durant cet intervale ; & fur ce fondement la faifie qu'il fait par avance de ces droits fucceffifs , peut être favorablement foûtenuë par provifion en cautionnant :* Et l'on ne comprend pas comment cet Arreft a fait tomber quelques Auteurs dans la penfée que la Jurifprudence du Parlement de Tholofe eft contraire à celle de Paris fur cette queftion.

Quoiqu'il en foit , l'Ordonnance de 1670. art. 29. du Tit. des Défauts & contumaces, leve toute difficulté ; car puifqu'elle ne répute mort civilement le condamné par contumace qu'aprés les cinq ans qui lui font accordez par l'Ordonnance pour fe purger : Il eft d'une confequence infaillible , qu'il n'eft incapable de fucceder & de tous les autres effets civils , qu'aprés les cinq ans de l'Ordonnance , n'y ayant que la mort civile qui le prive de la faculté de fucceder.

On a pouffé les chofes plus loin , car on a jugé que les biens d'une femme qui étoit morte fubitement avant l'execution de fa condamnation de mort , ne devoient point être confifquez ; l'Arreft eft raporté par Me Henry Bafnage fur l'art. 143. de ladite Coûtume : pour dire qu'il n'y a que l'execution de la condamnation qui emporte la mort civile , & prive des effets civils.

La quatriéme propofition eft , que les cinq ans accordez par l'Ordonnance aux condamnez par défauts & contumaces , ne commencent à courir que du jour de l'execution du jugement.

L'on a fait voir que par la difpofition du Droit , l'an accordé aux abfens pour fe prefenter , ne couroit que du jour de la publication & affiche du jugement , qui lui ordonnoit de comparoître, on a raporté le texte des Ordonnances de 1536. & de 1566. qui enjoignent l'execution par effigie , qui portent que les cinq ans se doivent compter du jour de la condamnation *faite* , c'est-à-dire , executée ; à quoi il faut ajoûter l'Ordonnance de 1670. Tit. des Défauts & contumaces , art. 26. 28. & 29. qui porte que si le condamné se represente ou est mis prisonnier *dans l'année de l'execution du jugement* , mainlevée lui sera accordée de ses meubles & immeubles ; que si ceux qui auront été condamnez, ne se representent , cu ne font constituez prisonniers *dans les cinq années de l'exceution de la Sentence de contumace* , les condamnations pecuniaires, amendes & confifcations , feront réputées contradictoires, & vaudront comme ordonnées par Arrest ; & que le condamné par contumace qui décedera aprés les cinq ans sans s'être representé ou avoir été constitué prisonnier , sera réputé mort civilement , *du jour de l'execution de la Sentence de contumace.*

Par où l'on voit que le terme fixé pour commencer à compter les cinq années , est l'execution de la Sentence de contumace ; de sorte que ne se trouvant point d'execution , il n'y a point de terme fixé , que les cinq années ne courent point , & que l'accusé est toûjours *integri status* , & toûjours en état de succeder.

Si l'on objecte que l'Ordonnance de 1670. n'a statué que depuis le crime dudit Vautier , & même aprés les cinq ans de la Sentence de contumace : Il y a double réponse.

La premiere , qu'elle n'introduit pas une jurisprudence nouvelle , comme on le vient de faire voir par les Ordonnances anciennes , & par les Arrests rendus en confequence , qui ont confideré une Sentence de contumace sans fignification & fans execution , comme une fimple procedure abandonnée qui ne peut interrompre la prefcription des vingt années.

La feconde , que la succeffion de Jean Vautier pere est échûë depuis l'Ordonnance de 1670. & par confequent foûmife à la difpofition de ladite Ordonnance.

Suivant toutes ces maximes , ledit Jean - Charles Vautier

doit être confideré comme fi jamais il n'avoit commis le crime pour lequel il s'eft abfenté ; 1° Parce qu'il eft mort dans
les cinq ans , & que les condamnez qui meurent dans les
cinq ans , meurent *integri ftatus* , quand même le jugement 1 6 9 0.
de contumace auroit été fignifié & executé ; 2° Parce qu'il n'y
a point eu d'execution , & qu'un jugement fans execution
n'eft rien; en forte que les chofes font au même état que s'il
n'y avoit eu aucunes pourfuites ; 3° Parce que quand il eft mort
il y avoit plus de vingt ans que le crime étoit commis ; que la
prefcription eft une abolition entiere de la peine du crime,
de l'accufation ; qu'elle l'a rétabli dans tous fes droits , & l'a
remis au même état qu'il étoit avant le crime commis, fans
qu'il en reçoive aucune marque d'infamie ; en un mot, qu'elle
produit le même effet que la grace du Prince , la plus ample
& la plus abfoluë que l'on puiffe concevoir.

Par ces raifons , Mr de Miffy concluoit à ce qu'il plût à
la Cour mettre l'apellation & ce dont étoit apellé au neant;
en réformant , admettre ledit Jean-Charles Vautier à la fucceffion de fon pere pour y prendre la part qui lui peut apartenir , avec dépens.

Les Intimez difoient au contraire , pour faire confirmer la
Sentence qu'ils pouroient foûtenir avec beaucoup de juftice,
que le crime commis par ledit Vautier, à caufe de fon atrocité , doit être excepté de la prefcription des vingt années ; car
enfin c'eft un paricide d'avoir tué fa femme , & un autre paricide d'avoir tué fon enfant , aux termes de la l. 1. *D. de leg.*
Pomp. de Parricidiis. C'eft une compilation de crimes abomi-
nables qui ne peut fouffrir aucune faveur , telle qu'eft la
prefcription.

L'exception contenuë dans la l. 12. *C. ad leg. Cornel. de falf.*
par ce terme , *ferè* , doit auffi-bien être entenduë des crimes
qui ne fe prefcrivent point, comme de ceux qui fe prefcrivent
par moins de vingt ans : Et la L. derniere *D. de leg. Pomp. de*
Parricidiis , y eft fi formelle pour le paricide , qu'elle ne peut
fouffrir d'équivoque , *eorum qui parricidii pœnâ teneri poffunt,*
femper accufatio permittitur.

En effet , fi la fupofition d'un enfant ne fe prefcrit jamais , comme on n'en peut pas doûter par les termes de la l. 19. §. 1. *ad leg. Corn. de falf.* fi le viol peut toûjours être puni fui-vant la l. 29. §. *ult. D. ad leg. Jul. de adult.* & fuivant le fentiment de Papon 2.. not. liv. 7. du Paricide, & de Me Claude le Brun en fon Procès Criminel, liv. 1. à bien plus forte raifon le paricide, & un double paricide, tel que ce-lui dont il s'agit, les anciens Legiflateurs n'ayans point prefcrit de peine pour ce feul crime, parce qu'ils ne préfu-moient pas qu'il y eût perfonne au monde dont la fureur fût fi brutale & fi monftreufe, que d'en venir à un tel excès d'emportement, comme l'a remarqué le même Papon.

Mais fans entrer dans cette Queftion generale, ladite Da-moifelle de Verney Intimée, fe fervoit de plufieurs autres moyens également infaillibles.

Le premier, que ledit Jean-Charles Vautier n'avoit jamais valablement reclamé la fucceffion de fon Pere : Il ne paroît de fon fait qu'une procuration audit Seveftre pour former opofi-tion audit decret ; mais alors la prefcription des vingt années n'étoit point encore aquife, puifque le crime a été commis le 12. d'Avril 1664. & que la procuration eft du 14. Mars 1684. tems auquel il n'avoit point de qualité, & n'avoit pû com-muniquer aucun droit à fes creanciers fur ladite fucceffion.

Elle foûtenoit en fecond lieu, que la Sentence de contuma-ce renduë en 1665. a interrompu la prefcription des vingt an-nées, quand elle n'auroit pas été executée par effigie, ce qu'on ne peut pas dire pofitivement, parce que la même main qui a fuprimé les Informations & la Sentence de con-tumace qui ne paroiffoit point, pouvoit avoir fuprimé pareil-lement le procès verbal d'execution par effigie.

L'Ordonnance de Moulins, art. 28. eft de décifion, en voici les termes,

Ordonnons que les condamnez par contumace, pour crimes empor-tans confifcation ou amende, au lieu d'icelle, outre la réparation civi-le, ayant été en contumace de foi reprefenter à Juftice par le tems & efpace de cinq ans, à compter du jour de la condamnation faite, per-dront non feulement les fruits de leurs heritages, fuivant nos Ordon-nances, mais auffi la proprieté de tous leurs biens ajugez par Juftice.

Où

1690.

Où l'on voit que les cinq ans preſcrits au condamné par contumace, pour ſe preſenter, commencent du jour de la condamnation *faite*, c'eſt-à-dire, *prononcée*, & non pas executée, comme Monſieur de Miſſy l'explique.

L'Ordonnance de 1670. en diſpoſe autrement, mais le crime dont il s'agit étoit commis, & la Sentence de contumace renduë avant cette Ordonnance, & c'étoit celle de Moulins qui ſervoit de loi en ce tems-là.

S'il y en a d'autres qui ont ordonné de faire executer par effigie les Jugemens de contumace, ç'a été ſeulement pour rendre l'accuſé plus odieux, & ſa condamnation plus publique, mais non pas comme une formalité eſſentielle à la condamnation.

Or il eſt certain que celui qui ne s'eſt point preſenté dans les cinq ans de la condamnation, & eſt mort aprés les cinq ans, ou ne ſe repreſente point, ſa condamnation de mort qui avoit été ſuſpenduë pendant les cinq ans, devient certaine & abſoluë du jour qu'elle a été prononcée, comme ſi c'étoit un Arreſt contradictoire, non point par aucune fiction ni effet retroactif, mais par la ceſſation & aneantiſſement de l'obſtacle qui empêchoit, ou ſuſpendoit l'execution de ladite Sentence.

Il eſt donc certain que ledit Jean-Charles Vautier ne s'étant point preſenté dans les cinq ans aprés la condamnation faite, il eſt mort civilement dés 1665. & par conſequent incapable de recevoir la ſucceſſion de ſon pere en 1671. aux termes de la même Ordonnance.

C'eſt la Juriſprudence des Arrêts, Monſieur Loüet, lettre C. n. 25. en raporte un ſolemnel rendu le 17. Juin 1595. entre Loüis de Letang, & Antoinette le Brun ſa femme d'une part, & les creanciers d'Ezechiel le Brun d'autre ; lequel Arreſt eſt d'autant plus conſiderable, que non ſeulement il eſt dans la même eſpece que celle dont il s'agit, mais encore qu'il fut rendu toutes les Chambres du Parlement de Paris aſſemblées.

Le dernier Commentateur de la Coûtume de Normandie, ſur l'art. 143. en raporte un autre du 6. May 1635. qui jugea

X *

la confifcation des biens d'un Gentilhomme condamné à mort par contumace par le Prevoft de Chartres , parce qu'il ne s'étoit pas prefenté dans les cinq ans de condamnation, quoiqu'il eût interjetté apel de la Sentence dans les cinq ans , & qu'il femblât que l'apel n'étant pas jugé , l'accufé fût mort *integri ftatûs*.

1690.

Il y en a un troifiéme raporté dans le fixiéme Volume du Journal du Palais du 31. Mars 1678. qui juge la queftion en bien plus forts termes pour le fieur de Courfon fils.

La Dame de Courfon étoit morte dans les cinq ans de la condamnation par contumace , cependant on jugea qu'elle étoit cenfée morte civilement du jour de la Sentence de contumace , & n'avoit pû aprehender la fucceffion de la Dame Miron fa mere échûë depuis ladite Sentence , & par confequent ne l'avoit point confifquée.

Il eft remarqué veritablement que la Sentence avoit été effigiée , mais cette circonftance n'étoit pas importante en la Caufe , puifque fans effigie , l'Arreft auroit prononcé la même chofe , ce qui eft inconteftable , puifque la Sentence étoit renduë avant l'Ordonnance de 1670. & que l'Arreft déclare ladite Dame de Courfon morte civilement du jour de la Sentence , & non pas du jour de l'execution par effigie.

En troifiéme lieu , il n'eft pas veritable que la prefcription de vingt ans ait un effet retroactif , & efface même le crime , comme fi jamais il n'avoit été commis , à l'effet de rendre le criminel capable de tous les effets civils pendant les vingt ans : fur tout au cas d'un crime atroce , comme eft celui dudit Jean-Charles Vautier ; Car comme le remarque le dernier Commentateur de ladite Coûtume de Normandie fur l'article 235. *les coupables de ces crimes monftreux de Paricides & Fratricides , font incapables & indignes* , ipfo jure & facto , *il n'eft pas même raifonnable que leurs enfans profitent de leurs crimes*.

Et comme en matiere de fucceffion , la capacité eft abfolument requife au jour de l'écheance , par la maxime , *le mort faifit le vif* , autrement le plus proche qui fe trouve enfuite , eft faifi de droit de la fucceffion , il s'enfuit que Jean-Charles Vautier n'ayant pas été capable en 1671. de prendre la fucceffion de son pere, son frere a été seul saisi de droit, sans que la prescription aquise aprés les vingt ans puisse par un effet retroactif ruiner le droit aquis au frere, à sa femme, à ses enfans, & à ses creanciers.

1690.

Enfin la contestation d'entre les Parties a été jugée par une Sentence contradictoire, confirmée par Arrest de la Cour.

Les creanciers de Jean-Charles Vautier avoient fait arrest sur les arrerages d'une pension de 1000 livres, que Jean-Charles Vautier pere avoit promise audit Jean-Charles son fils.

Le pere s'en étant défendu, parce que ledit Jean-Charles Vautier étoit condamné par contumace, & que s'il ne se representoit pas dans les cinq ans de la condamnation, il seroit censé mort civilement dés 1665. qu'il avoit été condamné, obéïssant à ce qui en pouroit être dû avant la condamnation ; il y eut Sentence au Bailliage à Caën, le 29. Juillet 1667. par laquelle Acte est seulement accordé de l'Arrest des creanciers, sur lequel seroit fait droit aprés les cinq ans du jour de la condamnation, ce qui étoit juger que si ledit Jean-Charles Vautier ne se representoit pas dans les cinq ans, le pere ne devoit point d'arrerages, depuis la Sentence de contumace, & que la pension étoit éteinte, & ledit Vautier censé mort du jour de la condamnation.

Sur l'Apel de cette Sentence par le sieur de Pierrefite l'un desdits creanciers, il y eut Arrest contradictoire le 21. Janvier 1668. qui mit l'Apellation au neant.

Et ledit sieur de Milly ne peut pas dire que ces jugemens n'ont point été rendus avec lui, car le sieur Durand dont il represente le droit, est partie dans la Sentence de 1667. & il n'osa donner ajonction à l'Apel dudit sieur de Pierrefite.

C'est pourquoi ladite Damoiselle concluoit à ce que l'Apellation fût mise au neant, avec dépens.

Arrest en la seconde Chambre des Enquêtes rendu, au Raport de Monsieur le Pesant Sieur de Boisguilbert, le 23. Juin 1690. qui met l'Apellation au neant.

X * ij

QUATORZIE'ME QUESTION.

I. *Savoir si les deniers provenans du rachat de rentes fait aux mains d'un Tuteur, &) qui n'ont point été remplacez, sont censez immeubles, à l'effet d'y donner douaire à la Veuve du Mineur, qu'elle a épousé peu de tems aprés qu'il étoit devenu Majeur.*

II. *Savoir si la Femme qui trouve son Mari saisi de rentes dûës par des personnes insolvables, doit y avoir douaire par récompense sur les autres biens de son Mari, lorsque le Tuteur du Mari en rendant son compte, n'a point justifié de diligences, pour se faire payer desdites rentes.*

COMME par l'article 513. de la Coûtume de Normandie les rentes constituées à prix d'argent, sont reputées immeubles jusques à ce qu'elles soient rachetées, on ne doute point que la femme n'y ait doüaire, quand elle en a trouvé son mari saisi lors de son mariage, suivant la disposition de l'article 367. de la Coûtume : Ensorte même que si elles ont été rachetées pendant le mariage, la femme qui ne peut pas avoir doüaire sur lesdites rentes rachetées qui ne subsistent plus, & qu'il a été en la liberté du debiteur d'acquiter, le prend par récompense sur les autres biens du mari s'il en a, & ne perd ce doüaire que quand le mari n'a point d'autres biens.

On ne doute point encore que les deniers provenans du rachat de rentes apartenant à des Mineurs, ne soient repu-

tez immeubles, & de même nature & qualité qu'étoient les
rentes rachetées , pour retourner aux parens du côté & ligne dont lefdites rentes étoient procedées , ledit article 513.
le porte expreffément.

1690.

Mais l'on a douté long-tems fi ces deniers provenans de
rentes de Mineurs, font auffi reputez immeubles à l'égard de
la femme qui a époufé un Mineur , à l'effet de lui donner
doüaire fur ces deniers : Et la queftion s'en étant prefentée
entre les nommez Alexandre & la veuve de la Mare , au
Raport de Monfieur des Hommets , elle fut partagée , les
uns étans d'avis que l'article 513. ne parlant que des heritiers
par une exception à la regle generale , il ne faloit point l'extendre à la veuve du Mineur , & les autres que les mêmes
deniers ne pouvans être meubles & immeubles tout enfemble , il étoit incompatible de les reputer immeubles à l'égard
des heritiers , pour les faire retourner à ceux qui auroient
fuccedé aux rentes rachetées , & de les reputer meubles à
l'égard de la femme , pour la priver d'un doüaire qui ne lui
auroit pas été contefté , fi lefdites rentes n'avoient point été
rachetées ; & par Arreft du 1. Avril 1667. raporté par Me Hén-
ry Bafnage fur ledit art. 367. il paffa en faveur de la veuve
pour lui donner doüaire fur lefdits deniers.

Le Commentateur n'a point remarqué fi le Mari étoit mort
en minorité , ou depuis qu'il étoit devenu majeur ; parce
qu'aparemment cette circonftance eft indifferente , & qu'il
fuffit qu'il fût Mineur lors du mariage , & que par confequent
en ce tems-là lefdits deniers fuffent reputez immeubles , ce
qui eft arrivé depuis le mariage , n'ayant pas pû faire préjudice à la femme.

On a trouvé jufte encore que le Mineur dont les rentes ont
été rachetées aux mains de fon Tuteur , venant à déceder en
majorité avant que le Tuteur ait rendu fon compte , & fe
foit deffaifi , lefdits deniers foient encore cenfez immeubles à
l'égard du Tuteur , pour éviter les fraudes que les Tuteurs
qui pouroient être quelquefois heritiers aux meubles de
leurs Mineurs , commettroient en feignant des rachats , ou
ne remplaçant pas lefdits deniers , ou en refufant de rendre

leurs comptes; & d'ailleurs parce que ceux qui ont été en tutelle, font toûjours réputez Mineurs à l'égard de leurs Tuteurs, jufques à ce que leurs comptes leur ayent été rendus.

1690.   Mais il refte une difficulté de fçavoir s'il en doit être de même à l'égard de la veuve & des heritiers du Mineur, marié en majorité avant que fon Tuteur ait rendu fon compte de tutelle, ne paroiffant point qu'en ce cas on doive foupçonner aucune fraude, ni que le mari dût être cenfé Mineur à l'égard de ceux qui n'ont pas été leurs Tuteurs.

C'eft une autre maxime que, quand du nombre des rentes dont le mari étoit faifi lors de fon mariage, il s'en trouve fur des debiteurs infolvables, la femme doit porter fa part de la perte, & qu'elle ne doit pas avoir fon doüaire, comme fi toutes les rentes étoient bonnes, enforte que fi dans la fuite les heritiers ne peuvent être payez des rentes échûës en leurs lots fur les biens des debiteurs, la Veuve doit contribuer à cette diminution.

Mais s'il arrive que ces rentes fuffent dûés à un mineur, & que le Tuteur ne s'en foit point chargé par fon compte, fe contentant de dire que les debiteurs étoient notoirement infolvables, fans juftifier aucunes diligences, on a douté fi la femme qui a trouvé fon mari faifi de ces rentes, y aura doüaire par recompenfe fur les autres biens du mari, quoique le mari, quand le Tuteur lui a rendu fon compte, n'eût point reclamé contre l'énoncé du compte, & n'eût point demandé des diligences.

Ces deux Queftions fe trouvent décidées par un Arreft du huitiéme d'Aouft 1670. rendu en la feconde Chambre des Enquêtes, dont voici l'efpece.

Nicolas le Neveu aprés le decez de fon pere, fut mis en la Tutelle du nommé des Hayes.

Pendant le cours de cette Tutelle, ledit des Hayes en fa qualité de Tuteur, a reçû le rachat de 371 liv. 14 f. 5 den. de rente en plufieurs parties, dont il a employé feulement une fomme de 600 liv. à payer des anciennes dettes de fon mineur, & a prêté le furplus à intereft pupillaire jufqu'à la majorité de fon mineur.

En 1638. ledit Nicolas le Neveu devint majeur, & en 1639. il époufa Catherine Marie, avant que fon Tuteur lui eût rendu compte.

Il a depuis reçû le capital & les interêts des deniers prêtez par fon Tuteur, & pourfuivi des Hayes, qui par l'affinement de fon compte, s'eft trouvé debiteur de 7 à 8000 livres ; & il eft confiderable que dans la recette dudit compte, il dit qu'il ne fe chargeoit point des rentes dûës par le nommé Ourfel, vû fon infolvabilité notoire, & que ledit le Neveu n'y aporta aucune conteftation.

Le Neveu qui étoit un Marchand de la Ville de Roüen, & auquel le fieur Pierre Coffart Marchand à Paris, avoit vendu pour 3300 livres de Marchandifes fans en avoir été payé, étant tombé dans le defordre de fes affaires, a fait un Contrat avec ladite Marie fa femme, par lequel il lui a cedé du fonds pour fes droits de dot & doüaire.

Ledit fieur Coffart a fait faifir réellement les heritages dudit le Neveu, pour le payement de fa creance, & a compris dans fa faifie ceux que ledit Neveu avoit cedez à ladite Marie.

La femme s'eft opofée à ce decret, pour avoir diftraction de ce qui lui avoit été cedé pour fes droits. Coffart a prétendu qu'il y avoit de l'excez dans ce Contrat, & qu'il faloit le reduire ; ce qui a formé une conteftation, pour fçavoir en quoi confiftoient les droits de ladite Marie, & particulierement fon doüaire, ladite Marie prétendant l'avoir fur les rentes rachetées pendant la minorité de fon mari, & fur les rentes dûës par Ourfel, dont ledit des Hayes Tuteur ne s'étoit point chargé par fon compte : Ledit fieur Coffart foûtenant au contraire, que les deniers defdits rachats étoient amobiliez par la majorité dudit le Neveu, & que ledit Ourfel étoit notoirement infolvable dés le tems du mariage de ladite Marie.

L'Inftance portée aux Requêtes du Palais, eft intervenu Sentence le 1. Aouft 1689. par laquelle doüaire eft ajugé à ladite Marie, tant fur les rentes rachetées, que fur les rentes d'Ourfel, à prendre par récompenfe fur les autres biens du mari, dont apel au Parlement par ledit fieur Coffart.

On difoit pour l'Apellant qu'il y avoit deux queftions à juger.

1690.

La premiere, fi les deniers provenans des rachats defdites rentes, étoient encore cenfez immeubles aprés la majorité dudit le Neveu, à l'effet d'y donner doüaire à la femme, fous prétexte que le Tuteur n'avoit pas encore rendu fon compte.

La feconde, fi la femme doit avoir doüaire fur des rentes dont le Tuteur ne s'eft point chargé pour l'infolvabilité notoire du debiteur, fans que ledit le Neveu y ait aporté aucune conteftation.

Pour la premiere, le doüaire n'eft dû de droit que fur les immeubles dont le mari fe trouve faifi lors de fon mariage, fuivant l'art. 367. de la Coûtume de Normandie ; mais il n'eft point dû fur les meubles, à moins qu'il n'y en ait une ftipulation expreffe par le traité de mariage, ce qui ne fe trouvant pas en l'efpece, de cette Caufe, la difficulté fe reduit à fçavoir, fi lors du mariage dudit le Neveu contraclé en majorité, les deniers provenans du rachat de fes rentes devoient être reputez immeubles.

La regle generale établie par l'art. 513. de ladite Coûtume, eft que les rentes conftituées à prix d'argent font reputées immeubles, tant qu'elles ne font point rachetées ; c'eft-à-dire, qu'encore que ces fortes de biens foient meubles de leur nature, fans fixation & fans affiete, comme les deniers qui en font le capital : neanmoins ladite Coûtume par fiction les repûte immeubles, parce qu'elles ont un revenu perpetuel comme le fonds, fans diminution du principal.

Mais par la même regle generale, quand les rentes font rachetées, les deniers font de veritables meubles, qui paffent aux heritiers aux meubles, & qui ne font point fujets à doüaire, lorfque la femme a trouvé fon mari faifi defdits deniers.

Ainfi cette fiction de la loi ne doit être regulierement que quand les rentes fubfiftent, & quand leur capital eft encore entre les mains des debiteurs, pour produire un revenu certain & perpetuel.

Mais elle pouffe les chofes encore plus loin, car encore
que

que la fiction doive cesser quand les rentes sont rachetées, parce qu'alors il n'y a plus de constitution, ni de principal aliené qui produise un revenu à l'exemple du fonds ; neanmoins par le même article 513. elle veut par une seconde fiction, que si les rentes rachetées apartenoient à des Mineurs, les deniers qui en proviennent soient censez immeubles, à l'effet de les faire retourner aux heritiers du côté & ligne dont les rentes sont provenuës.

C'est-à-dire, que la Coûtume de Normandie introduit fiction sur fiction : Premiere fiction, en ce qu'elle répute immeubles des rentes volantes qui n'ont ni assiette ni solidité : Seconde fiction, en ce qu'elle répute immeubles les deniers mêmes des rentes rachetées, lorsqu'ils apartiennent à des Mineurs ; en quoi elle fait une double violence à la verité, contre la maxime de Droit qui ne souffre point fiction sur fiction.

La consequence qui suit naturellement de cette remarque, c'est que la seconde fiction qui répute immeubles les deniers des Mineurs provenans du rachat de leurs rentes, & qui sert d'exception à la régle generale, que les rentes ne sont plus censées immeubles du moment qu'elles sont rachetées, ne peut être étenduë au-de-là des termes de la Coûtume, parce que l'exception confirme la régle dans les cas qui ne sont pas notamment exceptez ; ce qui doit avoir lieu en cette occasion, d'autant plus que cette exception est une seconde fiction qui fait une double violence à la maxime generale.

La Coûtume demande expressément deux conditions pour donner lieu à l'exception ; l'une, que les deniers provenans du rachat des rentes apartiennent à un Mineur ; & l'autre, que ce soit pour les faire retourner aux heritiers de la ligne desquels lesdites rentes sont provenuës.

De sorte que si le Mineur auquel apartiennent lesdits deniers, devient Majeur ; ou s'il ne s'agit pas de faire retourner lesdits deniers aux heritiers de la ligne desquels lesdites rentes sont provenuës, alors la fiction ne peut plus avoir de lieu.

Pour le mieux comprendre, il faut aprofondir les choses & penetrer les motifs de cette exception, & des deux condi-

Y *

tions que la Coûtume demande pour y donner ouverture.

La raiſon pour laquelle les deniers provenans des rentes ou heritages d'un mineur ſont réputez immeubles comme les rentes & heritages mêmes , c'eſt qu'à cauſe de la minorité qui ne ſouffre pas que le capital des mineurs reçoive aucune diminution , ces deniers ſont naturellement & de droit deſti-nez pour être employez en aquiſition d'autres immeubles , & que la ſeule deſtination ſuffit pour les faire réputer immeu-bles ; tout de même que des deniers donnez à un mineur pour être employez en achat de rentes ou d'heritages , ſont cen-ſez immeubles par l'article 512. de ladite Coûtume , quoique ce ſoit une cauſe lucrative pour le mineur & une augmenta-tion de ſon bien , parce qu'ils ſont deſtinez par le donateur pour être remplacez en fonds.

Et la raiſon pour laquelle les deniers du mineur retournent aux heritiers de la ligne deſquels les rentes ſont provenuës ; c'eſt que les rentes dont il eſt parlé dans ledit article 513. ſont propres en la perſonne du mineur , & que n'y ayant point en Normandie de meubles ni d'aquêts que le propre aliené ne ſoit remplacé ; il faut de neceſſité que leſdits deniers ſoient cenſez immeubles de la même nature & qualité que les pro-pres alienez.

Ce qui eſt ſi vrai , que ſi le tuteur avoit conſtitué en rente des deniers provenans du revenu de ſon mineur , & qu'enſui-te les rentes euſſent été amorties entre les mains du même tuteur qui les avoit conſtituées , les deniers qui proviendroient du rachat de ces rentes aquiſes , ne ſeroient pas cenſez de la même nature & qualité que les rentes , pour les faire retour-ner aux heritiers de la ligne dont les rentes ſont provenuës , puiſque ces rentes étoient de ſimples aquêts qui n'avoient point fait d'eſtoc ni de ligne , & que les heritiers aux meubles étans auſſi heritiers aux aquêts , cette fiction ſeroit inutile à leur égard.

Cela étant ainſi , comment peut-on prétendre que ledit le Neveu étant devenu majeur prés de deux ans avant que d'é-pouſer ladite Marie , les deniers provenans du rachat de ſes rentes fuſſent encore cenſez immeubles pour les affecter au doüaire de fa femme , ne fe trouvant en ce cas ni l'une ni l'autre des conditions requifes par la Coûtume; c'eft-à-dire, ni minorité ni neceffité du remploi des propres au profit des heritiers : N'eft-ce pas s'opofer directement au texte précis, **1690.** & à l'intention dudit article 513. de la Coûtume?

Il eft vrai que lors du mariage dudit le Neveu , fon tuteur ne lui avoit pas rendu compte. , Mais cette objection n'eft bonne que quand le tuteur même eft heritier aux meubles de fon mineur , parce qu'un mineur eft toûjours cenfé tel, jufqu'à ce que fon compte lui ait été rendu ; & que fi en ce cas on ne réputoit pas immeubles les deniers du mineur même aprés fa majorité jufqu'à ce que les comptes foient rendus, ce feroit autorifer les fraudes des tuteurs, qui dans l'efperance de fucceder à leurs mineurs , fupoferoient des rachats pour amoblier les rentes , affecteroient de n'en pas faire le remploi, & fe laifferoient pourfuivre long-tems pour rendre leurs comptes.

Mais il n'en eft pas de même à l'égard des autres heritiers & de toute autre perfonne; car au moment qu'un mineur eft âgé de vingt ans accomplis , il devient majeur à l'égard de tout autre que fon tuteur , & eft en pleine liberté de contracter & de difpofer de fon bien ; de forte que la conteftation n'étant point entre le tuteur & le mineur, il eft certain qu'au moment de la majorité , tout ce que peut devoir le tuteur fe réduit en debet de compte qui eft un pur meuble : ce qu'a remarqué le dernier Commentateur de ladite Coûtume fur ledit article 513. apuyé de l'autorité de la Lande , fur l'article 351. de la Coûtume d'Orleans , conçû dans les mêmes termes que l'article 513. de la Coûtume de Normandie : Ainfi les mêmes raifons ne fe trouvant pas entre la veuve & les heritiers autres que le tuteur ou les creanciers , tel qu'eft ledit fieur Coffart , il eft vifible que la fiction de la loi n'opere que pendant la minorité, & qu'elle ceffe auffi-tôt que le mineur eft devenu majeur.

Il eft vrai encore que l'Arreft du premier Avril 1667. raporté par le même Commentateur fur l'article 367. de ladite Coûtume , a jugé que la femme auroit doüaire fur les deniers provenans des rentes qui avoient apartenu au mari , & qui avoient été rachetées pendant fa minorité ; & que par conſequent l'exception portée par l'article 513. eſt auſſi-bien en faveur de la veuve que des heritiers autres que le Tuteur , parce qu'il paroiſſoit incompatible que les mêmes deniers fuſſent meubles & immeubles en même tems & en differens égards.

1° On ne ſçait point préciſément les circonſtances du fait ſur lequel cet Arreſt a été rendu.

2° Les Juges ſe trouverent partagez , les uns s'arrêtans aux termes dudit article 513. ſans vouloir donner plus d'étenduë à la diſpoſition de la loi que les Legiſlateurs avoient trouvé à propos de lui en donner ; & les autres tirans une conſequence neceſſaire & inévitable des heritiers à la Veuve , les mêmes deniers ne pouvans pas être meubles & immeubles , *in eodem inſtanti*.

3° Supoſé que cet Arreſt établiſſe une Juriſprudence certaine , ce n'eſt qu'au cas où le mari a contracté mariage pendant ſa minorité , c'eſt-à-dire , dans un tems où les deniers étoient réputez immeubles , & de la même nature & qualité que les rentes mêmes ; de ſorte qu'on pouroit dire que la femme l'avoit trouvé ſaiſi de deniers immobiliers : il y a même toute aparence qu'il étoit mort en minorité , ce que le Commentateur n'explique point.

Quoiqu'il en ſoit , ce n'eſt point l'eſpece dont il s'agit , ledit le Neveu ayant contracté mariage avec ladite Marie depuis ſa majorité , & par conſequent dans un tems où leſdits deniers ne devoient plus être cenſez immeubles : & il en faut toûjours revenir à dire , qu'il n'y a qu'à l'égard du Tuteur où le Mineur ſoit cenſé tel juſqu'à ce que ſon compte lui ait été rendu , & où les deniers provenans du rachat des rentes du Mineur ſoient reputez immeubles même aprés la majorité , pour les raiſons que l'on a repreſentées.

Auſſi le même Commentateur aprés avoir raporté cet Arreſt ſur l'article 367. réſout depuis ſur l'article 513. que le Mineur n'eſt cenſé tel juſqu'à ce que ſon compte lui ait été rendu , qu'à l'égard du Tuteur , à l'effet de réputer immeubles les de-

niers provenans de fes rentes même aprés fa majorité, &
non pas à l'égard de toute autre perfonne.

Autrement ce feroit un moyen de tromper des Creanciers
qui contractans avec un mari, n'examinent pas fi fon Tuteur
a reçû des rachats de rente, & qui ne confiderent que ce qu'il
poſſéde & ce qu'il a aliené depuis fon mariage. Et cependant
tous fes biens fe trouveroient abforbez par une récompenfe
de doüaire, telle qu'eft celle prétenduë par ladite Marie : Ledit fieur Coffart fe trouve réduit dans cette extrêmité, parce que fi ladite Sentence eft confirmée, il perdra fa creance
de 3300 livres.

Sur la feconde queftion, on difoit pour l'apellant, qu'on
ne pouvoit pas comprendre fur quoi Meffieurs des Requêtes
s'étoient fondez pour ajuger doüaire à ladite Marie fur les
rentes dûës par Ourfel.

On fçait bien que dans les régles ordinaires un Tuteur en
rendant fon compte eft obligé de juftifier des diligences, pour
fe faire décharger des arrérages des rentes de fon Mineur
qu'il donne en reprife.

Mais c'eft lorfque les debiteurs ne font pas notoirement
infolvables dés avant l'inftitution de Tutelle ; car autrement
tant s'en faut qu'un Tuteur foit tenu de reprefenter des diligences, qu'il feroit de l'ordre de lui refufer les frais des pourfuites qu'il auroit faites inutilement.

Or l'on ne peut pas donner une plus forte preuve de l'infolvabilité dudit Ourfel dés le tems de la minorité dudit le
Neveu, que l'énoncé du compte, où ledit des Hayes Tuteur
difoit qu'il ne fe chargeoit point des obligations & des arrérages des rentes dûës par Ourfel, attendu fon infolvabilité
notoire, à quoi ledit le Neveu n'aporta aucun contredit,
parce que l'infolvabilité du debiteur lui étoit connuë : &
l'on ne préfumera pas qu'il eût eu aucune complaifance pour
fon Tuteur, & qu'il eût voulu lui-même perdre lefdites
obligations & arrérages de rentes, en vûë de faire un jour
préjudice à fa femme & à fes enfans.

Il y a plus, car ledit le Neveu paffa encore en reprife une
obligation de cent fo's fur le même Ourfel ; preuve qu'il étoit

pleinement convaincu que ledit Ourſel n'avoit aucuns biens : Il a fait ſur ſon livre un état de ſes biens, où il n'a point employé leſdites rentes ; & Ourſel étoit réduit dans un état ſi déplorable, que ledit des Hayes tuteur étoit obligé de le nourir pour en décharger ſa parenté, ce qui ſeroit aiſément prouvé en cas de beſoin.

1690.

Il eſt vrai que dans le compte de tutelle, il ne s'agiſſoit que des arrérages deſdites rentes, & non pas des capitaux dont il s'agit aujourd'hui ; & que le tuteur n'étoit pas obligé de diſcuter les immeubles dudit Ourſel, pour ſçavoir s'il étoit ſolvable ou s'il ne l'étoit pas : mais comme il ne ſe chargoit point des arrérages à cauſe de l'inſolvabilité d'Ourſel ; & cette inſolvabilité étant auſſi-bien pour le capital que pour les arrérages, il ſuffit que ledit le Neveu ait paſſé les arrérages en repriſe, quoiqu'il ne parût point de diligences, pour en inferer qu'il convenoit de l'inſolvabilité d'Ourſel pour les arrérages & pour le principal.

La femme qui prend doüaire ſur les biens de ſon mari doit participer au bon & au mauvais, on n'eſt pas obligé de lui faire valoir comme bonnes, des rentes qui ne valoient rien dés le tems de ſon mariage : Qu'elle prenne le tiers des rentes d'Ourſel, à la bonne heure, on les lui abandonne même toutes entieres ; mais il eſt contre toute aparence de raiſon de lui en donner récompenſe ſur les autres biens, autrement elle auroit plus que le tiers des immeubles de ſon mari, des rentes perduës dés le tems du mariage, ne devant pas être miſes au nombre des immeubles dudit mari ; ce qui ſeroit contre la diſpoſition formelle de la Coûtume de Normandie, qui veut que la femme puiſſe avoir moins que le tiers à doüaire ; mais qui ne ſouffre point qu'elle en ait plus que le tiers.

Si l'apellant avoit fait des lots à doüaire avec ladite Marie, & ſi dans les deux lots qui lui ſeroient échûs il y avoit des rentes qui ne puſſent être payées ſur les biens des debiteurs, ladite Marie ou ſes enfans ſeroient obligez de contribuer d'un tiers à la perte des principaux deſdites rentes : A bien plus forte raiſon ils doivent porter leur part de la perte des rentes ſur Ourſel, puiſqu'elles ne valoient plus rien lors du mariage dudit le Neveu.

C'eſt pourquoi ledit ſieur Coſſart concluoit à ce que l'a-
pellation & ce dont étoit apellé fuſſent mis au neant ; en corrigeant & réformant, que ladite Marie ou ſes enfans fuſſent
deboutez du Tiers-Coûtumier par eux prétendu, tant ſur les
deniers provenans deſdites rentes rachetées, que ſur les rentes dûës par Ourſel, avec dépens.

1 6 9 0.

Ladite Marie étant decedée dans la ſuite de l'Inſtance, & ſes
enfans nommez Jean-Baptiſte, Michel, Marie-Anne, & Marie-Madeleine le Neveu, ayant repris la ſuite de l'Inſtance,
parce que le doüaire de leur mere leur devoit ſervir de Tiers-
Coûtumier : On diſoit pour eux que les principes dont l'apellant eſt convenu, font la déciſion du procès dont il s'agit.

Puiſqu'il a été jugé par l'Arreſt de 1667. que l'exception
portée par l'article 513. a lieu non ſeulement quand il s'agit de
regler les partages entre les heritiers aux propres & les heritiers aux meubles & aquêts ; mais auſſi quand il eſt queſtion
de régler le doüaire de la femme du mineur.

Puiſqu'il eſt vrai que celui qui a été en tutelle eſt toûjours
cenſé mineur à l'égard de ſon tuteur tant que ſes comptes ne
lui ont point été rendus ; il eſt d'une ſuite neceſſaire que les
deniers provenus des rentes dudit Nicolas le Neveu devoient
être réputez immeubles, de la même nature & qualité que
les rentes mêmes lorſqu'il a contracté mariage, quoiqu'il fût
entré dans ſa majorité, à l'éfet d'y donner doüaire à ſa femme.

Supoſé pour exemple que ledit le Neveu fût mort majeur
avant que ſon compte lui eût été rendu, on demande à l'apellant, qui des heritiers aux propres ou des heritiers aux aquêts,
auroient eu les deniers des rentes rachetées que le tuteur avoit
prêtez à intereſt ?

Ce n'auroient pas été ſans doute les heritiers aux meubles
& aquêts, parce que les rentes étoient propres en la perſonne dudit le Neveu, & que les deniers auroient ſervi de remplacement, n'y ayant point de meubles ni d'aquêts en Normandie que le propre ne ſoit remplacé.

Leſdits deniers auroient donc paſſé aux heritiers aux propres, & par conſequent ils auroient été réputez immeubles de
la même nature & qualité que les propres alienez.

Ledit le Neveu a contracté mariage en 1639. avant que son compte lui ait été rendu , & avant que d'avoir touché lesdits deniers provenans du rachat de ses rentes ; il est donc certain que lesdits deniers étoient alors censez immeubles de la même nature & qualité que les rentes mêmes.

Et comme la Cour a jugé que la même Jurisprudence qui a lieu pour les heritiers , doit avoir lieu pour la femme qui demande son doüaire , la consequence est naturelle & infaillible que lesdits deniers étoient immeubles à l'égard de la femme lors de son mariage , qui est le tems auquel il faut s'arrêter pour regler le doüaire , suivant l'article 367. de ladite Coûtume : Et en effet , quelle aparence y auroit-il que lesdits deniers fussent en même tems réputez immeubles à l'égard des heritiers , & meubles à l'égard de la femme ?

Cette seule réponse suffiroit pour détruire toutes les objections de l'apellant , & pour faire confirmer la Sentence en ce chef.

Mais il faut encore répondre à la seule objection qui pouroit faire difficulté; à sçavoir, qu'un Majeur auquel ses comptes n'ont point été rendus, n'est censé Mineur qu'à l'égard du Tuteur , & non à l'égard des heritiers , de la Veuve & de toutes les autres personnes ; & qu'ainsi la Coûtume ne réputant immeubles que les deniers provenus du rachat des rentes du Mineur , au moment que le Mineur est devenu Majeur , même avant que son compte lui ait été rendu , la fiction de la Coûtume cesse , & les deniers deviennent mobiliers à l'égard des heritiers & de la Veuve.

Cette maxime que celui qui a été en Tutelle est censé Mineur jusqu'à ce que son compte lui ait été rendu , est tout-à-fait mal apliquée ; & ceux qui ont dit que la raison pour laquelle des deniers provenans du rachat des rentes d'un Mineur sont censez immeubles même aprés sa Majorité à l'égard du Tuteur seulement , jusqu'à ce que le compte ait été rendu , parce qu'autrement un Tuteur qui seroit présomptif heritier aux meubles & aquêts , pouroit amobilier les rentes de son Mineur dans l'esperance de sa succession , n'y ont assurément pas assez fait de reflexion.

Car

Car ou bien les rentes rachetées étoient des aquêts en la perſonne du mineur, comme ayant été d'abord conſtituées par le tuteur du revenu de ſon mineur, & alors le tuteur n'auroit pas beſoin de les amobilier dans la ſuite, parce que s'il étoit préſomptif heritier aux meubles, il le ſeroit auſſi des aquêts.

Ou leſdites rentes étoient propres en la perſonne du mineur, comme étoient celles dudit le Neveu rachetées entre les mains dudit des Hayes ; en ce cas le tuteur qui feindroit des rachats, ou qui affecteroit de ne pas remplacer les deniers de ſon mineur, n'en profiteroit pas, puiſque leſdits deniers ſerviroient de remplacement aux propres alienez, & apartiendroient aux heritiers aux propres.

Ce n'eſt donc pas en cet égard que les mineurs ſont toûjours cenſez tels, juſqu'à ce que leurs comptes leur ayent été rendus ; & ſi la majorité n'empêche point que les deniers provenans du rachat deſdites rentes, ne ſoient réputez immeubles à l'égard du tuteur qui n'a point rendu ſon compte, elle ne le doit pas empêcher non plus à l'égard des heritiers & de la femme, étant impoſſible de trouver la moindre raiſon de difference entre l'une & l'autre eſpece, celle que l'on donne ordinairement étant vaine & dite à perte de vûë, comme on le vient de faire voir.

Cela ne va pourtant pas à détruire la maxime, que celui qui a été en tutelle eſt toûjours cenſé mineur juſqu'à ce que ſes comptes lui ayent été rendus, mais à en faire une juſte aplication.

Il eſt vrai qu'un homme âgé de vingt ans accomplis eſt majeur & capable de contracter, & de diſpoſer de ſon bien avec tout autre que ſon tuteur, ſoit avant, ſoit aprés la rendition de ſon compte, parce que ce n'eſt pas à un étranger à examiner, ſi celui avec lequel il contracte a été en tutelle, ou s'il eſt inſtruit de ſes affaires.

Mais il n'a pas cette même capacité de contracter avec ſon tuteur qui pouroit aiſément le ſurprendre, ſon mineur ne pouvant avoir aucune inſtruction de la qualité & quantité de ſon bien que par l'examen de ſon compte de tutelle ; & le tu-

Z *

teur avant la rendition de fon compte ayant encore un refte d'autorité fur celui qui a été en fa tutelle , dont il pouroit aifément abufer.

1690. C'eſt en cet égard veritablement que le majeur eſt cenſé mineur à l'égard de fon tuteur feulement ; mais quand il s'a-git d'examiner la nature du bien du mineur ; ſi c'eſt propre ou aqueſt ; ſi c'eſt meuble ou immeuble , la qualité de tuteur n'y fait rien , & il eſt indiferent que ce ſoit lui ou un autre qui ſoit préſomptif heritier de ſon mineur , la fraude n'étant pas non plus à craindre de ſa part , que de celle de la femme ou des autres heritiers.

Les deniers provenans du rachat des rentes d'un mineur ſont réputez immeubles. 1° Parce que naturellement ils ſont deſtinez pour être remplacez , & que la ſeule deſtination ſuffi-roit pour les faire réputer immeubles , comme l'a remarqué Duret ſur l'article 351. de la Coûtume d'Orleans.

2° Parce que ce ſont des deniers provenans de l'alienation des propres du mineur qui ſervent de remplacement,& qui ſont cenſez de la même nature & qualité que les propres alienez.

3° Parce que les rentes qui ſont rachetées à l'égard des de-biteurs , ne le ſont pas proprement à l'égard du mineur ; le tuteur étant obligé de les remplacer auſſi-tôt aprés , ou de les faire valoir lui-même , avec les interêts pupillaires juſqu'à la preſentation du compte : Et ſi l'on ajoûtoit pour quatriéme raiſon , que le mineur eſt toûjours cenſé tel juſqu'à ce que ſon compte lui ait été rendu , à l'éfet de faire réputer immeubles leſdits deniers , elle aura lieu à l'égard de la femme & des he-ritiers comme à l'égard du tuteur , n'y ayant en ce point nulle diférence entre les uns & les autres , en ce qui concerne la nature & la qualité des biens du mineur.

Si en examinant les choſes encore de plus prés , on deman-de pourquoi le mineur eſt toûjours cenſé tel à l'égard de ſon tuteur qui ne lui a point rendu ſon compte , afin qu'en com-prenant le veritable motif de ce principe , on en faſſe une juſte aplication en le déterminant préciſément à ſon objet : On ne peut en donner d'autre raiſon que celle dont on a déja par-lé ; à ſçavoir , que le tuteur étant ſaiſi des titres & pieces de son mineur, ayant une parfaite connoissance de ses affaires, & conservant encore sur lui sa premiere autorité, il ne peut pas contracter avec lui sans que l'on présume de la fraude de sa part. Or cela ne peut être apliqué qu'à la faculté de contracter, car il seroit du dernier ridicule de dire que des deniers seroient reputez immeubles à l'égard du tuteur, & qu'ils ne le seroient pas à l'égard des heritiers & de la femme, parce que le tuteur est saisi des titres du mineur, qu'il a connoissance de son bien & de ses dettes, & qu'il a du pouvoir sur lui : il n'y a nul raport ni convenance entre ces deux propositions ; & l'on a fait voir qu'il n'est pas moins ridicule de dire pour raison, que le tuteur qui souvent est le plus proche parent du mineur, & par consequent présomptif heritier aux meubles, affecteroit d'amobilier les immeubles de son mineur dans l'esperance d'en profiter ; parce que si ces immeubles sont des aquêts, il n'a pas besoin de les amobilier ; & que si ce sont des propres, il ne lui serviroit de rien de les amobilier.

Suposé que la succession dudit le Neveu fût échûë à ses heritiers aux propres & à des Hayes son tuteur, comme heritier aux meubles & aquêts, qui est-ce qui emporteroit les deniers provenans du rachat desdites rentes ?

Ce ne seroit pas le tuteur, non point parce qu'on présumeroit de la fraude de son côté, comme on l'a nettement prouvé, mais parce qu'il faut que les rentes soient remplacées, & que les deniers qui en proviennent sont subrogez de droit aux propres alienez : 2° Parce que la destination desdits deniers a duré autant que la qualité de tuteur, & que la qualité de tuteur ne cesse que par la presentation de son compte.

Si donc lesdits deniers apartenoient aux heritiers aux propres, parce que lesdits deniers sont censez de la même nature & qualité que les rentes rachetées, la femme y doit avoir doüaire ; l'Arrest de 1667. ayant jugé que les heritiers & la femme du mineur doivent marcher d'un pas égal, & étant également incompatible en l'espece de cette cause, que les mêmes deniers fussent meubles à l'égard de la femme, & immeubles à l'égard des heritiers ou creanciers dudit le Neveu.

Si les confiderations de faveur étoient de quelque importance en la caufe , le doüaire de la femme & le Tiers-Coûtumier des enfans , l'emporteroient fans doute au préjudice
d'un fimple creancier , qui a dû connoître celui avec lequel
il a contracté , mais fur tout d'un creancier tel que ledit fieur
Coffart , qui a beaucoup profité d'ailleurs avec ledit le Neveu
dans le cours de fon negoce , & qui plaide fans efperance de
rien avoir , puifqu'il y a d'autres creanciers avant lui , qui
neanmoins n'ont pas contefté le doüaire de ladite Marie fur
lefdits deniers.

Sur la feconde queftion on difoit pour les enfans , qu'il étoit
conftant dans le fait que les rentes d'Ourfel étoient bien dûës
lors du decez du pere du mineur, le tuteur l'a énoncé dans
fon compte ; conftant encore que le tuteur n'a fait aucunes
diligences contre ledit Ourfel pendant tout le cours de fa tutelle , & qu'il avoit époufé la fille du debiteur , en forte qu'il
avoit profité de la plus grande partie de fes biens.

Or c'eft une Jurifprudence certaine qu'un tuteur ne peut fe
difpenfer de juftifier des diligences contre les debiteurs de fon
mineur , & qu'il eft refponfable de la perte dont il eft caufe
par fa negligence.

Comment peut-on dire qu'Ourfel étoit infolvable dés le
tems du mariage dudit le Neveu , puifqu'il n'y a que les
diligences que le tuteur devoit faire qui en auroient donné la
connoiffance : Et fi ledit le Neveu ne s'eft pas défendu contre
ce tuteur , la femme qui avoit un droit aquis fur ces rentes ,
en doit-elle fouffrir la perte de fon doüaire ?

Si le tuteur nouriffoit ledit Ourfel fon beau-pere , il en étoit
bien payé ; & fi ledit le Neveu n'avoit point mis fur fon livre
les rentes d'Ourfel au nombre de fes biens , c'eft que ce livre
a été fait dans un tems où il ne pouvoit plus fe faire payer ,
& que d'ailleurs fon tuteur lui avoit fait croire que ces rentes
étoient perduës dés le tems du decez du pere.

L'obligation de cent fols fur Ourfel que le tuteur avoit auffi donnée en reprife , eft tout-à-fait contraire à l'apellant ; car
on ne fe perfuadera pas qu'Ourfel n'ait pû payer une fi petite
fomme ; Et l'on ne peut douter que ce défaut de dili-

gences ne soit provenu de la complaisance dudit des Hayes
pour son beau-pere , aux dépens du mineur.

Partant les. Intimez concluoient que l'apellation seroit
mise au neant , avec dépens.

Par ledit Arrest du 8. Aoust 1690. rendu au Raport de Mr
le Pesant de Boisguilbert , l'apellation fut mise au neant , &
la Sentence confirmée.

QUINZIE'ME QUESTION.

*De sçavoir si la signature du Pere au Contrat de Mariage
de son Fils affecte les biens de la Mere , quoique civilement separée , au Doüaire de sa Belle-Fille , lorsque
la Mere même n'y a point signé.*

CETTE question s'est presentée à l'Audience de Grand'-
Chambre du Parlement de Roüen , le Jeudi matin 16. de 1 6 9 0.
Novembre 1690. en la cause d'entre Jean d'Orange Bourgeois
de Dieppe , apellant d'une Sentence renduë en la Jurisdiction
des Hauts-Jours de l'Archevêché , confirmative de celle du
Bailly de Dieppe d'une part ; & Marguerite Vallée , femme
civilement séparée de Jean Loy , aussi Bourgeois de Dieppe,
intimée d'autre , dont voici le fait.

Jean Loy & Marie Fumechon Bourgeois de Dieppe
avoient trois fils , Mathurin , Loüis & Jean Loy.

Il ne paroissoit point par leur traité de mariage qu'ils fussent separez de biens , ni que ladite Fumechon eût obtenu
dans la suite des Lettres de Separation , ni que son nom fût inseré au Tabellionnage au nombre des femmes séparées.

Neanmoins en 1625. elle acheta une maison à Dieppe,
notamment en qualité de femme separée.

En 1645. Jean Loy fils contracta un second mariage avec
ladite Marguerite Vallée , du consentement de sa famille ;
Il paroissoit même par un certificat des parens , que la mere

étoit préfente au feftin de nôces, quoiqu'elle n'ait pas figné le contrat de mariage, mais feulement ledit Jean Loy pere.

1690. En 1650. ladite Fumechon en la même qualité de femme feparée, vendit au nommé Feret la même maifon qu'elle avoit aquife en 1625. & dont elle étoit faifie en 1645. lors du mariage de Jean Loy fon fils, & fit figner fes trois fils au contrat de vente; & ledit Feret l'a revenduë dans la fuite audit Jean d'Orange.

Aprés le decez dudit Jean Loy & de ladite Marie Fumechon pere & mere, Marguerite Vallée fit arrêter les loüages de ladite maifon dés 1675. pour les arrerages de fon doüaire dont elle fe defifta auffi-tôt aprés. En 1679. elle recommença & abandonna fa pourfuite; mais en 1688. elle a fait arrêter tout de bon les loüages de ladite maifon, & formé fon action devant le Bailly Haut-Jufticier de Dieppe, pour faire juger qu'elle auroit doüaire fur ladite maifon.

Ledit d'Orange aquereur s'en eft défendu, parce que ladite Fumechon n'avoit pas figné au traité de mariage de fon fils, & que par confequent elle n'avoit pas affecté fes biens au doüaire de fa belle-fille du jour dudit contrat; & que tout ce que la belle-fille pouvoit efperer, c'étoit un doüaire fur les biens de fa belle-mere du jour du decez de la belle-mere; auquel cas ladite maifon venduë avant le decez n'y doit point être comprife, la feule fignature lui ayant pû ôter la libre difpofition de ladite maifon par elle aquife, au préjudice du douaire de fa belle-fille.

Neanmoins le Juge de Dieppe a accordé doüaire à ladite Vallée fur ladite maifon, entant que la part hereditaire qui en auroit pû apartenir à Jean Loy fon mari, & a même liquidé le doüaire fur le pied du contrat de vente faite à Feret en 1650.

Sur l'apel aux Hauts-Jours par ledit d'Orange, la Sentence y a été confirmée avec l'amende & les dépens, dont apel à la Cour.

Me Loüis le Paige pour Jean d'Orange apellant, dît, qu'il s'agiffoit au fonds d'un doüaire de fort peu de confequence, mais que la queftion étoit importante, qu'elle n'avoit point

encore été décidée, & que l'Arreſt qui interviendroit, ſervi-
roit de réglement pour la Province.

On convient que par l'Arreſt du Conſeil d'Etat du trentiéme Aouſt 1687. *La veuve du fils qui a ſurvécu ſon pere, & qui*
s'eſt porté heritier d'icelui, peut avoir doüaire ſur la ſucceſſion de
ſon beau-pere décedé avant ſon mari, ſuivant l'ancienne Juriſpru-
dence; c'eſt-à-dire du jour de la ſignature du beau-pere au contrat de mariage de ſon fils, au préjudice des creanciers poſterieurs.

On convient encore qu'il en doit être de même ſur les biens
de la belle-mere qui a ſigné au contrat de mariage de ſon fils;
mais l'apellant ſoûtient que la ſignature de la mere, qui étoit
ſéparée civilement de ſon mari, étoit abſolument neceſſaire
pour affecter ſes biens au doüaire de ſa belle-fille du jour du
contrat de mariage.

Pour cela il ne faut que la lecture des articles 369. & 370.
de la Coûtume de Normandie, & de l'Arreſt du Conſeil du
trentiéme Aouſt 1687.

L'article 369. porte que, *ſi le pere ou ayeul du mari ont con-*
ſenti le mariage, ou s'ils ont été preſens, la femme aura doüaire ſur
leur ſucceſſion, combien qu'elle échée depuis le decez de ſon mari,
pour telle part & portion qui lui en eût pû apartenir ſi elle fût
avenuë de ſon vivant.

Et le 370. porte que, *ſi le pere ou ayeul n'ont conſenti le ma-*
riage, la femme n'emporte aprés la mort de ſon mary doüaire, fors de
ce dont ſon mari étoit ſaiſi lorſqu'il l'épouſa, ou de ce qui lui ſe-
roit depuis échû en droite ligne conſtant le mariage.

Par où la Cour voit que la Coûtume ne donne doüaire à la
femme que ſur les biens de l'ayeul ou du pere, qui ont conſenti
ou qui ont été preſens au mariage, & non pas ſur les biens de
l'ayeule ou de la mere par la ſeule preſence de l'ayeule & du
pere: tout de même qu'elle ne prive la femme de ſon doüaire
que ſur les biens de ceux qui n'y ont pas été preſens.

L'Arreſt du Conſeil d'Etat du trentiéme Aouſt 1687. rendu ſur le renvoi du Parlement de Normandie, les Chambres
s'étans trouvées partagées ſur la nouvelle & ancienne Juriſprudence, a décidé en faveur de l'ancienne Juriſprudence,

& ordonné que la veuve du fils qui a furvécu fon pere , & qui s'eft porté fon heritier , peut avoir dotiaire fur la fucceffion de fon beau-pere , lorfqu'il aura *affifté , ou confenti , ou pourchaffé* le mariage de fon fils , eu égard à l'état des biens lors du mariage & en hipoteque du jour dudit mariage , à l'exclufion des creanciers pofterieurs.

Ce qui fupofe la fignature , s'agiffant d'une hipoteque qui ne peut pas être creée fur les biens du pere , fans qu'il y ait quelque chofe de fon fait : car quand il ne figne pas au contrat de mariage de fon fils , c'eft affez dire qu'il ne le confent pas ; ou que s'il le confent tacitement , il ne veut pas fe lier les mains , ni fe mettre en curatelle pour affurer un dotiaire à fa belle-fille.

Et il faut remarquer que ledit Arreft ne donne à la veuve du fils un dotiaire que fur les biens du beau-pere qui a figné au traité de mariage de fon fils , fans parler des biens de la belle-mere ; ce qui eft affez dire que la veuve du fils a feulement dotiaire du jour du contrat de mariage fur les biens de celui qui a figné.

S'il s'agiffoit de la validité du mariage , la fignature du pere fuffiroit ; mais il s'agit ici d'une hipoteque au préjudice de creanciers de bonne foi , qui n'ont pas pû fe perfuader que leur debiteur ait pû s'obliger fans voir rien de fon fait.

Quand une femme n'eft point feparée de biens , on peut dire que fes actions & l'adminiftration de fes biens font en la main du mari ; mais la feparation la met hors de cette curatelle , & lui donne qualité de jouïr de fon bien & de le conferver , alors fon mari ne peut plus agir pour elle fans procuration , & ne peut plus aliener ni hipotequer fes biens.

Cette queftion fut jugée en l'Audience de Grand'Chambre le neuviéme Février 1674. en la caufe de la Dame de Bonneville , qui fut privée de fon dotiaire fur la fucceffion de fa belle-mere , par la feule raifon que la mere n'avoit point figné à fon contrat de mariage , encore qu'elle eût aprouvé ce mariage par les lettres qu'elle avoit écrites à ladite Dame de Bonville , dans lefquelles elle lui donnoit la qualité de Dame de Bonneville.

L'objection

L'objection que l'on a faite dans la conference au Parquet de Messieurs les Gens du Roy, que par l'art. 258. *le pere peut en mariant ses filles, les reserver à sa succession, & de leur mere pareillement ;* que par les Arrêts, il a été jugé que le pere avoit **1690.** cette faculté malgré la mere, & même aprés son decez, n'est pas considerable : Parce premierement, que cela s'entend quand la mere n'est point séparée civilement, l'apellant ne convenant pas que cette disposition ait lieu aprés le decez de la mere, parce qu'alors le droit hereditaire est aquis aux freres, & que le pere ne peut les en dépoüiller : En second lieu, parce que le pere en réservant ses filles à partage ne fait que remettre les choses dans leur ordre naturel, la loi en privant les filles de la qualité d'heritieres ayant fait violence à la nature, en vûë de conserver les familles dans leur éclat.

L'Intimée a encore objecté l'art. 404. de ladite Coûtume, qui porte, *que la proprieté du tiers des biens que la femme a lors du mariage, ou qui lui écherront constant le mariage, ou lui apartiendront à droit de conquest, apartiendra à ses enfans, aux mêmes charges & conditions que le tiers du mari.*

D'où l'on a inferé que ladite Fumechon ne pouvoit pas même vendre ladite maison au préjudice du Tiers-Coûtumier de ses enfans.

Ce qui est une mauvaise interpretation dudit article de Coûtume, qui parle des conquêts faits par le mari pendant le mariage, ausquels la femme a la moitié en proprieté lorsqu'ils sont faits en bourgeoisie, ou dans le Bailliage de Gisors, suivant l'article 329. de ladite Coûtume; & il est vrai que la mere ne peut pas disposer desdits conquêts au préjudice du tiers de ses enfans, parce que ces biens sont regardez comme lui étans échûs par une espece de succession, & qu'elle n'a pouvoir de disposer entierement que des aquisitions qu'elle a faites elle-même, qui ne sont pas des conquêts.

Enfin l'Intimée a objecté qu'on ne justifioit pas que ladite Fumechon fût civilement séparée d'avec ledit Jean Loy son mari, qu'il n'y en avoit point de clause dans le contrat de mariage, qu'il ne paroissoit point de Lettres de Séparation, ni que son nom eût été mis dans le Catalogue des femmes séparées.

A a *

Mais elle a pris cette qualité dans le contrat d'aquifition de ladite maifon en 1625. & dans le contrat de vente de la même maifon en 1650. auquel fes fils majeurs ont figné, elle n'auroit pû acheter ni vendre autrement fans l'autorité de fon mari, & les enfans ne font pas recevables à la contefter aprés l'avoir reconnuë.

Pourquoi concluoit à ce que l'apellation & ce dont fuffent mis au neant; en corrigeant & réformant, que ladite Fumechon fût deboutée du doüaire par elle prétendu fur ladite maifon, en quoi faifant, il fut dit à tort la faifie des loüages, avec interêts & dépens.

Me Charles Theroude pour ladite Fumechon intimée, difoit, que l'apellant avoit plaidé un pur paradoxe.

Les articles 369. & 370. auffi-bien que le Réglement du 30. Aouft 1687. dont il a voulu fe prévaloir, lui font tout-à-fait contraires.

Le premier de ces deux articles, aprés avoir dit que fi le pere ou ayeul du mari, ont confenti le mariage, ou s'ils y ont été prefens, la femme aura doüaire fur leur fucceffion, combien qu'elle échée depuis le decez de fon mari, pour telle part & portion qui lui en eût pû apartenir, fi elle fût échûë de fon vivant, ajoûte; *& ne poura avoir douaire fur les biens que le pere, la mere ou ayeul auroient aquis ou qui leur feroit échû depuis le decez du mari.*

Defquels termes il réfulte évidemment que le confentement ou prefence du pere, ou de l'ayeul du mari, affecte au doüaire de la femme les biens de la mere, auffi-bien que ceux de l'ayeul ou du pere, pourvû que ces biens ne lui foient pas provenus d'aquifition ou de fucceffion depuis le decez du mari.

L'autre article dit, que fi le pere ou ayeul n'ont point confenti le mariage, la femme n'aura doüaire que fur ce dont fon mari étoit faifi lors de fon mariage; c'eft-à-dire, qu'elle n'aura doüaire ni fur les biens du pere, ni fur les biens de la mere decedée aprés le mari.

Parce que comme le confentement du pere, emporte le confentement de la mere, & affure un doüaire à la femme

du fils , fur les biens de l'un & de l'autre ; auffi le défaut
de confentement du pere prive la femme du fils d'avoir aucun
douaire fur les biens du pere & de la mere de fon mari qui
l'ont furvécu.

1690.

En effet , tant que le mari eft vivant, on ne confidere point
le confentement de la femme , qui eft confondu en celui du
pere, il agit , il confent , il contredit pour toute fa famille
dont il eft le chef; & en matiere de mariage , il eft indiférent
que la mere foit feparée ou qu'elle ne le foit pas , la feparation
ne la tire pas de la puiffance du mari , & ne la rend pas la maîtreffe du mariage de fes enfans : La Coûtume ne diftingue
point , & le mariage du fils confenti & agreé par le pere civilement féparé , n'eft pas moins valable que fi le pere n'étoit
point feparé à l'effet d'affurer le douaire de fa belle-fille fur
fes biens & fur ceux de la mere.

La femme n'a point d'autorité que le mari ne foit décedé ,
alors elle fort de curatelle, & fon confentement eft neceffaire pour l'affurance du douaire; & c'eft auffi en ce cas que les
Ordonnances demandent le confentement de la mere pour la
validité du mariage des enfans.

Cette puiffance du pere eft la caufe pour laquelle la Coûtume dans lefdits articles 369. & 370. ne prefcrit que le confentement du pere ou de l'ayeul , parce qu'il emporte le confentement de la mere : C'eft de cette maniere que l'expli-
quent Berault & Godefroy , *l'abfence ou contredit de la mere au*
mariage du fils contraƈté du confentement du pere , ne privera pas
la femme dudit fils de fon douaire fur les biens d'icelle mere : mais
fi le pere étoit décedé , le confentement de la mere au mariage feroit
neceffaire pour avoir douaire fur les biens d'icelle ; Car la Coûtume
parlant du pere , entend auffi tout de même de la mere , dit Berault.

Godefroy s'explique encore plus fortement : *Nôtre Coûtu-*
me , dit-il , *n'exprime que la perfonne du pere & de l'ayeul , &*
non de la mere & de l'ayeule , parce qu'en cas de répugnance &
contrarieté à la volonté des maris , il fuffit du confentement des peres
& ayeuls pour valider le mariage, & aquerir douaire à la femme fur
les biens de l'un & de l'autre , l. in conjunƈtione C. de nuptiis. Novell. 115. *Mais fi le mari étoit mort , le confentement de*

A a * ij

la mere feroit requis ; autrement fi le mariage s'eft fait contre fon gré,
la femme aprés le decez de fon mari , ne peut quereller douaire fur
les biens de ladite mere ou ayeule.

1 6 9 0.   L'Arreft du Confeil d'Etat a été rendu fur l'interprétation dudit article 369. pour fçavoir fi le confentement, ou
l'intervention du pere au mariage de fon fils fans promeffe
de garder & fans avancement , affeétoit fes biens au douaire
de fa belle-fille du jour du contrat de mariage , & au préjudice de tous les aétes & contrats que le pere pouroit faire dans
la fuite , encore que le fils fût devenu heritier de fon pere, ce
qu'on apelloit l'ancienne Jurifprudence ; ou fi la prefence &
le confentement du pere ne donnoit douaire à la belle-fille
fur les biens du pere , qu'eu égard à ce qu'il a laiffé lors de fon
decez, fuivant la nouvelle Jurifprudence.

Mais il n'étoit pas queftion de fçavoir s'il faloit neceffairement que le pere eût figné ; & l'Arreft en autorifant l'ancienne Jurifprudence ne dit point que le douaire de la belle-
fille eft dû du jour de la fignature du pere au contrat de mariage de fon fils , mais du jour du contrat de mariage , lorfque le pere , l'ayeul , ou autres afcendans du mari auront
affifté , ou confenti , ou pourchaffé le mariage aux termes
dudit article 369. qui ne parle point non plus de fignature
audit contrat.

Et fi dans l'Arreft il n'eft parlé que du confentement du
pere , c'eft qu'il fupofe le pere vivant ; que le confentement
du pere qui eft le maître du mariage de fes enfans , emporte
le confentement de la mere ; & qu'aprés la mort du pere ,
la mere revêt l'autorité de fon mari , & eft confiderée comme
le pere.

La feparation civile eft établie pour empêcher la diffipation
du bien de la femme par le mauvais ménage du mari , & l'on
convient qu'alors le mari ne peut pas même du confentement de fa femme, aliener ni hipotequer les biens dotaux.

Mais ce n'eft pas ici une diffipation du bien de la femme :
le mari en confentant le mariage de fon mari , fait un aéte
de juftice & de droit commun ; & fi fon confentement en rendant le mariage valable , affeéte auffi les biens de la mere

au doüaire de la belle-fille , c'eft plûtôt la loi qui oblige la femme , que non pas le fait du mari : Et comme dit le même Berault fur l'article 258. *Ce n'eft pas là proprement une aliena-*
tion , ains plûtôt un département des biens de fes enfans , lequel
faifant le pere , il ne fuit que le droit commun & la raifon na-
turelle.

C'eft pourquoi le pere , par l'article 258. de ladite Coûtu-me , peut réferver fes filles à la fucceffion de leur mere ; & comme ces termes contiennent une difpofition generale , on a jugé que le pere peut réferver à la fucceffion de la mere , quoique la mere foit morte , & que le droit femblât aquis aux freres : Les Arrêts en font raportez par Berault fur le-dit article 258.

Et les Commentateurs inferent de ces Arrêts , que la réfer-vation peut être faite par le pere , contre le gré de fa femme vivante.

L'Arreft de la Dame de Bonneville n'y vient pas , d'autant que le pere étoit mort lors du mariage de ladite Dame , & que le fieur de Bonneville avoit contracté fans le confentement de fa mere.

Partant concluoit à ce que l'apellation fût mife au neant , avec dépens.

Monfieur le Guerchois Procureur General ayant conclu pour l'abfence de Meffieurs les Avocats Generaux , & repre-fenté que la féparation de la femme ne la tire pas de la tutelle de fon mari , que la fignature du mari fuffit pour toute la fa-mille , & engage les biens de la femme dans les cas de droit , comme la fignature du tuteur engage les biens du pupille ; que quand un fils de famille contracte mariage , ce n'eft pas tant avec lui que la famille de fa femme contracte , qu'avec le pe-re & la mere , le fils n'ayant pas de bien , ce qui eft le motif de l'Arreft du Confeil d'Etat ; de forte que fi la mere avoit du bien fans que le pere en eût de fon chef , il s'enfuivroit que la femme feroit la maîtreffe du mariage de fes enfans , ce qui fe-roit un renverfement contraire à la raifon & au bon fens.

La Cour par Arreft du Vendredi 17. Novembre 1690. aprés deux Audiences de plaidoyerie , mit l'apellation au neant.

avec douze livres d'amende & les dépens, prononçant Monsieur le Préfident d'Anfreville.

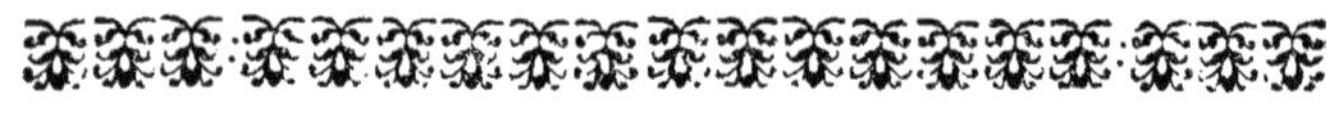

SEIZIE'ME QUESTION.

Sçavoir ſi dans la Coûtume de Normandie la part d'une Fille mariée par ſon Pere, & payée de ſa Dot en argent doit accroître à ſes Sœurs qui renoncent & s'arrétent à leur Tiers-Coûtumier, ou bien aux Creanciers du Pere, lorſqu'elle renonce audit Tiers-Coûtumier pour ne pas raporter le don qui lui a été fait.

—— 1684. EUSTACHE Orprey, ſieur de Pleinemare, n'avoit que trois filles, Marguerite, Leonor & Catherine Orprey.

Marguerite fut mariée en 1668. au ſieur d'Alleville, & le ſieur de Pleinemare ſon pere lui paya 3500 livres pour ſa dot.

Le ſieur de Pleinemare étant mort en 1669. ſes creanciers firent ſaiſir réellement ſes immeubles.

Leonor & Catherine Orprey renoncerent à la ſucceſſion de leur pere, & formérent opoſition au decret pour avoir leur Tiers-Coûtumier en integrité, comme ſi Marguerite leur ſœur aînée fût morte du vivant du pere ſans avoir été mariée.

Les creanciers ſoûtinrent au contraire qu'elles ne devoient avoir que chacune leur tiers au Tiers-Coûtumier, & qu'ils devoient avoir à leur profit l'autre tiers au droit de la ſœur aînée, qui avoit été payée de ſa dot, & qui renonçoit même audit Tiers-Coûtumier pour n'être pas obligée de raporter les 3500 livres qui lui avoient été données.

Le Juge des lieux avoit ajugé aux creanciers la part de Marguerite Orprey au Tiers-Coûtumier, & les deux autres ſœurs n'en apellerent point, au contraire elles reçûrent du Receveur des Conſignations chacune 940 livres pour leurs parts au Tiers-Coûtumier ſans aucune proteſtation.

Mais étans toutes deux mortes fans enfans , & le fieur
d'Alleville devenu leur heritier à caufe de Damoifelle Marguerite Orprey fa femme, il a interjetté Apel de ladite Sentence.

L'Inftance portée au Parlement de Normandie apointée &
diftribuée en la feconde Chambre des Enquêtes.

On difoit pour l'Apellant qu'il avoit deux moyens infaillibles pour faire caffer la Sentence ; l'un, qui réfulte du texte
exprés de la Coûtume de Normandie ; l'autre , qui réfulte des
Arrêts rendus en confequence.

Par les articles 367. & 399. de la Coûtume, il eft porté que
*le douaire confifte en l'ufufruit du tiers des chofes immeubles dont
le mari eft faifi lors de leurs époufailles , & de ce qui lui eft depuis échû conftant le mariage en ligne directe.* Et que *la proprieté
du tiers de l'immeuble deftiné par la Coûtume pour le douaire de
la femme eft aquis aux enfans du jour des époufailles .... fans
que le pere le puiffe vendre , engager ni hipotéquer , ni que les
enfans le puiffent vendre , hipotéquer , ni en difpofer avant la
mort du pere , & en cas qu'ils ayent tous renoncé à fa fucceffion.*

On tire de cette difpofition deux principes décififs pour la
conteftation dont il s'agit.

Le premier, que le Tiers-Coûtumier des enfans eft compo-
fé d'immeubles , parce que la Coûtume ayant eu pour but de
conferver un fonds pour la fubfiftance des enfans dans le dé-
bris de la fortune de leur pere , il faloit de neceffité que ce
fût un immeuble ; les enfans ne pouvans pas empêcher que
leur pere ne diffipe & ne confume fes immeubles qui n'ont
point de fuite par hipotéque ; & la Coûtume ne pouvant pas
étendre fa prévoyance fur des chofes qui n'ont point de fta-
bilité & qui fe confument par l'ufage.

Le fecond, que les enfans du vivant de leur pere ne peuvent hipotéquer , engager , ni difpofer de leur Tiers-Coûtumier par quelque contrat que ce foit , comme le pere ne le
peut vendre , engager ni hipotéquer ; parce qu'autrement
ce feroit rendre inutile la fage précaution de la Loi , qui ne
permettant pas au pere de priver abfolument fes enfans des
moyens de fubfifter aprés fon decez , ne luy permet pas auffi

d'abufer de la puiffance qu'il a fur eux pour leur faire faire indirectement ce qui leur eſt directement défendu par la Coûtume : & que d'ailleurs la Coûtume a voulu prévenir la trop grande facilité qu'ont les enfans de famille à s'engager & à diffiper leur bien.

Ainſi ce tiers d'immeubles deſtiné pour la légitime des enfans qui renoncent, eſt abſolument hors la priſe des creanciers du pere poſterieurs à ſon mariage : Ils n'ont pour objet que les meubles & les deux autres tiers des immeubles de leur debiteur, dont ils ont dû connoître la condition quand ils ont contracté avec lui.

Quelques alienations que leur debiteur puiſſe faire, ils conſervent toûjours leurs hipotéques ſur les deux tiers de ſes immeubles ; mais s'ils ſouffrent qu'il diſpoſe d'un meuble qui n'a point de ſuite, ils ſe doivent imputer leur négligence de ne l'avoir pas ſaiſi.

Il eſt indifférent en faveur de qui le pere diſpoſe de ſes meubles, ſi c'eſt en faveur de ſes enfans ou en faveur d'une perſonne étrangere ; en l'un ni en l'autre cas il n'y a point de retour pour les creanciers ; & comme le Tiers-Coûtumier eſt compoſé d'immeubles, & n'a nulle affectation ſur les meubles, quelqu'alienation & quelque diffipation que le pere faffe de ſes meubles, le Tiers-Coûtumier demeure toûjours entier.

Autrement il s'enſuivroit pluſieurs abſurditez : 1º Que le pere en diſpoſant d'un meuble ruineroit le tiers de ſes enfans compoſé d'immeubles ; ce qui eſt contre le bon ſens & contre le texte de la Coûtume : 2º Que le pere de ſon vivant pouroit diſpoſer indirectement du Tiers-Coûtumier de ſes enfans, contre la prohibition expreſſe de la Loi : 3º Que celui des enfans en faveur duquel le pere diſpoſeroit d'une ſomme d'argent ou d'un autre meuble, pouroit du vivant du pere aliener ſon Tiers-Coûtumier, contre la diſpoſition formelle de l'article 399. 4º Que le meuble dont le pere diſpoſe en faveur d'un de ſes enfans auroit ſuite par hipotéque à l'égard des creanciers du pere, contre la maxime generale.

Comme le ſieur de Pleinemare pouvoit diſpoſer de la ſomme de 3500 livres au préjudice de ſes creanciers en faveur

d'une

d'une perſonne étrangere , ſans pour cela diminuer le Tiers-
Coûtumier des enfans ; il en pouvoit diſpoſer tout de même
en faveur de ſa fille aînée , ſans diminution dudit tiers , la ——
fille n'étant pas moins étrangere que tout autre à l'égard des 1 6 8 4.
creanciers.

Il en faut faire le même jugement que ſi la fille aînée n'a-
voit reçû aucune choſe , & renonçoit à rien prétendre au
Tiers-Coûtumier , une ſomme mobiliaire devant être conſiderée comme rien à l'égard du Tiers-Coûtumier , auquel cas
il eſt ſans doute que ſa part accroît aux autres ſœurs , tout
de même que ſi l'aînée étoit morte du vivant du pere.

Il eſt vrai que ſi la fille aînée étoit heritiere , ſes ſœurs en
renonçant ne pouroient pas avoir le Tiers-Coûtumier en ſon
integrité , parce qu'elle confondroit en ſa perſonne ſa part dudit tiers , ne pouvant pas être heritiere & legitimaire en une
même ſucceſſion ; c'eſt la déciſion de l'Arreſt du 16. Juillet
1630. rendu entre le Chevalier & Boutevillain , raporté par
Berault ſur l'article 401. & conformément auquel la Cour
avoit arrêté l'article 89. du Réglement de 1666.

Il eſt vrai encore que ſi le pere avoit donné du fonds à ſa
fille aînée au lieu d'argent ; comme les immeubles du pere
en ſont diminuez , il faudroit auſſi que le Tiers-Coûtumier
diminuât la part de l'aînée.

Mais ce n'eſt pas l'eſpece dont il s'agit , où le pere n'a donné que de l'argent qu'il pouvoit diſſiper , & en diſpoſer en faveur
de qui il le trouvoit à propos au préjudice de ſes creanciers.

A l'égard des Arrêts , le dernier Commentateur de la Coûtume de Normandie , ſur l'article 401. en raporte pluſieurs.

Le premier du 10. de Septembre 1642. par lequel il a été
jugé , que des petits-fils demandans avec leurs oncles , leur
part au Tiers-Coûtumier ſur la ſucceſſion de leur ayeul , ils
n'étoient pas tenus de raporter au profit des creanciers une
ſomme de trois mil livres , que leur pere à la ſucceſſion duquel ils avoient renoncé , avoit euë en contractant mariage ;
parce que cette ſomme de trois mil livres étoit un pur meuble , dont l'ayeul avoit pû diſpoſer au préjudice de ſes creanciers.

B b *

Le deuxiéme du 14. Avril 1644. entre Mathieu Brachant, & les aquereurs des heritages de Vincent Buiſſon, par lequel il fut jugé que ſur le Tiers-Coûtumier de Mathieu Buiſſon, on feroit déduction ſeulement de deux vergées de terre qui avoient été données à une de ſes ſœurs par le pere, ſans avoir égard à la demande des aquereurs creanciers du pere, qui prétendoient faire auſſi déduire une ſomme d'argent donnée à une autre ſœur mariée : Et l'Auteur remarque qu'en jugeant le procez, on tint pour maxime qu'il faloit diſtinguer, ſi le pere avoit donné de l'heritage à ſa fille, ou s'il lui avoit donné des meubles , & que ſur cette diſtinction l'Arreſt fut prononcé.

Le troiſiéme du 8. de Janvier 1655. dans une eſpece encore plus formelle , & qui décide nettement la queſtion dont il s'agit : En voici l'eſpece.

Huillard avoit ſix filles , trois ſorties d'un premier mariage , & trois du ſecond.

Les trois ſorties du premier lit avoient été mariées par le pere, qui leur avoit donné à chacune une ſomme d'argent.

Le pere étant décedé , toutes les filles renoncerent à ſa ſucceſſion ; mais les trois aînées s'arrêterent à ce qui leur avoit été donné par leurs Contrats de Mariage; & les trois autres demanderent leur Tiers-Coûtumier.

La queſtion fut entre ces trois filles non mariées & les creanciers du pere, de ſçavoir ſi elles auroient le Tiers-Coûtumier en integrité , ou ſi elles auroient ſeulement trois ſixiémes du tiers , en faiſant diminution au profit des creanciers des trois autres ſixiémes pour les parts des trois ſœurs mariées. Ce qui fait préciſément le ſujet de la conteſtation preſente.

Le Juge de Gaillefonteine avoit jugé ſuivant les Concluſions des creanciers, dont y ayant eu apel à la Cour , on repreſenta pour les filles, que le raport dont il eſt fait mention dans l'article 401. de la Coûtume, ne devoit être entendu que des immeubles , & non des meubles ; parce que les meubles donnez par un pere, ne pouvoient remplir le tiers ; qu'autrement les enfans le pouroient diſſiper du vivant de leur pere;

que le tiers ne pouvoit être divisé qu'avec ceux qui le demandoient, ou qui avoient droit de le demander ; & qu'il feroit étrange que des creanciers fuffent admis à partager un Tiers-Coûtumier avec des enfans : Et la Cour par l'Arreft, caffa la Sentence, & ajugea le tiers entier aux trois filles non mariées.

1684.

Le quatriéme du 13. Février 1676. entre les creanciers de Denis Petit, & le fils de Petit qui avoit renoncé à la fucceffion de fon pere, & qui demandoit fon Tiers-Coûtumier fans diminution des parts de fes trois fœurs mariées, & aufquelles le pere avoit donné leurs légitimes en les donnant en mariage.

C'eft ce qui fait dire au même Commentateur, que *fur la queftion de fçavoir fi les portions des fœurs mariées, ou de ceux qui fe tiennent à leurs dons pour ne raporter point, doivent ceder au profit des creanciers, ou des demandeurs en Tiers-Coûtumier; il faut faire diftinction entre les immeubles & les meubles : Que fi quelques-uns des enfans, fils ou filles, ont été avancez par leur pere ou mere de quelques immeubles ; s'ils ne veulent point raporter, en ce cas, leur portion n'accroît point aux demandeurs en Tiers-Coûtumier, mais elle eft diftraite du Tiers pour tourner au profit des creanciers : Que s'ils n'ont eu que des meubles, comme ils ne font point fujets à raport à l'égard des creanciers, ils ne diminuent point le Tiers-Coutumier, mais la part de celui qui n'y veut rien prendre, accroît aux autres enfans.*

Et aprés avoir cité les trois derniers Arrêts dont on vient de raporter la difpofition, il ajoûte que *l'opinion la plus commune & la plus fuivie au Palais eft, qu'à l'égard des creanciers les meubles donnez par le pere à fes enfans, ne font point fujets à raport, & que tant s'en faut que la part de ceux qui s'abftiennent tourne au profit des creanciers, que ceux même qui prennent le Tiers-Coutumier, ne font point obligez de raporter les meubles qui leur ont été donnez ; & que le Tiers entier leur apartient fans aucune diminution.*

Les raifons qu'il en raporte font les mêmes que l'on a déja touchées, que les enfans ne peuvent engager ni hipotequer le Tiers-Coûtumier du vivant de leur pere, ce qui

B b * ij

arriveroit neanmoins fort souvent , si les meubles qui leur
sont donnez diminuoient la portion qui leur apartient sur les
immeubles , & que le pere est maître des meubles qui n'ont
point de suite par hipoteque.

On ne doit pas objecter que les sœurs que l'apellant represente aujourd'hui , ont executé la Sentence & reçû chacune
leur tiers dudit tiers sans se réserver à l'apel ; car il y a beaucoup de diférence entre payer & recevoir ; quand on paye
sans réservation , on execute le jugement , & le payement
produit une fin de non recevoir ; au lieu que quand on reçoit,
c'est à bon compte , on execute seulement la Sentence en
tant que la somme reçûë , mais on ne se prive pas de l'apel pour
le surplus.

Partant concluoit à ce que l'apellation & ce dont fussent
mis au neant ; en corrigeant & réformant , que l'autre tiers
du Tiers-Coûtumier lui fût ajugé avec interêts & dépens.

On disoit au contraire pour les creanciers intimez , qu'ils
avoient pour eux le Droit , la Coûtume & les Arrêts.

Le Doüaire & Tiers-Coûtumier est destiné pour les alimens
de la mere & des enfans : Or c'est une maxime en droit , qu'en
matiere d'alimens , la part de celui qui renonce ne décroît
point de la masse de la succession qui doit porter cette charge ,
pour accroître aux autres alimentaires ; & que la part de celui qui meurt aprés avoir accepté retourne à la masse , & n'accroît point aux autres : C'est la disposition formelle de la
l. 57. §. 1. *D. de usufr. & quemadm. & ibi gl.* & de la l. 3. §.
debebit D. de alim. leg. ipsi hæreditati & massæ successionis accedit ,
suivant la doctrine de Me Charles du Moulin sur la Coûtume
de Paris , §. 15. *gl.* 4. *n.* 3.

Parce que comme dit Duaren , *de jure accresc. lib.* 2. *cap.* 14.
ideo hîc cessat jus accrescendi , quia cum testator in alimenta legave-
rit , videtur voluisse , ne ultra modum alimentorum quicquam ha-
beant singuli legatarii. Et ce qu'il dit du testateur qui légue des
alimens, doit être dit de la loi & du contrat qui accorde le
doüaire pour la subsistance de la mere & des enfans , *videtur*
voluisse ne ultra modum alimentorum quicquam habeant singuli
liberi.

Brodeau fur Mr Loüet, lett. D. n. 44. a remarqué que les enfans n'ont pas le doüaire à titre fucceffif & univerfel , mais à
titre particulier de contrat ; & qu'au contraire, les qualitez
d'heritier & de doüairier font incompatibles.

1 6 8 4.

Or c'eft un autre principe de droit , *in contractibus non effe
locum juri accrefcendi ;* comme l'a remarqué le même Duaren,
lib. 1. cap. 15. conformément aux textes des Loix.

Donc , ajoûte Brodeau , *la portion du douaire de celui qui fe
porte heritier , ou qui renonce audit douaire , retournant à la fucceffion en laquelle les douairiers ne peuvent prétendre aucun droit ,
elle ne peut accroître aufdits douairiers : Et même fans ufer du
mot* , retourner , *il feroit plus à propos de dire , que la portion
de celui qui renonce , demeure en la fucceffion du pere , auquel par
un effet rétroactif cette portion a toûjours apartenu* , jure non
decrefcendi.

Si Marguerite Orprey étoit morte du vivant du pere , on
convient qu'en ce cas, les deux autres fœurs ayans furvécu ,
auroient le Tiers-Coûtumier en integrité , *jure non decrefcendi ,*
parce que le doüaire ou tiers legal n'eft pas propre aux enfans
purement & fimplement , *fed limitativè , fi liberi fupervixerint
patri.*

Mais elle a furvécu fon pere , elle eft encore vivante , elle a
renoncé à fa part au Tiers-Coûtumier ; ainfi que fon pere lui
ait donné de l'argent lors de fon mariage , ou qu'il ne lui ait
rien donné , la chofe eft égale, fa renonciation fait que fa
part demeure à la maffe de la fucceffion , *jure non decrefcendi ,*
& ne va pas au profit des autres fœurs.

La Coûtume de Normandie n'eft pas moins favorable aux
intimez.

L'article 401. porte , que les enfans ne pouront accepter
le Tiers-Coûtumier , *fi tous enfemble ne renoncent à la fucceffion
paternelle , & raportent toutes donations , & autres avantages qu'ils
pouroient avoir de lui.*

On a fort prudemment jugé qu'il n'étoit pas neceffaire que
tous les enfans renonçaffent à la fucceffion , pour donner ouverture à la demande du Tiers-Coûtumier ; & que ce ne pouvoit pas être l'intention de la Coûtume , parce qu'il y auroit

de l'injuſtice que celui qui ſe rendroit heritier mal à pro-pos , forçât les autres de prendre le même parti , ou de perdre même leur Tiers-Coûtumier ; mais que celui qui au-ra renoncé aura la part au tiers qu'il auroit euë , ſi tous avoient renoncé.

De ſorte que le ſens de cet article eſt, que les enfans n'au-ront point le tiers *entier* , ſi *tous* n'ont renoncé ; & que ſi les uns renoncent & les autres ſont heritiers , ceux qui renon-cent auront ſeulement leur part au tiers comme ſi tous re-nonçoient ; & que ceux qui ſont heritiers confondent leurs parts en leurs perſonnes , ne pouvans pas être heritiers & doüairiers en même tems.

Si donc les trois filles du ſieur de Pleinemare avoient re-noncé à la ſucceſſion de leur pere , & avoient demandé leur Tiers-Coûtumier , elles l'auroient eu tout entier aux termes de cet article.

On dit , ſi elles avoient renoncé à la ſucceſſion, & avoient demandé le Tiers-Coûtumier ; ce ſont deux conditions ne-ceſſaires, car s'il y en a une qui n'ait pas renoncé à la ſucceſ-ſion, il n'y a point de Tiers-Coûtumier à ſon égard , & les autres n'auront que leurs parts comme ſi toutes avoient re-noncé : Et s'il y en a une qui en renonçant à la ſucceſſion , re-nonce pareillement à ſa part du Tiers-Coûtumier ſans en fai-re une rétroceſſion à ſes ſœurs , on vient de faire voir qu'en termes de droit , ſa part demeure à la maſſe de la ſucceſſion au profit des creanciers du pere , & n'accroît point aux au-tres ſœurs , l'accroiſſement ne ſe faiſant de droit & neceſſai-rement qu'entre heritiers ; parce que n'y ayant qu'un heritier qui veut accepter , il ne peut pas l'être ſeulement à demi, il faut qu'il le ſoit *ex aſſe ,* ou qu'il ne le ſoit point du tout.

Or toutes ces deux conditions manquent en la perſonne de Marguerite Orprey femme de l'apellant.

Elle ne renonce pas à la ſucceſſion de ſon pere , puiſque ſa legitime qui lui tient lieu de portion hereditaire , lui a été don-née par ſon Contrat de Mariage ; & comme toutes donations du pere aux enfans ſont avancemens de ſucceſſions, elle doit être conſiderée comme heritiere, *quod fuit donatio , fit hæreditas.*

Il importe peu que le pere lui ait donné de l'argent ou
du fonds ; en l'un & en l'autre cas c'eſt ſa legitime , qui eſt
un immeuble à ſon égard par la diſpoſition de la même Coûtume , article 511. & un immeuble qui ſubſiſte , puiſqu'il eſt 1 6 8 4.
conſtitué ſur les biens de l'apellant ſon mari.

Elle ne demande pas non plus ſon Tiers-Coûtumier de ſon
chef , parce qu'elle ne pouroit y avoir part qu'en raportant
ce qu'elle a eu par ſon Traité de Mariage ; ainſi ſa part demeure à la maſſe de la ſucceſſion au profit des creanciers de
ſon pere , au lieu des trois mil cinq cens livres qu'elle ſeroit
tenuë de raporter ſi elle prenoit part au tiers legal.

Toutes les ſœurs ne renoncent pas , & toutes ne demandent pas le Tiers-Coûtumier ; par conſequent les deux qui
renoncent & qui demandent le tiers , ne peuvent avoir le
tiers entier , mais ſeulement leurs parts , comme ſi l'aînée
l'avoit auſſi demandé.

Le même article veut que ceux qui demandent leur Tiers-
Coûtumier raportent toutes donations & autres avantages
qu'ils ont eus de leur pere ; il n'y a point là de diſtinction,
ſi les donations étoient en meubles ou en immeubles.

Les Intimez conviennent que des enfans auſquels le pere
a donné de l'argent ou des meubles qui ont été diſſipez du
vivant du pere, ne ſont pas obligez de les raporter en prenant
part au Tiers-Coûtumier ; parce que du vivant du pere , ils
n'ont pas pû diminuer leur Tiers-Coûtumier.

Mais il n'en eſt pas de même quand l'argent ou les meubles
ont ſervi utilement aux enfans, quand ils ont été remplacez
& quand ils ſubſiſtent lors du decez du pere , comme eſt la
dot de Marguerite Orprey femme de l'apellant.

Auſſi la femme de l'apellant n'a pas demandé de Tiers-
Coûtumier pour ſe tenir au don qui lui a été fait , parce
qu'elle ſçavoit bien qu'en demandant ſa part au tiers , elle
auroit été obligée de raporter ce qu'elle a eu ; de ſorte que
par ſon propre aveu , il ne faut pas conſiderer les trois mil
cinq cens livres qui lui ont été donnez en dot , comme un
pur meuble , qui auroit été diſſipé du vivant du pere.

Il eſt abſolument incompatible que l'apellant ait en ſes

mains une partie de la fucceffion du pere, qui fubfifte & qui eft conftituée lors de l'écheance de la fucceffion, & qu'en même tems les deux autres fœurs ayent le Tiers-Coûtumier en integrité, parce qu'il s'enfuivroit que les trois fœurs enfemble auroient plus que le Tiers-Coûtumier, ce qui eft abfolument contre l'intention de la Coûtume.

L'apellant ne peut pas difconvenir que les 3500 livres donnez à fa femme par fon contrat de mariage étoient fujets à raport, fi elle avoit voulu prendre part au Tiers-Coûtumier, puifque pour ne point raporter & pour fe tenir à fon don, elle a renoncé au Tiers-Coûtumier : de fon propre aveu, cette fomme ne doit donc pas être confiderée comme un meuble diffipé du vivant du pere ; mais comme une partie de fa fucceffion qui fubfifte encore, & qui eft conftituée pour fa legitime.

Quand Me Henry Bafnage dernier Commentateur de la Coûtume de Normandie, a dit fur l'article 401. que l'opinion du Palais la plus commune & la plus fuivie eft qu'à l'égard des creanciers, les meubles donnez par le pere à fes enfans ne font point fujets à raport, & que tant s'en faut que la part de ceux qui s'abftiennent, tourne au profit des creanciers, que ceux-mêmes qui prennent le Tiers-Coûtumier ne font point obligez de raporter les meubles qui leur ont été donnez, & que le tiers entier leur apartient fans aucune diminution : il devoit ajoûter, qu'il faloit que les meubles euffent été diffipéz du vivant du pere, & que tous les enfans enfemble demandaffent le Tiers-Coûtumier.

Autrement les deux raifons qu'il en donne, ne feroient pas juftes : La premiere, parce que les enfans fe trouvans faifis aprés le decez du pere, d'un bien qui leur a été donné par le pere, & qui provient d'un meuble utilement employé à leur profit par avancement de fucceffion, ce ne fera pas leur faire perdre tout ou partie de leur Tiers-Coûtumier, quand on leur diminuera les dons qui leur ont été faits, & qui fubfiftent encore ; toutes donations de pere aux enfans, étans des avancemens de fucceffion, & les avancemens de fucceffion étans incompatibles avec le Tiers-Coûtumier.

La

La feconde, parce qu'encore qu'un pere foit maître de fes meubles , & que les meubles n'ayent point de fuite par hipoteque , il eft pourtant en la liberté du pere , en donnant de l'argent ou d'autres meubles à fes enfans , d'en faire un remploi utile & ftable au profit des enfans , qui étant une avance de fucceffion & fe trouvant lors du decez , a fuite à l'égard des creanciers pour le faire raporter en cas que les enfans prennent leur Tiers-Coûtumier : Ce que l'apellant ne peut pas contefter , puifqu'il convient que s'il avoit demandé part au Tiers-Coûtumier du chef de fa femme , il n'auroit pû fe difpenfer de raporter les 3500 livres qui font conftituez en dot fur tous fes biens au profit de fa femme, & qui fubfiftent comme un avancement de fucceffion.

1684.

Ces deux raifons ne feroient pas bonnes encore , fi l'on n'ajoûte , que tous les enfans demandent le Tiers-Coûtumier ; car s'il y en a un d'eux qui n'y veut point prendre de part , les autres n'auront que ce qui leur apartiendroit fi tous enfemble le demandoient.

S'il eft heritier , il confond en fa perfonne fa part au Tiers-Coûtumier , *Si unus fit hæres , alter non , pars fuccedentis non accrefcit non fuccedenti* , dit Me Charles du Moulin ; s'il a été avancé & fe tient à fon don , ce qu'il a , lui fert de portion hereditaire ; & quand on confidereroit ce don comme fa part au Tiers-Coûtumier , il enfuivroit que celui qui s'y tiendroit feroit rempli de fa part au tiers , qui par conféquent ne pouroit pas accroître aux autres ; s'il ne veut point prendre part au Tiers-Coûtumier par quelqu'autre confideration que ce foit , fa part demeure à la maffe de la fucceffion , n'y ayant point en ce cas de droit d'accroiffement au profit des autres enfans , qui ne perdent rien , puifqu'ils ont ce qui leur apartient , & ce qui leur eft deftiné par la Coûtume , étant libre à celui qui renonce d'abandonner fon droit, & de le laiffer à la fucceffion pour payer les creanciers.

Voici comme s'en explique Me Jean Baquet , Traité des Droits de Juftice , chap. 15. n. 67. & 68. *Le doüaire coûtumier, ou bien le doüaire préfix , eft fi également partagé , & fi également & perfonnellement apartient à chacun des enfans , que fi aucuns*

Cc *

d'eux ne demandent aucune portion ou douaire coûtumier de leur défunte mere , pour avoir eu de grands avantages de leur défunt pere , ou pour autres causes : toutefois les autres enfans douairiers , **1684.** *ne pouront demander que leur portion & quotité du douaire, qui fera un fixiéme s'ils font fix enfans , ou un cinquiéme s'ils font cinq enfans ; & fic en douaire coûtumier ou préfix , non eft locus juri accrefcendi.* Qui non admittuntur ad partem , faciunt partem , & non petentium partes , cæteris non accrefcunt : *Ce qui eft veritable, encore que l'enfant qui n'a été heritier de fon pere , n'ait demandé aucune portion du douaire , ait déclaré qu'il n'en vouloit aucune , & n'ait eu aucuns bienfaits de fes défunts pere & mere : parce qu'on préfume qu'il a voulu laiffer fa portion de douaire en la fucceffion de fon pere , pour aquiter les dettes de fondit pere , à la décharge de fon ame , plûtôt que fa portion de douaire accrût à fes freres & fœurs.*

Il ne fe peut rien affurément de plus pofitif & de plus formel pour la queftion dont il s'agit.

Auffi le dernier Commentateur raporte un Arreft rendu en la Grand'Chambre , au Raport de Monfieur du Houlley, le 13. Février 1662. qui a jugé la queftion au profit des creanciers du nommé le Prevoft ; & s'il raporte des Arrêts qui femblent avoir jugé le contraire , c'eft qu'il y avoit des freres qui feuls prennent le Tiers-Coûtumier aux charges du mariage avenant de leurs fœurs.

Dans le fait particulier , les deux fœurs non mariées avoient executé la Sentence , & reçû leurs parts du Tiers-Coûtumier; & l'apellant qui demande le tiers entier , eft celui même dont la femme a été avancée de la fomme de 3500 livres conftituée en dot ; en forte qu'elle voudroit être avancée de fa part hereditaire , & avoir encore le Tiers-Coûtumier tout entier, ce qui ne peut être dans les régles de la Juftice.

Partant concluoient à ce que l'apellation fût mife au neant, avec dépens.

Arreft au Raport de Monfieur le Pefant de Boifguilbert le 29. Avril 1684. qui a mis l'apellation au neant, avec l'amende & les dépens , *nemine contradicente.*

DIX-SEPTIE´ME QUESTION.

I. *Sçavoir si par l'aquisition que fait un Seigneur de Fief, des Rotures qui en relevent & qui étoient sujettes à des Rentes Seigneuriales, il se fait une telle extinction desdites Rentes, que le Fief passant en la main du Fils aîné, & les Rotures en la main des Cadets aprés le decez de leur Pere, les Cadets n'y puissent être assujétis.*

I I. *Si un Seigneur de Fief, qui clame à Droit Féodal des Rotures tenuës de son Fief, peut demander le treiziéme sur le prix de l'Adjudication par Decret desdites Rotures.*

I I I. *Si celui qui est subrogé en la place d'un Adjudicataire ayant encheri à son profit particulier, quoiqu'il n'eût aucunes creances sur le Decreté, est obligé de consigner l'enchere particuliere au profit commun des Creanciers, quoique de son chef il ait des creances sur le Decreté.*

I V. *Si un Adjudicataire, sous le nom de son Domestique, aux mains duquel les deniers de l'Adjudication ont été déposez, comme plus solvable que le Receveur des Consignations, est tenu de payer les interêts desdits deniers au profit des Creanciers qui ont sçû depuis qu'il étoit le veritable Adjudicataire, & que le dépôt fait par le Domestique n'étoit que simulé.*

LEs heritages de Pierre d'Aché, Seigneur de Cerqui-gny saisis réellement, furent ajugez au sieur de Le- 1688. nardiere par 16000 livres au profit commun.

Cc * ij

Thomas Combon lors de l’adjudication déclara qu’il encheriſſoit les mêmes heritages à 14000 liv. au profit commun, & à 15000 liv. au profit particulier, dont le quart montant à 3750 liv. qui devoit aller au profit commun, joint aux 14000 l. excedoit l’enchere de 16000 liv. couchée par ledit ſieur de Lenardiere, & ſur cette enchere les heritages lui furent ajugez définitivement.

Dans la quinzaine aprés l’adjudication, il y eut un Acte devant Notaires entre Combon Adjudicataire, le ſieur de la Noë la Barre, & Jacques Nonchamp, par lequel Combon déclare que l’Adjudication qui lui avoit été faite, eſt au profit dudit ſieur de la Barre, & le ſubroge à ſon droit, pour tenir état des encheres au profit commun & au profit particulier; & ledit de la Barre déclare de ſon chef qu’il ſubroge à ſon droit ledit Nonchamp, auquel il promet de fournir des creances valables pour l’enchere au profit particulier.

A l’ouverture de l’ordre du Decret, cet Acte eſt raporté. Nonchamp comme Adjudicataire par cette ſubrogation, déclare qu’il conſigne ſes deniers aux mains du ſieur Pequeult Treſorier de France, plus ſolvable que le Receveur des Conſignations; les creanciers le conſentirent, & le Receveur des Conſignations s’accommoda de ſes droits avec ledit ſieur Pequeult, qui enſuite clama les mêmes heritages à droit feodal, comme Seigneur du Fief de Cerquigny, dont ils relevent.

A l’apel des creanciers opoſans, ledit ſieur Pequeult y fut apellé, non ſeulement comme dépoſitaire des deniers de l’Adjudication, mais encore comme Adjudicataire.

Il ſe trouva encore opoſant en qualité de Seigneur du Fief de Cerquigny, pour être payé de trois années de 83 livres de rentes ſeigneuriales dûës audit Fief par les heritages decretez, & pour le treiziéme du prix de l’Adjudication.

Enfin, comme Adjudicataire, il demanda la défalcation du capital deſdites 83 livres de rentes ſeigneuriales.

Il fut colloqué utilement des arrerages des rentes ſeigneuriales & du treiziéme; & fit juger la défalcation du principal deſdites rentes.

Au moyen de ces collations & défalcations , il ne reftoit plus aux mains dudit fieur Pequeult qu'une fomme de 7000 livres qui furent ajugez au fieur le Mercier Prêtre , caution de la Dame d'Orville, par Arreft de la Cour rendu en la pre-fence dudit fieur Pequeult.

Ledit fieur le Mercier fomma ledit fieur Pequeult de payer ladite fomme de 7000 livres entre les mains de ladite Dame d'Orville ; & comme elle ne fe trouva pas fuffifante pour acquiter entierement ce qui lui étoit dû , il prefenta Requête à la Cour pour être reçû apellant de ladite Sentence d'Ordre. 1° En ce qu'elle avoit colloqué ledit fieur Pequeult des arrerages defdites rentes feigneuriales, & lui avoit defalqué le capital. 2° En ce qu'elle lui avoit ajugé le treiziéme des heritages decretez. 3° De ce qu'il n'avoit pas été condamné de configner au profit commun des creanciers la fomme de 15000 livres , à quoi montoit l'enchere particuliere dudit Combon , attendu que ledit Combon Adjudicataire au droit duquel ledit fieur Pequeult étoit fubrogé , n'avoit aucunes creances fur le Decreté : Enfemble pour faire dire que ledit fieur Pequeult payeroit l'intereft des fommes qu'il avoit en fes mains.

L'Inftance apointée & diftribuée à un des Meffieurs du fervice de la feconde Chambre des Enquêtes du Parlement de Normandie , on agita de part & d'autre ces quatre queftions.

La premiere , fi ledit fieur Pequeult pouvoit demander à l'ordre du Decret , les arrerages defdites rentes feigneuriales , & pouvoit comme Adjudicataire en demander la défalcation du principal , parce que le fieur d'Aché pere qui poffedoit autrefois le Fief de Cerquigny , avoit aquis les heritages decretez qui en relevent , fans neanmoins les réunir à fon Fief ; que depuis le Fief étoit échû à fon fils aîné , qui l'avoit vendu audit fieur Pequeult, & les rotures aux puînez , partie defquelles étoient decretées fur ledit Pierre d'Aché ; enforte qu'il fembloit que ledit fieur d'Aché pere ayant poffedé le Fief auquel les rentes étoient dûës , & les rotures qui devoient , lefdites rentes étoient éteintes , & n'avoient pû revivre dans la fuite.

La feconde, fi étant proprietaire du Fief de Cerquigny, & Adjudicataire des rotures qui en relevent, il avoit pû demander le treiziéme du prix de l'Adjudication.

1688. La troifiéme, fi ledit fieur Pequeul étant au droit d'un Adjudicataire qui n'avoit aucunes creances fur le decreté, & qui neanmoins avoit mis une enchere de 15000 livres au profit particulier, n'étoit pas obligé de configner ces 15000 livres au profit commun des creanciers, comme ledit Combon y étoit obligé lui-même faute de creances.

Et le quatriéme, de fçavoir s'il devoit raporter les interêts des fommes qu'il avoit en fes mains depuis l'envoi en poffeffion, puifqu'il avoit l'argent & le fonds tout enfemble, comme Dépofitaire des deniers & Adjudicataire du fonds.

PREMIERE QUESTION.

On difoit fur la premiere Queftion pour l'Apellant, qu'à la verité les heritages decretez devoient autrefois les 83 livres de rentes feigneuriales au Fief de Cerquigny ; mais depuis le fieur d'Aché pere poffeffeur du Fief, les ayant aquis des Vaffaux qui en étoient proprietaires, & par ce moyen étant devenu le creancier & le debiteur, il s'eft fait une confufion de ces deux qualitez, & une extinction defdites rentes.

Il en eft de même que des fervitudes, qui s'éteignent abfolument, quand le proprietaire du fonds dominant aquiert le fonds fervant, *fervitutes confunduntur, fi idem utriufque prædii dominus effe cœperit*, dit la l. 1. *D. quemadm. ufufr. amitt.*

Dont la raifon fe tire de la l. *in re communi* 26. *D. de fervitutibus urb. præd.* & de la l. 10. *D. communia præd. nemo ipfe fibi fervitutem debet.*

Et il n'y a pas moins d'incompatibilité d'être creancier & debiteur, feigneur & Vaffal par raport à foi-même, que de fe devoir une fervitude ; c'eft pourquoi Me Charles du Moulin dit fur la Coûtume de Paris, §. 13. *gl.* 1. *n.* 68. *&* 70. que *nemo poteft effe vaffallus fui ipfius.*

Enforte que fi dans la fuite le fonds autrefois fervant, eft feparé du fonds dominant, ou le fonds autrefois fujet aux rentes feigneuriales, fort des mains du Seigneur du Fief, ni les fervitudes, ni les rentes feigneuriales, ne revivent point fans une ftipulation expreffe.

C'eft la difpofition de la Loi 30. *D. de fervitut. urb. præd.* pour le fait des fervitudes, & de la l. 7. *D. de fundo dot.* la premiere defquelles décide que fi le Proprietaire du fonds dominant acquiert le fonds fervant, la fervitude eft tellement confonduë & aneantie, que s'il veut revendre le même fonds, il faut qu'il ftipule expreffément la fervitude, autrement le fonds paffe libre en la main de l'Acquereur, *fi quis ædes quæ fuis ædibus fervirent cum emiffet, traditas fibi accepit : confufa, fublataque fervitus eft, & fi rurfus vendere vult, nominatim imponenda fervitus eft, alioquin liberæ veniunt.*

Et l'autre porte que fi le mari achete un fonds qui doit une fervitude à l'heritage de fa femme, la fervitude eft confonduë, enforte que s'il rendoit le même fonds à celui qui le lui a vendu, fans ftipuler le rétabliffement de la fervitude, il doit fe l'imputer, & tout ce qui en refulte, eft une recompenfe de la femme contre le Mari : *Si maritus fundum Titii fervientem dotali prædio acquifierit, fervitus confunditur, fed fi eundem Titio reddiderit fine reftauratione fervitutis hoc marito imputabitur, & hoc cafu maritus litis æftimationem præftabit.*

La l. *fi tibi* 17. *D. quemadm. ufufr. amitt.* eft de décifion en cette matiere.

Un Teftateur legue à Mœvius l'ufufruit d'un fonds purement & fimplement, & la proprieté à Titius fous condition.

Aprés fa mort le Legataire de l'ufufruit achete de l'heritier la proprieté du fonds avant l'écheance de la condition, & dans l'incertitude fi elle arrivera. Enfin la condition étant arrivée, la proprieté doit apartenir à Titius, comme elle eft jointe & unie avec l'ufufruit, & que Mœvius en achetant la proprieté, a éteint abfolument l'ufufruit ; le Jurifconfulte répond que Titius doit avoir le fonds en proprieté & joüiffance, parce que l'ufufruit étant confus & éteint par l'acquifition de la proprieté, on ne peut pas le faire revivre, *dum enim proprietatem acquiris, jus omne legati ufusfructus amififti.*

Ainfi en termes de droit les heritages dont il s'agit étans une fois revenus en la main du Seigneur du Fief dont ils relevent , les rentes seigneuriales sont confonduës , & ledit Sr d'Aché pere les ayant donnez à l'un de ses puînez , sans le charger des mêmes rentes, ils sont demeurez libres & affranchis de cette sujettion.

Par la Coûtume de Paris , où la réunion se fait de droit des rotures aquises au Fief dont elles sont mouvantes , s'il n'y a une déclaration contraire par le Seigneur au moment de l'aquisition , suivant l'article 53. de ladite Coûtume , cette question ne pouroit pas souffrir la moindre difficulté , parce qu'il seroit absolument incompatible que des heritages nobles unis au corps du Fief , fussent sujers à des rentes seigneuriales envers le même Fief.

Et quoique par la Coûtume de Normandie , la réunion ne se fasse pas de droit des heritages aquis par le Seigneur du Fief dont ils relevent , suivant l'article 200. cela n'empêche pas qu'il ne soit vrai de dire que les heritages aquis sont en la main du même Proprietaire.

Et comme l'incompatibilité ne provient pas du fonds dominant & du fonds servant , qui sont toûjours réellement distincts , quoique possedez par un même , mais de l'unité de la personne qui les possede l'un & l'autre , parce qu'on ne peut pas se servir à soi-même, qu'on ne peut être creancier & debiteur , seigneur & vassal *eodem respectu* , il est certain aussi qu'au moment que le Fief & les rotures qui en relevent , sont en la main de la même personne ; il se trouve la même incompatibilité , soit que les heritages soient réunis, ou qu'ils ne le soient pas ; & il sera également vrai de dire que cette même personne ne sçauroit être seigneur & vassal de soi-même , creancier & debiteur de soi-même.

C'est pourquoi, après que la Coûtume de Normandie , art. 178. a dit que les rentes dûës par les heritages réunis au Fief sont éteintes , elle ajoûte en l'article 180. que si le Seigneur achete des terres tenuës de lui , il est tenu de faire le service de Prevôté dû par lesdites terres , jusqu'à ce qu'elles soient réunies au Fief.

Elle n'excepte précisément que le service de Prevôté, comme si elle vouloit dire qu'en cas d'aquisition , comme en cas

de

de réünion, les rentes Seigneuriales dûës par le fonds aquis comme par le fonds réüni , font éteintes ; mais cependant , que le fervice de Prevôté n'eft poin: éteint , & que le Seigneur eft tenu le faire à fon tour , jufqu'à ce que les rotures aquifes foient devenuës nobles , & réünies par poffeffion.

. Par ce moyen , on poura rendre raifon de l'exception faite par la Coûtume : c'eft qu'il n'eft pas jufte que l'aquifition qui ne réünit point, qui ne procede point de la puiffance de fief, mais du fait particulier du Seigneur , non en qualité de Seigneur , mais d'une perfonne étrangere , porte préjudice aux autres Vaffaux : Ce qui arriveroit fi le fervice de Prevôté retomboit tout entier à leur charge ; au lieu que l'extinction des rentes aufquelles les heritages aquis étoient fujets , leur eft plûtôt avantageufe que préjudiciable.

. Il y a bien plus , car en matiere de fujétions qui dépendent d'une ftipulation expreffe , qui ne font pas compris fous ces termes , *droits & devoirs Sieuriaux* , fans autre expreffion, *quæ indigent fpeciali nota* , il n'eft pas neceffaire d'une entiere extinction , pour en exclure le Seigneur qui revend les heritages fans ftipuler les mêmes fujétions.

Cette queftion a été folemnellement jugée pour le fervice de Prevôté , par deux Arrêts que Berault raporte fur l'article 180. de ladite Coûtume.

Quand le Seigneur aquert des rotures tenuës de lui & fujettes au fervice de Prevôté , il ne fe fait point d'extinction du fervice de Prevôté , & le Seigneur y devient fujet jufqu'à réünion.

Neanmoins fi le Seigneur refieffe les mêmes rotures fans expreffion du fervice de Prevôté , le vaffal n'y fera plus fujet, comme ces deux Arrêts l'ont décidé ; parce que ce fervice n'eft point de la nature du fief , mais dépend de la convention d'entre le Seigneur & les Vaffaux , laquelle partant devoit être exprimée en la fieffe , autrement demeurer éteinte par confufion au préjudice du Seigneur , *qui debuiffet legem apertiùs dicere* , ce font les termes du Commentateur.

Or les rentes Seigneuriales ne font point de la nature des fiefs , elles ne font point entenduës fous les termes de *droits*

1688.

D d *

& devoirs Seigneuriaux, elles dépendent abfolument de la convention du Seigneur & des Vaſſaux ; c'eſt un principe qui ne peut être conteſté.

1688. Quand donc les rentes en queſtion n'auroient pas été abfolument éteintes par l'aquiſition des rotures qui y étoient affectées ; c'eſt-à-dire, quand elles auroient confervé une faculté de renaître en cas de féparation du fief & des rotures, ce ne pouroit être qu'au cas que le pere en donnant ces rotures à l'un de ſes puînez, ou que l'aîné par les partages les eût expreſſément ſtipulées.

Et comme elles ne conferveroient cette même faculté que juſqu'au moment de la féparation du fief & des rotures, ſi dans ce moment il y en avoit une ſtipulation, elles renaîtroient ; s'il n'y en avoit point, il s'en feroit une extinction.

Ainſi le pere en donnant leſdites rotures à l'un de ſes puînez, ni l'aîné par les partages n'ayant point ſtipulé la ſujétion auſdites rentes, elles ſont entierement anéanties ; & il a été mal jugé par la Sentence d'ordre d'en avoir ajugé les arrerages & le principal audit ſieur Pequeult adjudicataire.

Monſieur de Cambolas, liv. 1. ch. 38. traitant cette queſtion, raporte un Arreſt du Parlement de Toulouſe du 21. Février 1631. qui a jugé qu'un fonds ſujet à une rente, aquis par le creancier de la rente ; & qu'enſuite le pere ayant donné ce fonds à l'un de ſes enfans, toutes les rentes à l'autre, le fonds étoit exemt de la rente ; parce, dit l'Auteur, que la rente eſt une eſpece de ſervitude, laquelle s'éteint par la confuſion ; qu'elle eſt conſolidée par l'aquiſition ; que perſonne ne peut être enſemble creancier & debiteur ; & que c'eſt pourquoi il faut que la rente ſoit établie de nouveau pour pouvoir être demandée.

Me Henry Baſnage ſur ledit article 178. en raporte deux Arrêts qui ſont préciſément dans l'eſpece dont il s'agit.

Le premier rendu au Parlement de Paris le 10. de Décembre 1648. au profit des Religieux Carmes d'Angers, qui a jugé qu'un Seigneur de fief ayant aquis un heritage tenu de ſon fief, & chargé d'une rente fonciere envers ledit fief, la rente étoit éteinte par le moyen de la réünion de l'heritage

au fief ; enforte que le Seigneur ayant revendu le même heritage fans le charger tout de nouveau de ladite rente , il ne
pouvoit plus la demander.

Le fecond rendu au Parlement de Normandie du 28. Juin **1688.**
1631. au Raport de Monfieur de Bonneval.

Le fieur de Villereau Seigneur du fief de S. Hilaire , avoit
baillé à fieffe un Moulin dépendant de fon fief, à charge de
franche-moute pour fa maifon , & depuis il avoit acheté ce
même Moulin.

Aprés fa mort fon fils aîné Charles de Villereau prit le
fief de S. Hilaire par préciput , & laiffa ce Moulin & les autres rotures à fes puînez.

L'aîné voulant joüir du droit de franche-moute impofé par
le Contrat de fieffe , il lui fut contredit par fes puînez , comme ce droit ayant été éteint & confondu par l'achat que leur
pere avoit fait dudit Moulin.

La queftion fut partagée en la Chambre des Enquêtes, &
départagée en Grand' Chambre ; & par l'Arreft du 28. Juin
1631. l'aîné fut debouté de fon prétendu droit de franche-
moute.

Dans le fait particulier, il eft confidérable que les biens de
Jacques d'Aché autre frere puîné , & qui avoit en partage
d'autres terres en roture, tenuës dudit fief de Cerquigny , &
fujet à de certaines rentes Seigneuriales ayant été decretez,
on ne fit payer aucunes rentes Seigneuriales à l'ordre dudit
Decret, par la même raifon, que les terres avoient été aquifes par le pere , que les rentes avoient été confonduës &
éteintes , & les heritages donnez audit Jacques d'Aché fans
aucune charge defdites rentes , lefdits heritages étoient entierement liberez : ce que ledit fieur Pequeult n'ignoroit pas,
puifqu'il poffedoit ces mêmes terres.

De plus, ledit fieur Pequeult aprés avoir acquis le fief de
Cerquigny du frere aîné , a demandé diminution de la valeur
defdites rentes Seigneuriales, comme n'en pouvant être payé,
& prétendant que l'aîné les lui devoit garantir , ce qui eft
une reconnoiffance de l'extinction defdites rentes.

On difoit au contraire pour ledit fieur Pequeult intimé,

D d * ij

que s'il faloit aller chercher la décifion de cette queftion dans le Droit Romain , & dans la Coûtume de Paris même fous laquelle la réünion fe fait *ipfo facto* , au cas de l'aquifition, on prouveroit aifément que la confufion dont il y eft parlé, n'eft pas fi abfoluë qu'elle ne reprenne fon être par la féparation du fonds fervant & du fonds dominant.

1688.

Pour bien entendre cette matiere , il faut faire deux diftinctions.

L'une de droits mobiliers, & de droits fonciers & immobiliers.

L'autre de la réfolution qui fe fait de droit ou par une caufe neceffaire ; & de l'autre qui fe fait par un Contrat particulier, comme de donation , de vente ou d'échange , & par tout autre acte volontaire.

La confufion qui fe fait de droits mobiliers , fe fait aifément fans retour , mais non pas celle qui fe fait de droits immobiliers.

Par exemple , quand un fils qui a fuccedé aux biens meubles & immeubles de pere & de mere , meurt fans enfans ; il eft fans contredit que les droits mobiliers font confondus en fa perfonne , & ne fe divifent plus entre les heritiers paternels & les heritiers maternels ; au lieu que les immeubles & droits immobiliers retournent , à fçavoir ceux qui font venus du pere aux heritiers paternels , & ceux qui font venus de la mere aux heritiers maternels : Ce qui n'empêchoit pas qu'il ne fût vrai de dire, que le fils tant qu'il a vécu ne pouvoit pas être creancier & debiteur, fe devoir une fervitude, être Seigneur & Vaffal en même tems.

Si le fonds provenant du pere devoit originairement des rentes foncieres ou feigneuriales aux heritages de fa femme, il s'en eft fait une confufion en la perfonne du fils ; mais non pas fi abfoluë que le fils venant à mourir fans enfans , les heritiers paternels ne prennent les heritages paternels avec leurs mêmes charges , & que les heritiers maternels ne prennent les heritages provenans de la mere avec leurs droits & leurs prérogatives ; cela n'a pas befoin de preuve , parce que ce font des premiers principes.

La réfolution qui fe fait de droit & par une caufe neceffaire, fait renaître les droits fonciers qui n'étoient qu'endor-
mis.

Dans l'exemple qui vient d'être propofé de celui en la perfonne duquel font confondus les biens de la ligne paternelle
& de la ligne maternelle, dont les uns étoient relevans des
autres, & devoient des rentes foncieres ou feigneuriales, tant
qu'il les poffede, tout eft confondu ; il n'eft pas creancier &
debiteur, Seigneur & Vaffal de foi-même : mais s'il vient à
mourir fans enfans, il eft certain que de droit les heritiers
font faifis des biens provenans de leur ligne, & que les te-
nures, rentes & fervitudes renaiffent, ou plûtôt fe réveillent
de leur affoupiffement.

Par la difpofition du droit, un heritier inftitué, qui auparavant poffedoit le fonds dominant, auquel un fonds de la fucceffion doit une fervitude, & qui eft chargé de rendre à une
tierce perfonne le fonds fervant au moment qu'il prend la
fucceffion, la fervitude fe confond en fa perfonne comme
faifi du fonds dominant & du fonds-fervant ; cependant comme il ne peut pas fe difpenfer de rendre le fonds fervant qui
de droit apartient au légataire ou fideicommiffaire, auffi-
tôt aprés l'adition d'heredité, qui fait valoir le Teftament &
en conféquence toutes les difpofitions particulieres, la fervitude fe réveille fans qu'il foit befoin de ftipulation, & le
légataire eft obligé de la fouffrir ; c'eft la difpofition de la l.
116. §. 4. D. de leg. 1. & de la l. 18. de fervit.

Quand une femme par fon Contrat de Mariage donne en
dot à fon mari, l'ufufruit qui lui apartenoit fur le fonds du
mari, la l. 78. in pr. D. de jur. dot. dit que le mari poffede fon
fonds en pleine proprieté, que l'ufufruit eft confolidé avec
la proprieté, & qu'il ne poffede pas l'ufufruit & la proprieté
feparément ; neanmoins que s'il arrive divorce entre le mari
& la femme, comme le mari eft forcé de rendre le bien de
fa femme, l'ufufruit qu'elle avoit donné lui retourne de plein
droit, tout confondu qu'il étoit pendant le mariage.

Si une femme donne en dot à fon mari un fonds, auquel
le fonds du mari doit une fervitude, la l. 7. §. 1. D. de fundo

dot. dit que *fundus ad maritum pervenit amiß à fervitute* , &
que neanmoins arrivant la diſſolution par mort ou par divorce , le fonds dotal retourne à la femme ou à ſes heritiers
avec ſon droit de ſervitude.

1688.

Et quand l'apellant a cité le commencement de cette Loi
ſeptiéme , pour en inferer une extinction entiere & ſans retour : Il n'a pas pris garde à deux circonſtances remarquées
dans cette Loi qui lui font perdre ſa cauſe.

La premiere eſt , que le mari avoit revendu le fonds qui
devoit une ſervitude à l'heritage de ſa femme , ſans ſtipuler
la ſervitude, ce qui eſt l'autre membre de la diſtinction dont
on va parler.

La ſeconde eſt , que la même Loi donne une action utile
à la femme contre l'aquereur , pour le faire condamner à
ſouffrir la ſervitude , nonobſtant le défaut de ſtipulation,
tout de même que s'il n'avoit jamais paſſé par les mains du
mari.

Lors qu'un Teſtateur légue un fonds dont il a la nuë proprieté à celui qui en a l'uſufruit , il ſe fait une confuſion de
l'uſufruit & de la proprieté ; neanmoins la l. 57. *D. de uſufr.*
enſeigne que le fils exheredé faiſant caſſer le Teſtament , &
le légataire étant obligé de reſtituer le legs , l'uſufruit reprend ſa force , qu'il ſe ſépare tout de nouveau de la proprieté , & qu'il demeure entier au légataire comme s'il n'y
avoit point eu de confuſion.

Il en ſeroit de même ſi un creancier du Teſtateur étoit in-
ſtitué heritier ; car encore que par l'adition d'heredité ſes
creances ſemblent confonduës , parce qu'il ne peut pas être
creancier & debiteur tout enſemble ; neanmoins ſi le Teſtament eſt caſſé dans la ſuite comme inofficieux , l'heritier in-
ſtitué en rendant l'heredité , rentre dans tous les droits qu'il
avoit auparavant , ſuivant la l. 22. *D. de ineff. Teſtam.*

En ſecond lieu , la réſolution , c'eſt-à-dire, la diviſion du
fonds dominant & du fonds ſervant , qui étoient en la main
du même proprietaire , ſe fait par un Contrat particulier &
volontaire quand le proprietaire vend , échange , ou donne
à une perſonne étrangere le fief ſervant ; alors la ſervitude

qui n'étoit qu'endormie, s'éteint abfolument & fans retour,
quand elle n'eft point refervée par le contrat, parce que le
proprietaire du fonds dominant eft préfumé y renoncer, ou
bien elle reprend fa premiere vigueur quand il y en a une
refervation ftipulée.

1688.

C'eft ainfi que s'en explique la Loi 30. *D. de fervit. urb.
præd. fi rurfus vendere vult, nominatim imponenda fervitus eft,
alioquin liberæ veniunt ædes.*

Lorfqu'il eft dit dans plufieurs textes du Droit, que quand
le Seigneur du fonds dominant acquiert, ou devient proprietaire du fonds fervant, la fervitude fe confond & s'éteint ; cela eft veritable tant que le fonds dominant & le fonds fervant
font en la main d'un feul, parce que *res fua nemini fervit.*

Mais quand ces fonds fe féparent de droit & par la force
de la Loi, comme entre heritiers par fucceffion, la fervitude
renaît, & il n'y a que la divifion par un Contrat particulier
fans rétabliffement de la fervitude qui acheve de l'éteindre.

Il y a même un cas affez particulier dans la Loi 9. *D. Com-
munia præd.*

Celui qui poffedoit le fonds dominant, étant devenu heritier du fonds fervant, revend l'heredité à une tierce perfonne,
fans parler de la fervitude : On a demandé fi la fervitude eft
tellement éteinte par l'adition d'heredité, que l'aquereur de
l'heredité ne puiffe plus être obligé de la fouffrir ; & le Jurifconfulte répond que la fervitude doit être rétablie, parce que
l'acheteur eft préfumé le feul & veritable heritier.

Loyfeau du Déguerpiffement, liv. 6. ch. 4. enfeigne qu'il
faut tenir abfolument & indiftinctement, que toûjours aprés
la réfolution de l'aquifition, les hipotéques & fervitudes que
l'aquereur avoit fur le fonds acquis, & qui avoient été con-
fufes par l'aquifition, revivent, foit en matiere de déguerpiffement, ou délaiffement par hipotéque, foit en matiere de
retrait feodal ou lignager, ou conventionnel, foit en la donation revoquée *per fupervenientiam liberorum*, foit en la réci-
fion pour lezion d'outre moitié de jufte prix, foit en la reftitution en entier, foit en l'action revocatoire, foit enfin en
quelque éviction & réfolution que ce foit.

Et quant à la loi *si tibi* 17. *D. quemadm. ufufr. amitt.* quand Me Charles du Moulin en parle, il dit qu'elle eſt directement contraire à la l. *si maritus*, & à la Loi *Dominus D. de ufufr.* que *ſola turbavit intellectum doctorum* : Et aprés avoir examiné l'explication que les Auteurs lui ont donnée & qui ne satis-font point, il ajoûte que quelque confidération l'empêche de dire qu'il n'y a pas de ſens ni d'eſprit dans la décifion de cet-te loi ; mais que s'il étoit confulté fur une pareille queſtion il répondroit tout le contraire, ſuivant la difpofition de plu-fieurs Loix, & ſuivant les régles de la Juſtice & de l'équité na-turelle, qui veulent que le légataire de la proprieté ſe con-tente à ce qui lui a été légué, & ne profite point au domma-ge du légataire de l'ufufruit, ſous prétexte de ce qui s'eſt fait avant l'écheance de la condition, *ſatis eſt jus ſuum æquum, plenum, & integrum ſervari, ac ſi medio tempore ni-hil eſſet factum. Tit.* 1. *defuad.* §. 20. *gl.* 5. *n.* 34. *& ſeq.*

En effet, il y a texte exprés en la l. derniere §. 3. *C. com-munia legat.* qui veut qu'en pareil cas on ne confidére point tout ce qui s'eſt fait avant l'écheance de la condition ou dú terme, *ſin autem avaritiæ cupidine propter ſpem conditionis mini-mè implendæ ad venditionem vel hypotecam profiluerit, ſciat quod conditione impletá ab initio causâ in irritum devocetur, & ſic intelligenda eſt quaſi nec ſcripta, nec penitus fuerit celebrata.*

Et Loyſeau parlant de cette Loi, dit qu'elle refiſte à l'é-quité, & qu'en tout cas elle ne doit pas être tirée à confé-quence pour les hipotéques ; parce que par les Loix Romai-nes l'ufufruit étoit un droit ſi frêle, & ſi aifé à réfoudre & aneantir que rien plus.

Dans la Coûtume de Paris où la réünion ſe fait de droit, & où par conféquent les rentes Seigneuriales qui étoient dûës par le fonds aquis & réüni, ſembloient être abfolu-ment éteintes, il a pourtant été jugé par un Arreſt du 6. Avril 1621. que Brodeau raporte ſur Mr Loüet, lett. F. n. 5. qu'un Seigneur de fief ayant acquis un fonds relevant de lui, & qui lui devoit un droit de terrage, n'avoit pas tellement con-fondu ce droit de terrage par la réünion du fonds à ſon fief, que ce fonds étant féparé dans la ſuite, & tombé en parta-ge à

ge à l'un des heritiers, ledit droit de terrage ne renaiſſe, &
ne ſoit dû comme s'il n'y avoit jamais eu de réünion : Et l'Arreſt de 1648. au profit des Carmes d'Angers, étant au cas
de la revente volontaire ſans ſtipuler la rente fonciere, ne fait
rien à la queſtion, comme on l'a fait voir, dautant que la réſolution ou ſéparation des rotures & du fief, ne s'eſt pas fait
par vente ou autre contrat volontaire, mais de droit par le
decez du ſieur d'Aché pere, au moment duquel l'aîné a été
ſaiſi du fief & les puînez des rotures ; à joindre que la Coûtume de Paris eſt diférente de celle de Normandie.

Mais dans la Coûtume de Normandie il ne peut pas y avoir
de problême, parce que les rotures aquiſes par le Seigneur du
fief dont elles relévent ne ſont pas réunies au fief.

Quand ladite Coûtume parle du retour en la main du Seigneur par puiſſance du fief des rotures qui relévent de lui,
elle dit que la réunion ſe fait de droit, & que les rentes que
ces rotures devoient, ſont *éteintes* ; c'eſt le terme dont elle ſe
ſert en l'article 178.

Mais quand elle parle du retour par aquiſition, elle dit
és articles 189. & 200. qu'il ne ſe fait point de réunion, &
que le Seigneur devient ſujet au ſervice de Prevôté : Elle con-
ſidere le Seigneur en cet état comme étant en quelque ſorte
debiteur & vaſſal de lui-même ; elle ne dit pas que les rentes
ſoient éteintes, mais elle l'aſſujettit à la perception de ſes rentes à ſon tour ; & en ce faiſant, il ſe paye par ſes mains de
celles qui ſont dûës par les rotures qu'il a aquiſes, & qu'il
poſſede non comme Seigneur, mais comme perſonne étrangere, ſeparément & diſtinctement du fief.

Enſorte que les heritages demeurans deſunis du fief comme auparavant, on ne peut pas dire, que les rentes ſeigneuriales ſoient confonduës ni éteintes, & que ces mêmes heritages par le decez du pere ou par avancement d'hoirie, tom-
bant en la main des puînez, & le fief en la main de l'aîné, les
puînez ſe puiſſent diſpenſer de continuer les mêmes rentes.

On trouve même un Arreſt rendu au Parlement de Normandie le 8. Aouſt 1651. qui a jugé que les rentes dûës par un
fonds confiſqué au Seigneur confiſcataire, n'étoient pas tel-

1688.

E e *

lement éteintes , que le Seigneur donnant le fonds confifqué à un des Officiers de fa Haute-Juftice , les rentes ne dûffent être continuées comme auparavant : cet Arreft eft raporté par le dernier Commentateur de ladite Coûtume fur l'article 178.

On convient pourtant qu'il y avoit des circonftances particulieres dans cet Arreft , qui empéchent qu'on puiffe le tirer à confequence ; car comme il s'agiffoit d'une donation faite par le Seigneur , c'eft-à-dire d'un acte particulier & purement volontaire , il n'y a pas d'aparence que la Cour fût portée à faire revivre les rentes feigneuriales , s'il n'y avoit eu que la queftion generale toute fimple , non pas que les rentes euffent été abfolument éteintes par la réunion du fonds confifqué au fief du Seigneur confifcataire ; auquel cas on ne pouroit pas les faire renaître par quelque ftipulation que ce foit , mais en créer de nouvelles.

Mais parce que dans la donation il paroiffoit que Monfieur le Duc de Mommorency avoit donné le fonds en l'état où il étoit avant la réunion , comme le Commentateur même l'a rematqué ; ce qui ôtoit toute préfomption qu'il eût renoncé aufdites rentes feigneuriales.

Pour l'Arreft de Villereau , il faudroit en fçavoir les circonftances particulieres ; il pouvoit y avoir des Contrats & des ftipulations entre les freres qu'on ne raporte pas : Auffi le Commentateur n'en eft pas perfuadé lui-même , car aprés avoir raporté ces trois Arrêts , il ajoûte , *La difficulté eft grande pour les aquifitions , car la réunion ne s'en pouvant faire durant la vie de l'aquereur , & l'heritage demeurant toûjours tellement feparé du fief , qu'il n'entre point dans le préciput de l'aîné : Il femble jufte , que puifqu'il ne s'en fait aucune réunion , il ne fe fait auffi aucune extinction des rentes , autrement l'aîné fouffriroit un double préjudice , & deux caufes lucratives concurreroient en faveur des puînez ; car l'aîné n'auroit point l'heritage , parce qu'il n'avoit pas été réuni , & cependant les rentes dûës à fon fief demeureroient éteintes : les fentimens font partagez fur ce fujet.*

Mais enfin il faut en revenir aux termes du droit & à l'efprit de la Coûtume de Normandie.

DEUXIE´ME QUESTION.

Sur la feconde queftion, on difoit pour l'Apellant, que foit 1688. qu'on confiderât ledit Sr Pequeult comme clamant à droit feo-dal, ou comme adjudicataire; l'une & l'autre de ces deux qualitez étoit abfolument incompatible avec la demande du treiziéme.

Si on le confidere comme clamant, l'art. 182. de la Coûtu-me de Normandie, porte que *le Seigneur ayant reçû le treizié-me de l'heritage vendu par fon vaffal, peut neanmoins le retirer en rendant le treiziéme. Et que fi l'acheteur s'eft chargé du trei-ziéme, & le Seigneur l'a reçû de lui par fa main, ou figné l'endos du Contrat de vendition, il n'eft plus reçû à fa clameur.*

Le Seigneur de fief ne peut donc pas clamer & avoir le trei-ziéme de la vente, puifque s'il l'à reçû du vendeur, il eft obli-gé de le rendre en clamant; & que s'il l'a reçû de l'acheteur qui en étoit chargé, il ne peut plus clamer ayant agréé le nouveau vaffal.

Et en effet, comme le treiziéme n'eft dû au Seigneur qu'au lieu du confentem nt que le vaffal étoit obligé de lui deman-der pour vendre fon heritage, & pour la mutation du vaffal; quand il n'y a point de mutation de vaffal, il n'eft point dû de treiziéme.

Si on confidere ledit fieur Pequeult comme adjudicataire, comme il l'eft en effet, ledit Nonchamp étant fon domefti-que, du nom duquel il s'eft fervi, il ne peut pas encore deman-der un treiziéme, puifqu'il eft l'aquereur lui-même, & que le treiziéme n'eft dû qu'en cas de vente faite à une tierce per-fonne, auquel cas feulement il y a mutation de vaffal.

On ne doit pas faire difference entre la vente judiciaire & la vente volontaire, la Loi ne diftingue point, l'une & l'autre eft veritable vente; l'une eft faite volontairement par le vaffal, & l'autre par la Juftice pour le vaffal.

Puifqu'il eft dû treiziéme en tous les deux cas de la vente volontaire & de la vente par Juftice, il faut que ce foit aux mêmes conditions ; c'eft-à-dire, en cas que les heritages paf-fent en la main d'un tiers, qu'il y ait changement de vaffal,

E e * ij

& que le Seigneur ne clame pas.

Ce qui fait dire à Brodeau fur l'article 22. de la Coûtu-me de Paris, que *le Seigneur qui uſe du droit de retenuë, ne peut pas prétendre ni déduire, & retenir les quints fur le prix qu'il doit rembourſer, parce que ce font deux droits incompati-bles, & diamétralement contraires, qui ne peuvent ſubſiſter en-ſemble, ni tirer leur origine du même principe.*

On diſoit au contraire, que le texte de la Coûtume & les raiſonnemens que l'on en tire n'ont lieu qu'en cas de la vente volontaire, mais qu'il en eſt autrement en cas de la vente par decret.

Quand le vaſſal vend à une tierce perfonne, il vend plus cher à proportion du treiziéme s'il en demeure chargé, ou il vend à plus vil prix ſi l'acheteur ſe charge du treiziéme : Et quand le Seigneur clame à droit feodal, il eſt obligé d'indem-niſer entierement l'aquereur, ce qu'il ne feroit pas s'il retenoit en ſes mains le treiziéme du prix de l'aquiſition.

Mais dans la vente judiciaire, le treiziéme eſt compris dans le prix de l'adjudication, les encheriſſeurs qui ſçavent qu'ils ne feront pas tenus de payer un treiziéme en outre le prix de l'adjudication, portent leurs encheres plus haut à proportion du treiziéme, & cet excedant-là eſt deſtiné pour le droit du Seigneur.

Il eſt indiférent aux creanciers qui ait le fonds, pourvû qu'ils ayent le prix du fonds qui leur eſt affecté, ſans y comprendre le treiziéme qui ne leur apartient pas ; & le Seigneur qui clame ou ſe rend adjudicataire, ne leur fait aucun préjudice en retenant le treiziéme qui lui eſt deſtiné & qui lui apartient de droit, puiſque ſans le treiziéme les heritages auroient été encheris à moindre prix.

Au premier cas, il faut rembourſer l'aquereur de tout ce qu'il a payé, parce qu'autrement il feroit tenu de payer un droit de treiziéme, d'un fonds dont il ne devient point pro-prietaire : Mais au ſecond cas, l'Adjudicataire n'ayant rien débourſé, la même raiſon n'a plus de lieu, & les creanciers font dans une condition égale, ſoit que le Seigneur clame, ou qu'il ne clame pas.

Le treiziéme n'eft point fujet à la prife des creanciers du
vendeur, il n'y a que le prix de la vente : Un Seigneur doit
être payé de fon treiziéme, quoique le fond vendu foit af-
feété aux creanciers du vendeur, & que le prix de la vente
leur doive être payé ; neanmoins il en arriveroit autrement
fi le treiziéme du prix d'une adjudication ne pouvoit être retenu par le Seigneur clamant ou adjudicataire ; parce que fans
la vûë que les encherifleurs ont euë que le treiziéme feroit
payé fur le prix de leurs encheres, il n'auroit pas encheri à fi
haut prix.

1688.

TROISIE'ME QUESTION.

Le Mercier apellant foûtenoit fur la troifiéme queftion,
que ledit Sr Pequeult étant au droit de Combon adjudicataire, il devoit tenir état au profit des creanciers, non feulement des 14000 liv. d'encheres au profit commun, mais encore des 15000 liv. d'encheres au profit particulier, parce que
Combon n'avoit aucunes creances fur le decreté.

Il eft fans contredit que nul n'eft reçû à encherir à fon profit s'il n'a des dettes creées avant la faifie ; c'eft la difpofition
de l'article 582. de ladite Coûtume : Et que l'enchere particuliere eft convertie de droit en enchere commune, fi l'en-
cheriffeur ne peut pas juftifier des dettes liquides pour remplir fon enchere. Ce qui refulte des termes de la Coûtume ;
car puifque nul ne peut encherir à fon profit particulier qu'il
n'ait des dettes creées avant la faifie, il s'enfuit neceffairement que s'il encherit à fon profit fans avoir des dettes
creées avant la faifie, il doit garnir en argent faute de Contrats, autrement qu'il doit être condamné & par corps aux
dépens, dommages & intérêts, & à la folle enchere tant envers le decreté, qu'envers les opofans.

Cela refulte encore de ce que dit Terrien, liv. 10. ch. 10.
que *celui qui a rencheri à fon profit, ne doit être contraint à gar-*
nir le prix de fon enchere, pourvû qu'il montre dettes liquides
pour employer fur fadite renchere, quia qui compenfat, folvit.

Ainfi au moment que l'on encherit à fon profit particulier,
on s'oblige envers les creanciers, il faut payer, foit en con-

trats par compenfation , foit en argent , & par un raifonnement qui fuit celui de Terrien, *celui qui a renchéri à fon pro-*
fit , doit être contraint à garnir le prix de fon enchere , s'il ne
montre dettes liquides , pour employer fur fadite renchere.

Dans le fait dont il s'agit , Combon Adjudicataire n'a-
voit aucunes creances fur le Decreté, ainfi c'eft tout de même que s'il avoit couvert de 15000 liv. l'enchere de 14000 liv.
au profit commun : Il a contracté avec les creanciers fur ce
pied-là , il a figné fon enchere, *jus erat quæfitum* ; & comme il
n'étoit pas au pouvoir de Combon aprés fon adjudication
d'acheter , & de fe faire tranfporter des dettes fur le Decreté
pour remplir fon enchere particuliere, au préjudice des creanciers qui ont un droit acquis au moment de l'adjudication , il
n'étoit pas non plus en fon pouvoir de fubroger à fon droit
une tierce perfonne creancier du Decreté , tel qu'étoit ledit
fieur de la Barre , finon aux mêmes conditions de tenir état
des 15000 livres au profit commun des creanciers.

Si l'enchere de 15000 livres n'avoit pas été toute entiere
au profit commun , l adjudication finale feroit nulle ; car la
premiere enchere au profit commun étoit de 16000 livres , &
comme il faut avant que d'être reçû aux encheres particulieres , couvrir l'enchere au profit commun , & s'en rendre le
maître , il auroit falu que ledit Combon eût commencé par
couvrir l'enchere de 16000 livres par une autre enchere au
profit commun , & enfuite encherir au profit particulier s'il
avoit eu des creances fur le decreté d'une hipotéque anterieure à la faifie réelle , de laquelle enchere particuliere il y
auroit eu le quart au profit commun des creanciers en outre
l'enchere commune.

Au lieu que Combon avoit diminué de 2000 liv. l'enchere au profit commun , & l'avoit réduite à 14000 liv. dans la
penfée qu'il fuffifoit que le quart de l'enchere particuliere,
qui eft de 3550 liv. couvrît l'enchere au profit commun.

On difoit au contraire pour ledit fieur Pequeult, qu'il ne
faloit pas confiderer Combon comme le veritable adjudicataire , mais feulement comme un nom emprunté par ledit
fieur de la Noë la Barre ; puifque Combon dans la quinzié-

me avant l'ordre dudit Decret, avoit passé sa déclaration que l'adjudication étoit au profit dudit Sr de la Barre, & que l'adjudication qui équipole à une vente, n'est point parfaite ni consommée que le prix n'ait été actuellement garni par l'adjudicataire.

1688.

QUATRIE'ME QUESTION.

Pour l'Apellant, on disoit que ledit Sr Pequeult étoit le veritable adjudicataire sous le nom de son domestique ; qu'il avoit joüi du fonds & de l'argent tout ensemble, ce qui étoit incompatible ; qu'il avoit feint de n'être pas adjudicataire, pour donner lieu au dépôt qui a été fait entre ses mains des deniers de l'adjudication, comme si effectivement Nonchamp les lui avoit déposez, quoique ce dépôt fût simulé, & que ledit Sr Pequeult fût le déposant & le dépositaire tout ensemble.

Le prétexte que l'on a pris, que ledit Sr Pequeult étoit plus solvable que le Receveur des Consignations, ne suffit pas pour l'exempter des intérêts des sommes qu'il avoit en ses mains depuis l'envoi en possession ; car les Arrêts ont jugé qu'encore qu'un adjudicataire eût une quittance de garnissement du Receveur des Consignations, il ne laissoit pas d'être prenable des intérêts, lorsqu'il paroissoit que le garnissement n'étoit pas effectif, parce que la justice ne peut pas souffrir que l'adjudicataire joüisse en même tems du fonds, & du prix du fonds : C'est l'espece des Arrêts rendus contre Henry Daniel Ecuyer, adjudicataire de la Terre de Grangues, rendus en l'Audience de Grand'Chambre les 12. Février 1685. & 20. Février 1688. ci-dessus raportez.

Il est vrai qu'il representoit un billet de garnissement des 7000 liv. qui lui étoient restez entre les mains, mais que c'étoit un billet mandié aprés coup, qu'on offroit verifier & prouver qu'il n'avoit garni quoique ce soit. Que comme il avoit été établi dépositaire en la presence des creanciers, il ne pouroit pas se dessaisir sans y apeller les creanciers pour les consentir.

On répondoit que ledit Sr Pequeult n'étoit point adjudicataire , mais clamant à droit feodal ; qu'il avoit été fait dépofitaire des deniers du confentement des creanciers, ce qui n'étoit pas dans l'efpece des Arrêts du Sr Daniel ; qu'il avoit actuellement payé & rembourfé l'adjudicataire , tant de l'enchere au commun , que de l'enchere particuliere ; & qu'il avoit actuellement garni les 7000 liv. reftans aux mains du Receveur des Confignations , fuivant le billet qu'il en reprefentoit, contre lequel la preuve par témoins n'étoit pas admiffible.

Sur ces conteftations il y eut Arreft le 30. May 1688. au Raport de Monfieur le Pefant de Boifguilbert , par lequel en réformant la Sentence d'ordre , ledit Sr Pequeult fut condamné de rapotter le capital & les arrérages des 83 liv. de rentes feigneuriales avec les interêts ; il fut déchargé de raporter le treiziéme , & fut condamné de tenir état tant des 14000 liv. que des 15000 liv. avec les interêts au profit commun des creanciers ; ledit Sr le Mercier debouté de fa Requête tendante à faire raporter les interêts des 7000 liv. & la Cour fit défenfes aux Juges de Beaumont de recevoir perfonne à encherir au profit particulier, qu'il ne foit maître de l'enchere au profit commun, & qu'il ne revienne le quart de l'enchere particuliere au profit commun , autre & par deffus la derniere enchere au profit commun.

TABLE

DES PRINCIPALES MATIERES

CONTENUES

DANS CE NOUVEAU RECUEIL D'ARRESTS.

B

F

H h *

G

H

I

M

Rotures

Fin de la Table des principales Matieres.

www.ingramcontent.com/pod-product-compliance
Ingram Content Group UK Ltd.
Pitfield, Milton Keynes, MK11 3LW, UK
UKHW022008170726

13837UKWH00001B/55

9 782329 587851